Die Not der Zeit hat die meisten deutschen Sammlungen von staats- und sozialwissenschaftlichen Abhandlungen zum Erliegen gebracht. Den Fachzeitschriften fehlt der Raum für größere Untersuchungen. In der Erkenntnis, daß nur eine Zusammenfassung der Kräfte Abhilfe schaffen könne, haben deshalb die sozialwissenschaftlichen Forscher Deutschlands die Herausgabe einer gemeinschaftlichen Sammlung beschlossen und eine Arbeitsgemeinschaft begründet, welche die sorgfältige Auslese der zu veröffentlichenden Abhandlungen sicherstellt. In dankenswerter Weise hat der Verlag Walter de Gruyter & Co. auf jeden Gewinn aus den »Sozialwissenschaftlichen Forschungen« verzichtet und leistet die Notgemeinschaft der deutschen Wissenschaft Zuschüsse zu den Herstellungskosten.

Mit wenigen Ausnahmen sind alle Lehrer der Staats- und Sozialwissenschaften an den deutschen Universitäten, landwirtschaftlichen, technischen und Handelshochschulen und eine Anzahl Privatgelehrter der Arbeitsgemeinschaft beigetreten. Sie gliedert sich ebenso wie die »Sozialwissenschaftlichen Forschungen« bis auf weiteres in 5 Abteilungen. Der von den Fachgenossen gewählte Abteilungsvorsteher oder sein Stellvertreter entscheidet über die Annahme der eingereichten Arbeiten und trägt die Verantwortung als Herausgeber Die Abteilungen und ihre Vorsteher sind die folgenden:

I. Allgemeine Nationalökonomie (mit Einschluß des Bevölkerungswesens), Soziologie, allgemeine Sozialpolitik, allgemeine Probleme der Statistik, der Wirtschaftsgeschichte und -geographie.

Professor **Diehl**-Freiburg,
„ **Alfred Weber**-Heidelberg,
„ **v. Zwiedineck-Südenhorst**-München.

II. Agrar- und Siedlungswesen (auch Forstwesen, Jagd, Fischerei) mit Einschluß der nationalökonomischen Probleme der landwirtschaftlichen Betriebslehre.

Professor **Sering**-Berlin,
„ **Gerlach**-Königsberg,
Dr. **Keup**-Berlin.

III. Gewerbe (Bergbau, Industrie, Handwerk) mit Einschluß der gewerblichen Sozialpolitik.

Professor **Herkner**-Berlin,
„ **Adolf Weber**-München,
„ **Heyde**-Berlin und Rostock.

IV. Handel und Verkehr, Bank- und Börsenwesen, Versicherungswesen, auswärtige Wirtschaftspolitik.

Professor **Eckert**-Köln,
„ **Prion**-Köln,
„ **Erwin v. Beckerath**-Kiel.

V. Finanzwissenschaft.

Professor **v. Eheberg**-Erlangen,
„ **Terhalle**-Hamburg,
Landesfinanzamtspräsident **Dr. Schwarz**-Magdeburg.

Berlin und Breslau im Oktober 1922.

**Das Präsidium der sozialwissenschaftlichen Arbeitsgemeinschaft**

**Sering. Herkner. Hesse.**

# Sozialwissenschaftliche Forschungen

Herausgegeben von der

## Sozialwissenschaftlichen Arbeitsgemeinschaft

Abteilung I — Heft 1

Berlin und Leipzig

Walter de Gruyter & Co.

vormals G. J. Göschen'sche Verlagshandlung — J. Guttentag, Verlagsbuchhandlung
Georg Reimer — Karl J. Trübner — Veit & Comp.

1923

# Die Umlaufsgeschwindigkeit des Geldes

Untersuchungen zur Gegenstandstheorie und Kategorienlehre der Geldwirtschaft

Von

Dr. Josef F. Feilen

Berlin und Leipzig

Walter de Gruyter & Co.

vormals G. J. Göschen'sche Verlagshandlung — J. Guttentag, Verlagsbuchhandlung
Georg Reimer — Karl J. Trübner — Veit & Comp.

1923

Angenommen auf Antrag von Professor Dr. Diehl
durch den Abteilungsvorsteher Professor Dr. v. Eheberg

Druck von Walter de Gruyter & Co., Berlin W. 10.

# Vorwort.

Die vorliegenden Untersuchungen über die Umlaufsgeschwindigkeit des Geldes hatten, wie auch der Untertitel zeigt, Erwägungen sehr allgemeiner Art zur Voraussetzung.

Der genugsam bekannte chaotische Zustand der ökonomischen Theorie des Geldes nicht weniger als die Vielzahl disparater Meinungen über den zu klärenden Gegenstand drängten alsbald zu einer eigenen theoretischen Fundierung. Allein hierbei stellten sich Schwierigkeiten heraus, deren Überwindung, wie bemerkt, Untersuchungen erforderte, die über den engeren Problembereich hinausführten. Sie nötigten schließlich zu der Einsicht, daß es weit weniger Komplikationen des Gegenstandsgebietes selber, als Unzulänglichkeiten methodischer Art seien, die einer befriedigenden Klärung im Wege standen.

Fast alle vorgefundenen Darlegungen, soweit sie die Umlaufsgeschwindigkeit des Geldes betrafen, bewegten sich im Rahmen der von den Klassikern angebahnten quanitativen Methode. Die offenbare Unmöglichkeit indes, auf dieser methodischen Basis das gesamte Gegenstandsgebiet der Ökonomie in einen einheitlichen Begründungszusammenhang zu bringen, führte bekanntlich schon früher — soweit man überhaupt auf dem Boden der „reinen Theorie" stand — zur Trennung in eine „Statik" und eine davon verschiedene „Dynamik", die den der quantifizierenden Methodik unzugänglichen Problembereich umfassen soll.

Tieferes Eindringen in den Sachverhalt zeigte nun, daß hier eine jenen Komplikationen durchaus analoge Problematik vorliege, und es eröffnete sich die interessante Möglichkeit, von einem ganz speziellen und wenig geklärten Problemkomplex aus Untersuchungen von allgemeiner theoretischer Bedeutung anzustellen. Vor allem im Hinblick auf die, wie es scheinen will, sich stärker ausbreitende neoklassische Ökonomik, zur Besinnung auf ihre Möglichkeiten und ihre immanenten Mängel dürften diese Analysen Beachtung verdienen. Würden die Ausführungen in diesem Sinne auch nur anregend wirken, so wäre schon darum der Zweck nicht ganz verfehlt.

Aber auch für den Gegenstand im engeren Sinne, für seine Diskussion und seine weitere Untersuchung, hoffe ich mit diesen Ausführungen zum wenigsten eine gewisse Basis geschaffen zu haben. Die Wichtigkeit des Problems der Umlaufsgeschwindigkeit des Geldes für die Fragen der sogenannten Quantitätstheorie ist weithin anerkannt. Aufgabe einer Spezialuntersuchung aber muß es zweifellos sein, ein Problem in seiner allseitigen Bedeutung wie auch in seinen Grenzverflechtungen darzulegen. Dieses Bestreben, neben den angedeuteten methodischen Schwierigkeiten, erforderte ebenfalls eine verhältnismäßig breite Anlage des Untersuchungsganges. Es handelt sich nun in dem vorliegenden Teil zunächst darum, eine auf Klarstellung von Sinn und Bedeutung abzielende theoretische Fundierung zu schaffen, deren praktische Tragweite für die kritische Stellungnahme zur Quantitätstheorie, zu dem Problem der Relation zwischen Geldumlauf und Bankkredit, des weiteren für die Theorie der wirtschaftlichen Entwicklung, die sozialökonomische Theorie der Konjunktur u. a. nur kurz angedeutet werden konnten und deren explizite Darstellung einer, im Manuskript bereits fertigen — ursprünglich als II. Teil gedachten —, evtl. späteren Veröffentlichung vorbehalten bleiben müssen.

Bezüglich der eigenen Methode sei bemerkt, daß sie entscheidende Anregungen der phänomenologischen Philosophie verdankt. Nachdem Edmund Husserl gezeigt hat, daß die Mathematik „ohne wesentliche Änderungen ihres theoretischen Charakters und ihrer rechnerischen Methodik über das quantitative Gebiet hinausgeführt werden kann“, ja daß das Wesen des Mathematischen gar nicht im „Quantitativen“ gründet, scheint der Weg geebnet, nicht nur die oben angedeuteten Schwierigkeiten zu überwinden, sondern auch die ökonomische Wissenschaft, ohne ihren Charakter als strenge Theorie anzutasten und ohne auch in einen haltlosen Relativismus zu verfallen, über die Enge ihrer historisch bedingten Umgrenzung hinauszuführen. In diesem Sinne wurde versucht mit Benutzung Marxscher Grundlagen und unter Anlehnung an die Ergebnisse der phänomenologischen Forschung ein einheitliches theoretisches Bild zu gewinnen. Daß aber die gegebenen Analysen den Namen „phänomenologisch“ nur sehr bedingt verdienen, daß überhaupt die Ausführungen ein Ideal keineswegs darstellen, ist dem Verfasser wohl bekannt. Indes kam es auch weniger auf die Feinheit der analytischen Arbeit im einzelnen, als vielmehr darauf an, an einem konkreten Problem die Fruchtbarkeit einer Methode ganz allgemein nachzuweisen. Wie weit in diesem Sinne die Lösung als gelungen anzusehen ist, wird die Kritik entscheiden müssen. Notwendig aber scheint es, kurz auf den durch die gekennzeichnete Einstellung bedingten Charakter des Vorliegenden hinzuweisen.

Die methodische Eigenart der Phänomenologie gründet vor allem darin, daß sie, unter Absehung von allem Tatsächlich-Zufälligen, das reine „Wesen", das „Was" der Dinge, zu erforschen strebt. Diese von ihr „erschauten" Wesenheiten sind „Letztgegebenes", sie weiter zu begründen oder abzuleiten, würde unweigerlich zu einem circulus in demonstrando resp. in definiendo führen. Sie sind a priori im wahrsten Sinne, Voraussetzungen aller Gegenstandserkenntnis. Wenn also weite Partien der Ausführungen Fragmente einer a priorischen Theorie der sozialen Ökonomie enthalten, so wäre es falsch, sie als bloße empirische Tatsachenfeststellung anzusehen und entsprechend zu würdigen. Um etwaigen Mißverständnissen vorzubeugen, sei hier ausdrücklich darauf hingewiesen.

Für das der Arbeit stets entgegengebrachte große Interesse und die verständnisvolle Förderung sowie für manche Anregungen in seinem Seminar als auch persönlicher Art schulde ich vor allem meinem Lehrer Herrn Geh. Rat Prof. Dr. Otto von Zwiedineck-Südenhorst, München, größten Dank. Ihm, wie meinen übrigen Münchener Lehrern, Herrn Geh. Rat Prof. Dr. Walter Lotz und Herrn Prof. Dr. Adolf Weber, denen ich ebenfalls für die in ihren Seminaren empfangenen Anregungen zu danken habe, und Herrn Geh. Rat Prof. Dr. Karl Diehl, Freiburg i. Br., verdanke ich auch die Ermöglichung der Drucklegung dieser Arbeit durch die Notgemeinschaft der deutschen Wissenschaft.

Berlin, im Oktober 1922.

**Josef Feilen.**

# Inhaltsverzeichnis.

## I.

# Einleitung.

### Das Problem und sein dualistischer Charakter.

Man hat sich daran gewöhnt, Thesen, die irgendwelche Momente des Geldumlaufs und seiner Beziehung zu den Güterpreisen enthalten, unter der stereotypen Bemerkung zu formulieren: Ceteris paribus.

Fragt man, was denn unter diesen ceteris zu verstehen sei, so erfährt man vor allem: Gleichbleiben der Umlaufsgeschwindigkeit des Geldes, die man nicht minder stereotyp als jene allgemeine Klausel definiert, als die „Anzahl Male, welche die vorhandenen Geldstücke im Wege des Kauf und Verkaufs — während der gewählten Zeiteinheit, z. B. eines Jahres, durchschnittlich die Hände wechseln“ [1]).

Obwohl man längst den Mangel derartiger Klauseln erkannt hat, wie die verschiedensten Hinweise zeigen [2]), ist gerade dasjenige Moment, auf das alle übrigen mehr oder minder stark reduziert werden können, die Umlaufgeschwindigkeit des Geldes — nach Liefmanns Ausdruck —, „in ganz unerhörter Weise ... vernachlässigt“ [3]) geblieben. Zum Beweise dieser seiner Behauptung führt Liefmann zwei der bekanntesten Lehrbücher an, das von Lexis, der das Wort nicht einmal erwähnt, und das von Philippowich, der nur ein einziges Mal — bei der Frage des Geldbedarfs — darauf Bezug nehme.

---

[1]) Vgl. Knut Wicksell: „Geldzins und Güterpreise“, Jena 1898, S. 46; im Anschluß an James Mill: „Elem. of. pol. Economy“, 3. Ed. S. 7.

[2]) Vgl. etwa: Spiethoff: „Festg. für Adolf Wagner“, Leipzig 1905: „Die Quantitätstheorie insbesondere in ihrer Verwendbarkeit als Hausse-Theorie“ S. 249 ff., oder: Altmann: H. d. St., 3. Aufl., 6. Bd., Art.: „Quantitätstheorie“ S. 1260/61; ferner Jahrb. f. Nat.-Ökonomie und Statistik, Altmanns Besprechung von I. Fishers: „Kaufkraft des Geldes“ Jg. 112, 1919[1], S. 467 ff. Vor allem sodann K. Wicksell l. c. S. 38 ff.; eine eingehende Darlegung der „Cetera“ bei A. Wagner: „Sozialökonom. Theorie des Geldes“, Leipzig 1909, S. 210 ff.

[3]) Robert Liefmann: Grundsätze der Volkswirtschaftslehre“, Stuttgart 1920, 2. Bd., S. 108; „Geld und Gold“, Stuttgart 1916, S. 46 f.

Zwar könnte man hinweisen auf die immerhin doch recht ausführlichen Darlegungen über die Umlaufsgeschwindigkeit, wie sie von seiten der „verfeinerten Quantitätstheorie“ vorliegen [1]). Allein trotzdem und gerade deshalb scheint uns Liefmanns Kritik angebracht. Denn eben der Umstand, daß man die Umlaufsgeschwindigkeit zur Verifizierung eines ganz bestimmt gearteten geldtheoretischen Lehrsatzes benötigte, hatte zur Folge, daß, wenn man Untersuchungen darüber anstellte, man dies ganz allein unter dem Gesichtspunkte jenes Satzes tat, ein Moment, das, abgesehen von der damit implizierten „Einseitigkeit“, von der größten Bedeutung auch für die Beurteilung der Ergebnisse jener Arbeiten sein muß.

Und außerdem war hier, wie überall, diese Einseitigkeit und das Begnügen mit dem einmal gewonnenen Resultat, weil in das Theorem „passend“, Anlaß, die Diskussion über das Problem zu schließen und überhaupt die Frage auf ein mehr oder minder totes Gleise zu schieben [2]).

Weit wesentlicher indes als diese Momente scheint uns ein weiterer Umstand zu sein, der zweifellos ebenfalls seinen Grund in der Spezialisierung des Problems hatte. Man ging unter den quantitätstheoretischen Gesichtspunkten an die Frage heran, um die Umlaufsgeschwindigkeit irgendwie zu messen, zu berechnen, kurz um „Maßkategorien“ aufzustellen. Dieser Umstand ist von einer solch ausschlaggebenden Bedeutung geworden, daß man heute in der wissenschaftlichen Diskussion fast nur in jenem Verstande von Umlaufsgeschwindigkeit des Geldes spricht. Schlechthin alle Arbeit, die heute vorliegt, ist ganz unter diesem maßkategorialen Aspekt geleistet.

Dabei scheint es außerordentlich naheliegend, daß man an ein Problem erst „messend“ und „zählend“ herantritt, nachdem man die Bedeutung, den Sinn, den es für das eigene oder

---

[1]) Unter „verfeinerter Quantitätstheorie“ versteht der heutige wissenschaftliche Sprachgebrauch jene Art, die gerade durch Einführung und Berücksichtigung der Umlaufsgeschwindigkeit ihre Position theoretisch zu klären und zu bestärken sucht. Typ dieser Spielart ist das für die folgenden Darlegungen weitaus am stärksten interessierende Werk von Irving Fisher: „Die Kaufkraft des Geldes“, 2. Aufl. Deutsch von Strecker. Berlin 1916. Fisher repräsentiert dabei schlechthin den Typ, und unterscheidet sich gerade in dem was unser Problem anbetrifft, nur in nebensächlichen Punkten, von den anderen Amerikanern. die diese Richtung der Quantitätstheorie zu begründen versuchten: David Kinley: „Money“, a study etc., New York; F. A. Kemmerer, „Money and Credit instruments and their relations to general prices, New York 1907. Diesen beiden Forschern steht Fisher am nächsten.

[2]) Vgl. z. B. Schumpeter: „Die Wellenbewegung des Wirtschaftslebens“, Archiv für Sozialwissenschaft Bd. 39, S. 1 ff. Das zustimmende Urteil zu Sir De Barbours kategorischen Bemerkungen über die Frage Geldmenge und Geldwert, die ganz unter der Annahme eines Konstantbleibens der Umlaufsgeschwindigkeit des Geldes gemacht sind. (Sir D. Barbours: „The influence of Gold supply on prices and profits“, 1913, S. 47.)

weitere Gebiet der Gesamtsphäre, innerhalb deren es in Betracht kommt, resp. in Betracht kommen könnte, analysiert hat.

Eine einzige Richtung, wenn man will, hat dieses Streben nach Maßkategorien mehr oder minder bewußt überschritten — wir denken an die theoretisch allerdings nicht gerade sehr starken Arbeiten der sogenannten „Freigeldbewegung“ [1]). Ja, sie basieren ihre gesamten Reformabsichten darauf, daß sie feststellen, Geld, wie man es bisher hatte, habe eine zu geringe Umlaufsgeschwindigkeit, und so wollen sie ein Geld einführen, das mit einer „Maximalumlaufsgeschwindigkeit“ ausgestattet sei, und — dies ist das Wesentliche, worauf wir hindeuten möchten — daß dann die Nachteile, die aus jener zu geringen Umlaufsgeschwindigkeit resultieren, nicht mehr zu befürchten seien.

Hier liegen zweifellos Ansätze, die, wenn der Prüfung standhaltend, bedeuten würden, daß die allgemeine Wirtschaftstheorie sich ihrerseits ebenfalls in einem anderen Maße als bisher mit gerade dieser Frage beschäftigen müßte.

Aber alle diese Erscheinungen sind schließlich nur Symptome, Reflexe eines tiefer liegenden Umstandes, den man den „Dualismus“ nennen könnte, der heute mehr oder minder aller Geldproblematik eigen ist.

Es ist die zweifellos herrschende Meinung, abgesehen etwa von der ins Gegenteil verfallenden „nominalistischen“ Theorie, Geld als etwas den Gütern „diskret“, getrennt Gegenüberstehendes aufzufassen.

Insofern spricht man von „Geldumlauf und Güterstrom“, und da die Umlaufsgeschwindigkeit des Geldes offenbar auf die Seite des Geldumlaufs fällt, ist es nicht verwunderlich, wenn man sich auch nur mit der „Geldseite“ abgibt; ja, nur überhaupt da ein Problem sucht, wo die Trennung denn auch besonders scharf ist, bei den realen, dinglichen Zahlungsmitteln, und man neigt dazu, überhaupt nur aus der dauerbaren Existenz von Geld das Problem „Umlaufsgeschwindigkeit“ abzuleiten.

---

[1]) Die bekannte Richtung Silvio Gesell mit dem Hauptwerk: „Die natürliche Wirtschaftsordnung durch Freiland und Freigeld“, Freilandverlag Erfurt 1919, u. ö. Daselbst auch die weitere theoretische Literatur, vor allem: Th. Christen, Frankfurter usw. An periodischen Veröffentlichungen „Zeitschrift für Freiwirtschaft“ und „Freiland und Freigeld“. Zur Kritik dieser Lehre, auf die wir uns gelegentlich beziehen werden, vgl.: Wegelin: „Tauschsozialismus und Freigeldlehre“, München 1921; ferner: Kleine-Natrop: „Bestrebungen und Kritik der Freigeldlehre“, Deutscher Ökonomist vom 14. Januar und 21. Januar 1922. Ausführlich beschäftigt sich mit dieser Richtung ein Sonderheft der Schweizerischen Zeitschrift für Statistik und Volkswirtschaft Jahrg. 1920, mit Beiträgen von K. Diehl, Liefmann usw. Eine in manchem treffende Kritik von Gesell auch bei A. W. Cohn: Kann das Geld abgeschafft werden? Jena 1921, S. 94 ff., und schließlich Konrad Schmidt's Besprechung von Gesells natürlicher Wirtschaftsordnung, Sozialistische Monatshefte LVI, S. 546/47.

Diese Grundanschauung, von einer Geld- und Güterseite zu sprechen, dürfte die tiefere Ursache jener eigentümlichen Einseitigkeit der Entwicklung sein, und wir sind genötigt, dieses Problem im Kommenden mit aller Gründlichkeit zu untersuchen. Ist die Geld und Waren einander gegenüberstellende Auffassung richtig, dann ist die herkömmliche Theorie im Recht, wenn sie lediglich die Umlaufsgeschwindigkeit so weit beachtet, als sie für die spezifischen Geldprobleme, z. B. das „Geldwertproblem" oder „die Ökonomie der Zahlungsmittel", in Betracht kommt, ganz anders jedenfalls, als wenn es sich um lediglich zwei Seiten einer und derselben Sache handelt.

Unter diesen Aspekten dürfte, außer der Bemerkung Liefmanns, die Schumpeters durchaus angebracht sein, der gelegentlich einer eigenen Untersuchung, die uns allerdings nicht minder den Vorwurf der Einseitigkeit zu verdienen scheint — wenigstens zu einem Teil —, voranstellt [1]): „Das Moment, das mit diesem wenig glücklich gewählten Wort — besser wäre Effizienz — gemeint ist, ist so lange mit jener Flüchtigkeit behandelt worden, die besser als alle Argumente die Unreife des ökonomischen Denkens dartut, bis es erstens verschiedene Bedeutungen gewann und zweitens zu einer Quelle von Mißverständnissen wurde. Schließlich kam es so weit, daß uns allen Ernstes versichert wurde, das Arbeiten mit diesem Begriff sei einer der größten Irrtümer der Geldtheorie — die Umlaufsgeschwindigkeit des Geldes sei überhaupt kein unterscheidbares Moment des Geldwertproblems, sondern notwendig gleich der der Waren."

Damit ist ganz allgemein das kontroverse Gebiet schon angedeutet. Diese verschiedenen Fragen, zu denen noch eine Reihe anderer hinzukommt, rechtfertigen, wie wir glauben, einmal eine allgemeine Untersuchung des Problems auf seine Bedeutung wie nach seinen Funktionen in der Volkswirtschaft, unter Außerachtlassung zunächst der „Messung", ja es wird ein besonderes Problem sein, ob überhaupt die Umlaufsgeschwindigkeit „gemessen" werden kann. Diese Feststellungen sollen gerechtfertigt werden durch einen ganz kurzen historischen Überblick über die Ideenentwicklung und daran anschließend den derzeitigen Stand pro und contra, um das von Schumpeter bereits Angedeutete zu vervollständigen.

---

[1]) Josef Schumpeter: „Das Sozialprodukt und die Rechenpfennige", Arch. f. Soz.-Wiss. u. Soz.-Pol. Bd. 44, S. 667 ff.

# II.

# Die Grundlagen zu einer begrifflichen Klärung.

## A. Genetischer Teil.

### a) Abriß einer Geschichte der Ideenentwicklung.

Trotz der von den verschiedensten Seiten gerügten Mangelhaftigkeit der Untersuchung über das Problem der Umlaufsgeschwindigkeit des Geldes ist dieses Problem keineswegs ein neues.

Ganz im Gegenteil. Man kann fast sagen, daß seit den Kindheitstagen unserer Wissenschaft das Empfinden bestand, daß man bei speziell den Geldumlauf betreffenden Untersuchungen auch die Umlaufsgeschwindigkeit berücksichtigen müsse.

Versuchen wir, soweit dies den Zwecken unserer Darlegung entspricht, einen ganz kurzen Abriß der Ideenentwicklung zu geben, eine Diagonale durch die Problementwicklung zu legen. Es kommt uns dabei weniger auf Vollständigkeit des literarischen Apparates, als vielmehr die typische Einstellung zu dem Problem an; das sei ausdrücklich bemerkt.

Wie auf manchen anderen Gebieten, so hat auch hier John Locke[1]), wohl als erster die Bedeutung der Umlaufsgeschwindigkeit erkannt. Er wußte bereits sehr wohl, daß derselbe Shilling einmal in 20 Tagen 20 verschiedenen Leuten zur Zahlung diene, ein andermal aber auch 100 Tage in einer Hand bleiben kann, und ebenso war Locke die dadurch bedingte verschiedene Wirksamkeit des Geldes wohl bekannt. Auch ihre Bedeutung für das Geldbedarfsproblem war Locke nicht unbekannt[2]), er hielt es jedoch für ausgeschlossen, exakte Feststellungen für die Umlaufsgeschwindigkeit zu machen.

Von einer anderen Seite — hier haben wir gleich den „Dualismus" — tritt uns bei William Petty[3]) das Problem gegenüber. und zwar differiert Pettys Fassung von der Lockeschen dadurch, daß sie nicht so sehr die monetäre, als die Bedeutung der Umlaufsgeschwindigkeit für die allgemeinen Verhältnisse der nationalen Ökonomie ins Auge faßt, die spezifisch merkantilistische

[1]) John Locke: „Consid. of the consequ. of the lowering of interest and raising value of money", London 1696, S. 33 (Works Bd. 4, 12. Aufl., S. 22). „The very same shilling may at some time pay twenty men in twenty days at another rest in the same hands one hundred days together."

[2]) Vgl. auch F. Hoffmann: „Kritische Dogmengeschichte der Geldwerttheorien", Leipzig 1907, S. 25; ferner: Palgrave: „Dictionary of Pol. Ec." II, S. 634, Art.: „Locke on Currency".

[3]) Vgl. „The economic writings of Sir William Petty", Cambridge Univers. Press 1899, I, S. 36: „A treatise on taxes and contributions".

Einstellung auf „Betriebsamkeit“, wie sie aus anderen zeitgenössischen Schriftstellern wohl bekannt ist. Es ist typisch für die einseitige Einstellung der heute üblichen Auffassung über die Umlaufsgeschwindigkeit, wenn Hoffmann [1]) bei Petty überhaupt die Umlaufsgeschwindigkeit gar nicht entdecken will. Wer Marxens Bemerkungen [2]) zu Pettys Auffassungen kennt, wird sich durchaus dem Urteil von Harris [3]) anschließen, daß Petty das Problem kannte, und zwar „better than many who followed him“.

Auch George Berkeley, der bekannte Philosoph und frühzeitige Vertreter eines idealistischen „Nominalismus“, war sich bewußt, daß „a six pence twice paid is as good as a shilling“ [4]).

Wenn man von hier aus kurz zurückblickt, sieht man, daß, wenn auch in spärlichen Andeutungen, das Problem nicht nur in einer, sondern sogar in verschiedenen Fassungen schon früh bekannt war.

Die erste eingehende Darstellung indes finden wir bei Cantillon [5]), und zwar behandelt dieser Schriftsteller das Problem, ebenso wie auch andere Fragen, mit bemerkenswerter Gründlichkeit. Er dürfte auch der einzige sein, der speziell und ausdrücklich das Moment der Umlaufsgeschwindigkeit gerade zur Widerlegung der Quantitätstheorie heranzieht.

Gerade die Umlaufsgeschwindigkeit, findet Cantillon, sei dasjenige Moment, das die von der Quantitätstheorie behauptete Proportionalität zwischen Geldmengensteigerung und Preisniveauerhöhung widerlege. Die Umlaufsgeschwindigkeit kann sich, seiner Meinung nach, sowohl beschleunigen als auch verlangsamen. Wird die Umlaufsgeschwindigkeit vergrößert, entsteht genau die Wirkung, die einer Mengenvermehrung entsprechen würde [6]). Man sieht, daß von Cantillon trotz seiner Gegnerschaft doch quantitätstheoretische Argumente für seine Beweisgänge herangezogen werden.

Ein sehr interessantes Argument indes für die Veränderung, und zwar die Vergrößerung der Umlaufsgeschwindigkeit findet sich in seinen Darlegungen über die Wirkung einer Geldmengenvermehrung. Wird die Geldmenge vermehrt, so schließt er, muß ipso facto auch eine Beschleunigung der Güterumsätze, und das heißt der Umlaufsgeschwindigkeit, eintreten. Diese Erkenntnis der wechselseitigen Beeinflussung von Geldumlauf und Güterstrom bedeutet, abgesehen von der auch bei ihm vorhandenen spezifisch merkantilistischen Überschätzung des Geldumlaufs über-

---

[1]) Hoffmann l. c. S. 35.

[2]) Karl Marx: „Kapital“ I, 3. Kap., S. 87, Fußnote, 8. Aufl., 1919. Marx zitiert nach der Auflage von Petty 1667, London, S. 17.

[3]) Harris in: Palegrave Dict. II. Art.: „Rapidity of circulation“ S. 260/62.

[4]) Ebenda S. 260/61.

[5]) Cantillon: „Essay sur le Commerce“, London 1755, Boston 1892.

[6]) Vgl. Zit. bei Hoffmann l. c. S. 58: „J'ai déjà remarqué q'une accélération ou une plus grande vîtesse dans la circulation de l'argent du troc, vaut autant qu'une augmentation d'argent effectif jusqu'à un certain degré.“

haupt, einen entschiedenen Fortschritt gegenüber nicht nur der landläufigen quantitätstheoretischen Meinung, sondern auch der ganzen Diskussion über das Problem, die bis heute die größte Beachtung verdient.

Nicht weniger interessant als diese theoretischen Darlegungen Cantillons sind die Folgerungen, die er daraus für die praktische Geldpolitik zieht. Er rät dazu, daß man, wenn die Preise zu stark steigen, Geld aus der Zirkulation entferne oder aber die Zirkulation verlangsame [1]). Auch über die Feststellung des Geldbedarfs vermittels der Umlaufsgeschwindigkeit stellt unser Autor Betrachtungen an.

Damit tritt die Diskussion in ein neues Stadium. Man könnte sagen, das Interesse hätte sich von spezifisch quantitätstheoretischen, wenn man will „Geldwert“interessen zu denjenigen hingewendet, die der Theorie des Geldbedarfs galten, und so findet man denn auch meist in diesem Zusammenhang Andeutungen, die die Umlaufsgeschwindigkeit betreffen. Gegenüber Locke und Petty jedenfalls ist nunmehr ein gewisser Wechsel der Anschauungen zu verzeichnen.

Von größtem Interesse wäre es offenbar, das zu erfahren, was der bedeutendste Geldtheoretiker der ganzen Epoche, David Hume, zu jener Frage bemerkt, allein — Hume erwähnt die Umlaufsgeschwindigkeit mit keinem Wort; nicht vor allem da, wo man es am ersten suchen würde, in seiner Formulierung der Quantitätstheorie.

Das muß in der Tat höchst verwunderlich erscheinen, und Hoffmann steht nicht an, es „einen unzweifelhaften Rückschritt“ [2]) gegenüber Locke zu nennen! Uns will aber vielmehr scheinen, daß Hume zunächst vom Standpunkt formal logisch-theoretischer Exaktheit wie sonst so auch hier seine Zeitgenossen bei weitem überragt, eben dadurch, daß er die Umlaufsgeschwindigkeit — nicht berücksichtigt! Ob material diese Position ebenso der Wahrheit, d. h. der Erkenntnis des fraglichen Sachverhaltes gerecht wird, ist eine zweite, mit jener ersten nicht unbedingt konforme Frage. Ob einer und welcher von den beiden „Fehlern“ der größere ist, läßt sich erst von ganz anderen Gesichtspunkten aus beurteilen, die uns hier noch nicht interessieren. Wir bemerken indes schon hier, daß Hume speziell in diesem Punkte der Nichtberücksichtigung der Umlaufsgeschwindigkeit Nachfolger

[1]) Cantillon l. c. S. 274/5, Hoffmann zit. S. 59: „Et que l'abondance de l'argent enchérit trop les prix de la terre et du travail, le Prince ou la législation devrait retirer d'argent — et tâcher de retarder la circulation par toutes les voies.“ Man vgl. auch die interessanten Auseinandersetzungen C.s mit Pettys Geldbedarfsformel l. c. S. 173, 4.

[2]) Hoffmann l. c. S. 46.

gefunden hat bis heute (wir denken vor allem an Herzfelder [1]), Hildebrand [2]) usw.). Es scheint aber doch schon hier nötig zu sein darauf hinzuweisen, daß bei dem eminent „statischen", auf das „Zuständliche" und Gegebene gerichteten Blick jener mit Hume beginnenden Epoche Umlaufsgeschwindigkeit als offenbar in der „Zeit" sich abspielendes Phänomen kaum besonderes Interesse erregen konnte, wenn auch Hume wohl als erster eine spezifische „Geldmengendynamik" gegeben hat. Und dieser statische Grundzug in puncto ökonomische Theoretik findet sich auch bei dem nunmehr erscheinenden Hauptwerk Adam Smith', „Wealth of Nations". Auch bei ihm keinerlei direkte Bezugnahme oder Nutzbarmachung des Umlaufsgeschwindigkeitsbegriffes. Er kennt nur eben den reinen „Tausch", d. h. wie Karl Marx richtig sagt, „Adam Smith sieht das Geld als „bloße Ware" an [3]). Darum kann naturgemäß für ihn Umlaufsgeschwindigkeit kein Sonderphänomen darstellen. Hier bei Hume und Smith finden wir die Grundlagen zu dem, was nachher von James Mill [4]) und J. B. Say [5]) exakt weitergebildet wurde, die „reine Statik" in der heutigen Terminologie, oder wie J. Mill sich ausdrückt, das „metaphysische Gleichgewicht von Käufer und Verkäufer" [6]). Es ist von größter Wichtigkeit, die spezifische Stellung dieser Autoren zum Geld zu beachten, um diesen Fundamentalsatz sowohl richtig verstehen als auch kritisch würdigen zu können.

Allein abgesehen von dieser Seite der A. Smithschen Haltung, soweit Geld in specie in Frage steht, könnte man — wir sagen ausdrücklich „könnte" man — bei Adam Smith etwas finden, was ungefähr dem Sinne nach dem entsprechen würde, was man heute, wie wir noch sehen werden, „Freisetzung von Kaufkraft" resp. „Intensität der Geldausnützung" nennt. Wir denken an die bekannte Stelle bei Smith [7]), wo er die Straßen eines Landes in Parallele zum Geld setzt und schließt, ebenso wie jene Straßen den Reichtum eines Landes nicht an sich vermehren helfen, ebenso sei auch das Geld, wobei er Metallgeld im Auge hat, gewissermaßen faux frais der Volkswirtschaft, und diese toten Kapitalien

---

[1]) Edmund Herzfelder: „Die volkswirtschaftliche Bilanz und eine neue Theorie der Wechselkurse. Theorie der reinen Papierwährung", Berlin 1919.

[2]) R. Hildebrand: „Die Theorie des Geldes", Jena 1883, S. 33—45, 46.

[3]) Karl Marx: „Kritik der politischen Ökonomie", 5. Aufl., Stuttgart 1919, S. 176.

[4]) J. Mill: „Elements of pol. Econ.", französische Ausgabe von J. P. Parrisant.

[5]) Jean Bap. Say: „Traité d'Ec. pol.", Paris 1823, deutsch von Jakob, Halle; „Cours complet etc.", deutsch von Mohrstadt, Heidelberg 1830, vor allem Kap. 16.

[6]) Vgl. Marx: „Kritik" l. c. S. 86 u. 191.

[7]) A. Smith: An inquiry into the nature and causes of the Wealth of nations, Edinbourg 1819, P. II, S. 69.

könnten dadurch mobilisiert werden, daß man das Metallgeld durch Noten ersetze.

Wie gesagt, wir deuten hier nur auf ein „mögliches" Problem hin, das etwa darin liegen könnte.

Auch bei Ricardo schließlich findet man dem Problem kaum Beachtung geschenkt, außer etwa in der Bemerkung in seiner bekannten Schrift „The high price of Bullion"[1]) usw., dort, wo er den Geldbedarf eines Landes bestimmen will. Bei dieser einzigen Erwähnung bleibt es indes, und damit ist ja naturgemäß nichts irgendwie Bemerkenswertes gesagt. Wir haben hier bei Ricardo im wesentlichen die „statische" Grundhaltung wie bei Hume und Smith.

Eine prinzipiell nicht belanglose Stellungnahme in einem anderen Sinne zu dem Problem wäre noch bei Henry Thornton[2]) zu verzeichnen, der auf die verschiedene Umlaufsgeschwindigkeit verschiedener Geldgestaltungen aufmerksam macht.

Auch die nachricardianische — wie Marx sagt „Vulgär"-Ökonomie hat ebenso zu dem Problem kaum irgendwie bemerkenswert Stellung genommen, bis auf John Stuart Mill[3]), der als Erster die traditionelle Behandlung der Umlaufsgeschwindigkeit angezweifelt und in eine exaktere Fassung zu bringen versucht hat. Aber auch er steht trotz der interessanten Weiterbildung des Umlaufsgeschwindigkeitsproblems im wesentlichen auf dem Boden der Epoche, die er vollendet, der klassischen Ökonomie.

Mit Mill setzt die Problementwicklung zu einem neuen Stadium ein. Es ist höchst interessant, wenn man diese bisher in einem gewissen Ausmaße abgeschlossene Entwicklung überblickt, die „epochalen", man könnte sagen: „säkularen" Entwicklungsstufen der Umlaufsgeschwindigkeits-Problematik zu vergleichen.

Die erste Stufe, im wesentlichen merkantilistisch, in allem auch uneinheitlich und unausgeglichen, bei Locke stark quantitätstheoretisch bestimmt, repräsentiert in Petty ganz den Typus des „Monetarsystems", der Merkantilzeit nach Marxscher Benennung, wenn auch schon mit spezifischer Hinwendung zur „Landesbetriebsamkeit". Im allgemeinen kennt man das Problem, schenkt ihm indes — außer in der Folge Cantillon — keine stärkere Beachtung. Die mit Hume einsetzende klassische Periode, die exakte statische Ökonomik, verliert bei der spezifischen Eigenart ihrer gesamten Grundlage das Problem sozusagen ganz aus den Augen, bis zu John Stuart Mill, der zwar als Abschluß der Klassik das

[1]) David Ricardo: „The high price of Bullion etc.", London 1809. Works ed. Mc. Culloch, London 1871, S. 284/85. Über die Bestimmung des Geldbedarfs eines Landes: „.... It depends upon the rapidity of circulation, by the degree of confidence and credit... etc."

[2]) Henry Thornton: „Der Papierkredit von Großbritanien", deutsch von L. H. Jakob, Halle 1803. Vor allem 3. Kap., S. 39 ff.

[3]) John Stuart Mill: „Grundsätze der pol. Ökonomie", deutsch von Gehrig, Jena 1914/21, Bd. II, Buch 3, Kap. 8, § 3.

Phänomen neu zu fassen sucht, indes methodisch noch ganz und gar auf dem klassischen Boden steht.

Ehe wir diese spezifische Wendung bei Mill genauer verfolgen, scheint es ratsam, die kontinentale Entwicklung kurz zu würdigen. In dem Gebiete der französischen Ökonomie, die später wie ebenso die amerikanische recht eigentlich die Weiterbildung der Quantitätstheorie und der Untersuchung der Umlaufsgeschwindigkeit gefördert hat, finden sich in früherer Zeit auch nur wenige Hinweise auf die Umlaufsgeschwindigkeit zur Bestimmung des Geldwertes. Wir erwähnten oben schon Cantillons bedeutende Leistung. Außerdem findet man noch bei Pinto [1]) gelegentliche Bemerkungen, später bei Say [2]) und bei Sismondi [3]), welch letzterer ganz nach mathematisch exakter Fassung strebt, indem er einen Vergleich aus der Mechanik, das Verhältnis von Schnelligkeit und Leistungsfähigkeit eines Schiffes, heranzieht. Dieser Versuch verdient als Grundlage späterer Lösungsversuche Beachtung. Aus der früheren Zeit — merkantilistisch — wäre noch Boisguillebert [4]) zu erwähnen. Er ist ein typisches Beispiel für die nur monetär orientierte merkantilistische Einstellung, die — bei B. — selbst den Krieg als Förderer der Umlaufsgeschwindigkeit heilsam nennt und unter allen Umständen eine „circulation sans repos" [5]) propagiert.

Auch bei John Law [6]) hatte sich eine ähnliche Überschätzung des reinen Geldumlaufs gefunden. Demgegenüber hatte Hume schon darauf hingewiesen, daß jeweils nur dann ein produktiver Umlauf vorliege, wenn die Ware ihrer schließlichen Konsumbestimmung dadurch nähergebracht werde.

Gerade unter diesem merkantilistischen Aspekt verdient denn auch die seinerzeitige Stellung der deutschen Theorie der Umlaufsgeschwindigkeit einige Beachtung, wenn auch eine Förderung des Problems von dieser Seite kaum zu verzeichnen ist.

Obwohl zu dieser Zeit (Anfang 19. Jahrh.) in Deutschland die britische klassische Ökonomie schon im wesentlichen dominierte, finden wir eine ganz eigenartige, stark an die Merkantilisten wie Boisguillebert erinnernde Überschätzung des Umlaufs.

---

[1]) Isaac de Pinto: „Traité de la circulation et du crédit", Amsterdam 1779, S. 36, 37.

[2]) Say, l. c.: „Ausführliche Darstellung etc." S. 205 ff. Die sehr interessante Darlegung der Wirkung der in der Abwertung begriffenen Assignaten auf die Geschwindigkeit des Umlaufs paßt ganz und gar nicht in den Rahmen der S.schen theoretischen Auffassung von Geld, das auch für ihn „bloße Ware" ist.

[3]) Simon de Sismondi: „Neue Grundsätze der politischen Ökonomie", deutsch, Berlin 1901, 2. Bd., 5. Buch, Kap. 9, S. 88 ff.

[4]) Boisguillebert: „Traité des grains", I, 6, S. 356. Ausgabe E. Daire: „Economistes financières du 18.$^{me}$ siècle", Paris 1851, 1. Bd., S. 322 ff.

[5]) Vgl. den Hinweis bei W. Roscher: „Grundlagen der Nat.-Ökonomie", 24. Aufl., S. 270.

[6]) John Law: „Trade and Money", 1705.

Typisch dafür sind Büschs[1]) bekannte „Schriften über die Handlung", vor allem Bd. VII „Vom Geldumlauf". Auch hier die Ansicht, daß die Umlaufsbeschleunigung unter allen Umständen für die Volkswirtschaft förderlich sei. Parallel damit läuft eine starke Hervorhebung der Bedeutung der Konsumtion, ein Standpunkt, der in der allerjüngsten deutschen Entwicklung wieder zu Ehren zu kommen scheint[2]). Ebenso wie Boisguillebert gelehrt hatte, daß der Krieg für die Zirkulation förderlich sei, so auch Büsch. Nur so will Büsch sie sich erklären können, daß die italienischen Städte trotz ewiger Fehden zu solcher Blüte gelangt seien[3]). Es scheint, wie bemerkt, von Interesse, gerade unter dem Aspekt der allerjüngsten Entwicklung auf Büsch hinzuweisen. Beachtenswert indes bei Büsch sowohl wie bei der gesamten merkantilistischen Einstellung zur Umlaufsgeschwindigkeit ist die Betonung der Bedeutung des Moments für den gesamten Wirtschaftskreislauf. Es ist eine große Linie von Petty über Cantillon und

---

1) Joh. Gg. Büsch: Sämtliche Schriften über die Handlung, Bd. 7, z. B. S. 197 ff. Vgl. dazu auch H. Sieveking. Schmollers Jahrbücher 1904: „Büsch und seine Abhandlung vom Geldumlauf" S. 72 ff., 559 ff., vor allem S. 87/88.

Büsch repräsentiert gewissermaßen den Typus der spezifisch deutschen Richtung, die darum beachtlich ist, weil sie, wie schon bemerkt, zu einer Zeit noch sozusagen dominierte, wo im übrigen längst die britische Ökonomie herrschend war.

Bemerkungen über den Gegenstand z. T. ganz interessanter Art finden sich vorher wie nachher öfters in der Literatur angefangen von J. J. Bechers „Politischer Diskurs", 1688, mit dem bekannten Wort vom „ewig beständigen Cirkül" (vgl. H. Dietzel: „Die Mobilisierung der Kriegsmilliarden", Tübingen 1919, S. 7). Über Struensee, den Verdeutscher von Pinto: „Abhandlungen über wichtige Gegenstände der Staatswirtschaft", Berlin 1800, 1. Bd., S. 278ff. bis 293, der vor allem gegen Hume argumentiert und bekannt ist als Vertreter einer eigenartigen Kredittheorie, — bis in die jüngere Zeit — Mitte des 19. Jahrhunderts — bei Murhard: „Theorie des Geldes", Altenburg-Leipzig 1817, S. 258 ff., spez. S. 317 ff.: „Von der Beflügelung des Geldumlaufs"; ferner G. Hufeland: „Die Lehre vom Geld und Geldumlauf", Gießen 1819, S. 249 ff., und schließlich S. Oppenheim: „Die Natur des Geldes", Mainz 1855, der, obwohl Anhänger der klassischen Rechenpfennigtheorie, recht interessante Bemerkungen über den Geldumlauf macht, z. B. S. 86 ff.

Es wäre uns, wie eingangs schon bemerkt, ganz unmöglich, alle irgendwie in Betracht kommenden Bemerkungen heranzuziehen, ganz abgesehen davon, daß dies auch dem Zweck unserer Darlegungen widersprechen würde. Aus diesem Grunde gehen wir auch nicht näher z. B. auf die ältere deutsche Auffassung der Kameralisten ein, weil deren Argumente doch zum größten Teil mit der zeitgenössischen merkantilistischen Literatur des Auslandes übereinstimmen.

2) Vgl. z. B. A. Hahn: „Volkswirtschaftliche Theorie des Bankkredits", Tübingen 1920, S. 120/21, Anm. Auf das Verwandte dieses „Neomerkantilismus" mit den älteren Ansichten vgl. Dietzel, l. c. S. 5/6, ferner, in größerem Rahmen, Böhm-Bawerk, Österr. Zeitschr. f. Volkswirtsch. etc. 22. Bd., 1913, S. 1 ff.: „Eine dynamische Theorie des Kapitalzinses". Speziell gerichtet gegen Schumpeter; im übrigen kommen wir noch auf diese Frage zurück.

3) Büsch l. c. IX, S. 424. Vgl. auch Sieveking l. c. S. 77.

Boisguillebert bis Büsch und später bei Marx[1]), der diese Theorie auf systematischer Grundlage weiter ausbaut, bis heute zu Schumpeters Theorie, die eine gewisse Synthese zwischen jener und der quantitätstheoretischen Auffassung darstellt, die nicht so sehr auf die rein monetären Zusammenhänge sieht, als vielmehr auf die enge Verbindung von Umlaufsgeschwindigkeit des Geldes und der Güter, wenn man so sagen soll.

Wir waren oben bei J. St. Mill stehen geblieben, der die alte Entwicklung abschließt wie auch die neue einleitet. In der monetären Behandlung des Gegenstandes hatte außer gelegentlichen Ansätzen bei Locke und der Gegenseite bei Cantillon das Interesse an der Bestimmung des Geldbedarfs Anlaß gegeben, die Umlaufsgeschwindigkeit zum wenigsten zu beachten. Dann machten wir auch auf die mehr merkantilistisch — an der Umlaufsgeschwindigkeit als Mittel zur Beschleunigung des Gesamtwirtschaftskreislaufs — orientierte Gruppe aufmerksam, um nun bei Mill schließlich auf eine neue Rückwendung zu der Betonung der Umlaufsgeschwindigkeit als Geldwert- oder, wie man nunmehr sagte, Kaufkraftbestimmungsgrund hinzuweisen.

Mill, wie gesagt, gab dem Problem eine neue Wendung, die nunmehr Anlaß hätte sein können, die Diskussion aus der alten eingefahrenen Bahn herauszulenken. Mills Versuch ging dahin — man achte auf die streng statische Fassung —, das vage Zeitmoment auszuschalten und so die „reine Effizienz" zu erfassen. (Eine genauere Untersuchung des hochinteressanten, wie wir zeigen wollen, bis heute mißverstandenen Millschen Versuchs kann erst an späterer Stelle gegeben werden.) Allein, wie Wicksell[2]) gelegentlich bemerkt, es ist Mill nicht einmal gelungen, den neu gewonnenen Standpunkt durchgehend in seinem eigenen Werk durchzuführen, so daß man wohl behaupten kann, Mills Versuch sei Versuch geblieben.

Trotzdem blieb in der Folge die von Mill wieder in neue Form (Kaufkraft !) gebrachte Quantitätstheorie im wesentlichen in der französisch-amerikanischen Theoretik dominierend[3]) und damit auch das Interesse für die Umlaufsgeschwindigkeit. Indes begnügte man sich, wie Willis[4]) bemerkt, damit, die „other things equal" recht genau und sorgfältig zu umgrenzen, eine genauere Darlegung des Umlaufsgeschwindigkeitsmomentes kam eigentlich erst Ende der 90er Jahre in Schwung. In Frankreich hatte 1895 Pierre

[1]) Über Marx und Schumpeter vgl. weiter unten über „Kapitalkreislaufstheorie".

[2]) l. c. S. 46.

[3]) Vgl. H. Parker Willis: „History and Present Application of the Quantity-Theory", Journal of political Ec., vol. IV, 1896, S. 417 ff.; spez. S. 433.

[4]) l. c. S. 436 mit speziellem Hinweis auf Bowen: „Princ. of Pol. Ec.".

des Essars [1]) begonnen, die Bankdepositen auf ihre Umlaufsgeschwindigkeit zu untersuchen. Wenn auch zu einem anders gearteten Spezialversuch unternommen, fand die Arbeit doch Beachtung. Es folgte K. Wicksells [2]) „Geldzins- und Güterpreise", der in einer recht sorgfältig gehaltenen, bis heute noch die Leistungen der Amerikaner in manchen Punkten übertreffenden Darlegung die Umlaufsgeschwindigkeit stark betont hatte.

Wie bemerkt, gerade die Bezugnahme Essars' fand in der amerikanischen, auf die Bankkredite speziell eingestellten Literatur Beachtung, und man ging nunmehr daran, neue exakte Formulierungen der Quantitätstheorie vorzunehmen: es folgen die grundlegenden Arbeiten von Kemmerer, D. Kinley, I. Fisher [3]).

Eine Eigenart dieser Richtung sei hier schon kurz erwähnt: die Tendenz Umlaufsgeschwindigkeit in einem spezifischen Verstande „passiv" zu begreifen. Das ist nicht verwunderlich, denn nur so kann die jeweils im Mittelpunkt stehende „Equation of exchange", die die Abhängigkeit des Preisniveaus von der Geldmenge beweisen soll, exakte Ergebnisse erzielen. Ist Umlaufsgeschwindigkeit ein variabler Faktor, dann scheint dies naturgemäß ausgeschlossen.

Typischer Vertreter ist I. Fisher. Außer auf den genannten Arbeiten von Wicksell und Essars dürfte seine Theorie auch auf Feststellungen von A. Landry [4]) fußen. Diese französisch-amerikanische Richtung ist, darf man sagen, und wie uns scheint nicht zum Vorteil der Diskussion, die heute allgemein herrschende. Bei aller Neuartigkeit der Einstellung im übrigen, wie oben schon bemerkt, ist auch Schumpeter ganz auf die passive — resp. neutrale Haltung gegenüber der Umlaufsgeschwindigkeit eingestellt [5]).

Es ist dies, wie eingangs gesagt, der typische Fehler der gesamten heutigen Problematik, soweit sie Umlaufsgeschwindigkeit behandelt. Eine Durchbrechung, allerdings theoretisch schwach fundiert, dürfte lediglich die schon erwähnte sogenannte „Schwundgeld"- oder „Freigeld"-Bewegung darstellen, mit Arbeiten von Gesell [6]) und Christen, welch letzterer in einem interessanten Versuch glaubt Umlaufsgeschwindigkeit überhaupt auf Kredit, d. h. seiner Meinung nach eine „gegebene Größe", zurückführen zu können [7]). Auch dieser Versuch wäre, wenn gelungen, als statisch anzusprechen,

---

[1]) Pierre des Essars: „La vîtesse de la circulation de la monnaie", Journ. de la société de statistique de Paris, 1895, S. 143 ff.

[2]) l. c. 1.

[3]) Dto. Anm. 4.

[4]) A. Landry: „Revue d'Econom. pol." vol. XIX, 1905, S. 155 ff.

[5]) l. c.: „Sozialprodukt" S. 685. Wir kommen später darauf zurück.

[6]) Über Gesell vgl. oben.

[7]) Th. Christen: „Die Quantitätstheorie des Geldes", Annalen des Deutschen Reichs 1916, S. 85 ff.

was allerdings die Konsequenz der ganz streng mechanisch-quantitätstheoretischen Haltung dieser Richtung sein dürfte.

Unser historischer Abriß, so unvollständig und mangelhaft er im einzelnen auch sein mag, zeigt deutlich zweierlei: Einmal typisch nationale Haltungen zu dem Problem: die englisch-französisch-amerikanische Entwicklungsreihe mit im wesentlichen, und vor allem in der neuesten Zeit, auf das Geldwertproblem, weniger auf das Geldbedarfsproblem eingestellten Arbeiten, die bis heute dominiert.

Daneben ist die spezifisch merkantilistisch-deutsche Reihe, mit stärkerer Betonung der Bedeutung der Umlaufsgeschwindigkeit des Geldes für die Aktivität der Gesamtwirtschaft, stark im Hintergrund geblieben. Vertreten wird sie heute in einer ganz spezifischen Weiterbildung, die sie durch Marx erfahren hatte, in einigen Punkten von Schumpeter, allein auch bei Schumpeter ist die Betonung der Kaufkraftsbedeutung das weitaus wesentlichere.

Das zweite, was in unserer Darlegung folgt, ist schließlich damit ebenfalls schon festgestellt: die spezifische Problematik, die für das Moment Umlaufsgeschwindigkeit des Geldes in Betracht kommt. Wenn wir eben auch das Dominieren der einen oder anderen Richtung stärker betonten, ganz ist auch in diesen weniger beachteten Punkten die Diskussion nicht verstummt. Kein Zweifel kann ja auch darüber bestehen, daß die Entwicklung nicht nur der theoretischen Behandlung des Geldproblems allgemein, sondern auch die Entwicklung der empirischen Geldverhältnisse die alten Fragestellungen stark in den Hintergrund gedrängt hat. Und auch dabei kommen Momente in Betracht, die man sogar in der Reihe der Gegner doch mehr oder minder anerkennen muß, wenn man auch nicht von „Umlaufsgeschwindigkeit“ sprechen will. Aber der Name tut ja nichts zur Sache.

Es zeigt sich jedenfalls, daß dieser Punkt der „cetera“ trotz aller Mangelhaftigkeit der Behandlung doch ein altes Problem der ökonomischen Wissenschaften ist, das nur durch die Einseitigkeit der Untersuchungen eine gewisse Stagnation erfahren hat, wie es auch schon in der Natur der Sache liegt, wenn man einen Faktor als „neutral“ oder „passiv“ glaubt ausgeschaltet zu haben; denn das ist klar, wenn das wirklich der Fall ist, verdient das Problem keine sehr starke Beachtung und — die Quantitätstheorie ist im wesentlichen richtig.

### b) Das kontroverse Problemgebiet in der neueren Geldtheoretik.

Das lediglich historische Bestehen einer Frage, nur der Umstand, daß man mehr oder minder ausführlich „davon sprach“, kann keinesfalls auch schon das logische Recht eines Problems erweisen. Vor allen Dingen nicht, wenn inzwischen die wissenschaftliche Erkenntnis des allgemeineren Problembereichs Fortschritte gemacht hat. Das ist bekannt und bedarf keiner Erwähnung.

Wir erwähnten Schumpeters und der Quantitätstheorie im allgemeinen positiv bejahende Stellung schon oben. Um ein Gesamtbild des derzeitigen Standes der Frage der Umlaufsgeschwindigkeit zu bekommen, scheint es ratsam, wenn auch nur kurz und andeutend die verschiedenen von Schumpeter bereits angedeuteten Stellungnahmen gegen eine besondere Kategorie Umlaufsgeschwindigkeit zu hören. Naturgemäß kann sich dieser Hinweis nur auf ganz kurze Andeutungen beschränken, das weitere wird Gegenstand der folgenden positiven Darlegungen bleiben müssen.

Es handelt sich hier, man darf wohl sagen, um drei typische Gruppen:

Erstens eine solche, die glaubt, auf Grund einer fortgeschritteneren Erkenntnis des „Wesens" von Geld diesen — in ihrem Sinne — spezifisch „metallistischen" Begriff bestreiten zu müssen. Es sind die sogenannten „Nominalisten": Liefmann, Bendixen und Elster[1]). Sie lehnen naturgemäß auch jede Einwirkung der Umlaufsgeschwindigkeit des Geldes auf den Geldwert, die „Kaufkraft" ab. Eine zweite Gruppe, die weniger die Umlaufsgeschwindigkeit als solche, als vielmehr ihre praktische Anwendbarkeit, ja überhaupt die Möglichkeit eines Faktums, das „beschleunigt" werden könnte, anzweifelt. Wir nennen Karl Menger[2]) und Richard Hildebrand. Eine dritte Gruppe schließlich, zwar nicht durchweg erklärte — so doch faktische Gegner, insofern sie bei Aufstellung ihrer Quantitätstheorie glauben die Umlaufsgeschwindigkeit außer acht lassen, sie einfach totschweigen zu können, wie z. B. Hume, oder aber die glauben, sie durch ein anderes Moment ersetzen zu können. Wir denken hier speziell von den neueren an Herzfelder[3]).

Für die erste Gruppe ist typisch der Ausdruck eines Liefmann nahestehenden Vertreters, Walther Federn[4]): „... von den vielen Irrlehren der Geldtheorie ist die von dem Einfluß der

[1]) Liefmann l. c., vgl. oben Anm. 3; Bendixen: „Das Wesen des Geldes", 2. Aufl., München-Leipzig 1918, und eine Reihe weiterer Publikationen. Für uns kommen vor allem in Betracht: „Bemerkungen zur Geldschöpfungslehre", Jahrb. f. Nat.-Ökon. u. Stat. 113. Bd., 1919, II, S. 123 ff.; K. Elster: in Frage kommt: „Die Seele des Geldes", Jena 1920, ferner „Die Grundgleichung der Geldtheorie", Jahrb. f. Nat.-Ökon. etc. 115. Bd., 1920, S. 1 ff.

[2]) K. Menger: Art. „Geld" H. d. St. 3. Aufl., S. 605 ff. R. Hildebrand l. c. vgl. oben.

[3]) l. c.

[4]) Walther Federn: „Hinauf mit den Bankraten". Eine Entgegnung. Arch. f. Soz. Wiss. etc. Bd. 42, 1916/17, S. 208.

Umlaufsgeschwindigkeit des Geldes auf seinen Wert eine der falschesten. Im modernen Kreditgeldsystem läuft das Geld genau so rasch um wie die Güter, zu deren Zahlung man es braucht." Noch schärfer wendet sich Liefmann selbst gegen die Annahme einer besonderen Kategorie Umlaufsgeschwindigkeit. Man kennt seine scharfe Kritik der von ihm „materialistisch" genannten metallistischen Theorie. Sie sei niemals in der Lage, gerade die Momente, die heute im Geldverkehr ausschlaggebend seien, zu erklären. So z. B. die Abrechnungsmethoden. „Heute stopft man alle diese unbequemen Erscheinungen in den Allerweltsbegriff Umlaufsgeschwindigkeit. Dieser Begriff ist aber, wie man erkennt, nur von der hergebrachten ausschließlichen Betrachtung der realen Zahlungsmittel hergenommen, er ist dabei aber völlig unklar und gerade vom Standpunkt der metallistischen Auffassung in unerhörter Weise vernachlässigt." Der Begriff enthalte die allerverschiedensten Dinge, daher die „größten Unklarheiten" [1]). „Neben den sachlichen realen Geldstücken aus Metall oder Papier, die Umsätze vermitteln, gibt es auch noch eine Umlaufsgeschwindigkeit derselben." Enthalten diese Äußerungen mit der Ablehnung dieser „materialistischen" Auffassung ipso facto auch eine Absage an die Umlaufsgeschwindigkeit, so kann man doch nicht gut behaupten, Liefmann habe tatsächlich dem Begriff jede Berechtigung abgesprochen. Auch er kann schließlich nicht leugnen, daß ein und dasselbe Geldstück nacheinander mehrere Umsätze vermitteln und immer weiter zirkulieren kann und daß die Schnelligkeit, mit der das geschieht, in verschiedenen Ländern verschieden groß sei [2]). Wenn wir Liefmann recht verstehen, gilt seine Ablehnung — abgesehen, wie bemerkt, von seiner allgemeinen Stellungnahme — mehr der Umlaufsgeschwindigkeitstheorie in einem übertragenen Sinne, die (wie Liefmann richtig bemerkt) annimmt, daß die Anwendung von Abrechnungs- und privaten Zahlungsmitteln die Umlaufsgeschwindigkeit tatsächlich vergrößere, während gerade dadurch die einzelnen Geldstücke länger in den Kellern der Banken liegen bleiben, also effektiv weniger Umsätze vermitteln.

Liefmanns Ablehnung ist also nur bedingt, im übrigen ebenfalls unklar, sie müßte radikal sein, wenn er seiner abstrakten Geldauffassung treu bleiben wollte.

Weit schärfer indes, auch hier lediglich die Konsequenz der einmal gewonnenen begrifflichen Auffassung von Geld ist die Ablehnung Bendixens [3]). B., dessen volkswirtschaftliche Gelddefinition als „durch Vorleistung erworbenes Anrecht an der verkaufsreifen konsumtiblen Produktion" Geld lediglich als eine Wert-

---

[1]) „Grundsätze" l. c. S. 108.
[2]) l. c. S. 107.
[3]) Vgl. „Bemerkungen zur Geldschöpfungslehre" l. c. S. 126.

einheit aufgefaßt wissen will, schließt offenbar eine besondere Umlaufsgeschwindigkeit aus. Man müsse sich dazu vorstellen, daß das Geld „Tauschgut" sei. Eine Auffassung, die einen ganz primitiven Stand der Wirtschaft voraussetze. Nur vom Boden einer solchen — nach B.s Meinung eben die der metallistischen Theorie — könne man von einer besonderen Umlaufsgeschwindigkeit sprechen und habe ihre Annahme etwas „Einleuchtendes". Wenn man aber glaube, daß die Annahme einer Umlaufgeschwindigkeit, mit der die Geldmenge multipliziert werde, um dann die Preise zu bekommen, irgendwelche Schlüsse auf die Erscheinungen des Geldwesens ziehen zu können, so sei man im Irrtum. Es sei ebenso „unsinnig", die „Kaufkraft des Geldes" so errechnen zu wollen, wie wenn man analog die „Trinkkraft eines Bierkruges" dadurch feststellen wolle, daß man den Raumgehalt der Bierkrüge mit dem Fleiße der Spülmädchen multiplizieren wolle [1]). Nicht das Geld kaufe, sondern die Menschen seien es, die vermittelst des Geldes und auf Grundlage ihrer Leistungen kauften. In diesem Sinne wendet sich dann B. vor allem gegen Schumpeter, der vermittelst seiner „Effizienz" die Kaufkraft des Geldes „errechnen" wolle.

Aber ebenso wie Liefmann muß auch er schließlich ein Analogon der Umlaufsgeschwindigkeit resp. etwas, was er nach seiner „organischen" Auffassung „Freimachung zurückgehaltener Kaufkraft" nennt, feststellen [2]); man habe das in der alten Lehre Umlaufsgeschwindigkeit genannt, eben ein Moment, das aus der verstärkten Anwendung von bargeldsparenden Einrichtungen (Giro, Postscheck) resultiere. Garnicht „organisch" indes, worauf hier nur hingedeutet werden mag, ist die aus einer Mobilisierung von Kaufkraft von B. gezogene Folgerung einer eintretenden Preissteigerung infolge vermehrter Nachfrage. Im Gegenteil, das ist offenbar eine typisch quantitätstheoretische Auffassung, die das Geld den Gütern „gegenüberstellt".

Noch vorsichtiger — bei aller Gegnerschaft gegen die Anwendung des Ausdrucks „Umlaufsgeschwindigkeit" — ist dann der Propagator von B.s Ideen Karl Elster [3]).

Er will von einer „Intensität der Geldausnützung" sprechen, das habe eine „irrende Theorie als die Umlaufsgeschwindigkeit des Geldes behandelt" und tue es heute noch. Keinerlei bestimmende Wirkung aber habe diese Umlaufsgeschwindigkeit auf die Preisbildung, denn nur um „Geldausnutzung bei Zahlung der Preise" handele es sich. Wenn man von Umlaufsgeschwindigkeit spreche, so sei der Mißkredit, in den der Begriff gekommen sei — E. weist hier auf Bendixen hin —, ganz berechtigt. Dieses

---

[1]) l. c. S. 127.
[2]) l. c. S. 129.
[3]) Vgl. vor allem: „Die Seele des Geldes" l. c. S. 172/73.

Moment sei aber ganz unfaßbar, jedenfalls rechnungsmäßig gar nicht feststellbar.

Wenn wir kurz diese Gruppe überblicken, können wir feststellen, daß die Gegnerschaft weit eher einem gewissen „Methoden Ressentiment“ als logischen Überlegungen entspricht. Man gesteht denn auch implicite zu, daß irgend etwas hier vorliegt, was man sich aber wehrt, mit dem alten Ausdruck Umlaufsgeschwindigkeit zu bezeichnen. Diese Gegnerschaft beruht dann z. B. bei Liefmann auf durchaus berechtigten — wie wir hier vorläufig feststellen — Einwendungen gegen die Annahme einer „quasi“- oder „als ob“-Umlaufsgeschwindigkeit. Außerdem aber spricht man doch, sei es von Freimachung von bisher zurückgehaltener Kaufkraft, sei es von einer Intensität der Geldausnützung.

Eine prinzipielle Gegnerschaft also, wenn sie auch „subjektiv“ besteht und sich lediglich gegen eine bestimmte Form der Umlaufsgeschwindigkeit richtet, besteht demnach nicht. Eine andere Frage ist es, ob diese Annahmen einer Intensität der Kaufkraftausnutzung usw. nicht gegen die theoretischen Grundlagen der betreffenden Autoren selbst sprechen. Darauf kommen wir später.

Als zweite Gruppe von Gegnern erwähnten wir dann solche, die sich wesentlich gegen die praktische Anwendung der Umlaufsgeschwindigkeit zur Bestimmung des Geldbedarfs wenden. Auch die erste Gruppe hatte sich, wenn auch sekundär, gegen die Heranziehung der Umlaufsgeschwindigkeit zur Bestimmung der Preise gewendet, in erster Linie aber die Annahme einer Umlaufsgeschwindigkeit als eigene Kategorie bestritten. Wir nannten als zu dieser zweiten Gruppe gehörig oben Karl Menger und Richard Hildebrand.

K. Menger[1]) kommt bei der Frage der Bestimmung des Geldbedarfs auf die Umlaufsgeschwindigkeit zu sprechen. Wenn man glaube, vermittelst der Umlaufsgeschwindigkeit, d. h. „der größeren oder geringeren Anzahl der Fälle, in welchen mit den nämlichen Geldstücken in der betreffenden Periode Zahlungen geleistet zu werden pflegen“, den Geldbedarf feststellen zu können, so sei das ein großer Irrtum; denn Geld sei eben nicht nur als Umlaufs- oder Tauschmittel, sondern auch als Wertaufbewahrungs- resp. Reservehaltungsmittel Gegenstand eines Bedarfs. Da der Zweck der Kassenbestände nicht sei, möglichst rasch ausgegeben zu werden, sondern zur Sicherung des ungestörten Ablaufs der Wirtschaft zu dienen, bleibe überhaupt nichts übrig, was „beschleunigt“ werden könne.

Die Bedeutung der Umlaufsgeschwindigkeit sei von der klassischen wie nachklassischen Theorie stark überschätzt worden, ja

---

[1]) l. c. S. 606/7.

diese Lehrmeinung in ihrer gebräuchlichen Formulierung sei nichts anderes als „ein von der klassischen Nationalökonomie übernommener Irrtum des Spätmerkantilismus“ [1]).

Ähnlich argumentiert R. Hildebrand, der sich hauptsächlich gegen das Unbestimmte und Vage des Begriffes sowie die falsche Anwendung von Analogien aus der Mechanik bei der Feststellung einer Umlaufsgeschwindigkeit wendet. H. nimmt dann eine recht eingehende Analyse vor, die wir indes hier nicht darlegen wollen, auf die wir später aber noch zurückkommen werden. H. hält die ganze Theorie zusammenfassend für „einen durchaus leeren und nichtssagenden Formalismus“ [2]).

Die spezielle Eigenart der dritten Gruppe richtet sich sodann — implicite oder explicite — gegen die dynamische Natur der Umlaufsgeschwindigkeit, die sie in einer statischen Gleichung nicht verwenden will. Von diesem Standpunkt aus glaubt z. B. Herzfelder die Quantitätstheorie neu formulieren zu können unter Absehung von der „Mitberücksichtigung des in der Geldtheorie das größte Unheil stiftenden Begriffes der Umlaufsgeschwindigkeit“ [3]).

Wir begnügen uns hier mit diesen wenigen Andeutungen, um später ausführlich auf diese interessante Stellungnahme zurückzukommen.

Jedenfalls zeigt ein Rückblick, daß, wenn man auch zum Teil scharf das Problem ablehnte, d. h. das Bestehen einer besonderen Kategorie leugnet, höchstens sie für sachliche Zahlungsmittel gelten lassen will, dennoch, wenn auch in anderen Wendungen, den fraglichen Sachverhalt mehr oder minder zugeben muß.

Interessant indes ist es andererseits, daß im übrigen die spezifische Problematik, die seit den Anfängen der Diskussion und, d. h. seitdem man systematisch auf die Probleme unserer Wissenschaft überhaupt einging, im wesentlichen dieselbe geblieben ist. Für unsere weitere Untersuchung ist damit das Problemgebiet festgelegt.

Zunächst handelt es sich darum, die Behauptung, daß überhaupt gar kein Problem vorliegt, zu untersuchen, d. h. das Bestehen einer logischen Kategorie Umlaufsgeschwindigkeit nachzuweisen. Daraus muß sich dann eine eigene positive Stellungnahme ergeben, die dazu dienen soll, die vorliegenden theoretischen Meinungen über die Umlaufsgeschwindigkeit systematisch genauer zu analysieren, wie auch die verschiedenen gegnerischen Meinungen kritisch zu würdigen. Zunächst also: gibt es überhaupt eine Umlaufsgeschwindigkeit, gibt es sie für alle oder nur für bestimmte Geldgestaltungen, und dann, wie ist sie zu bestimmen,

[1]) l. c. S. 608.
[2]) l. c. S. 41.
[3]) l. c. S. 255, Anm.

resp. was bedeutet sie im Rahmen der volkswirtschaftlichen Gesamtproblematik. Erst dann, wenn sich die logische Unhaltbarkeit einer besonderen Kategorie Umlaufsgeschwindigkeit herausstellen sollte, müßte der Begriff dahin geworfen werden — wie Max Weber, wenn auch in anderem Zusammenhange, sagte —, wo er hingehört, „in den Orkus“ [1]).

## B. Systematischer Teil.

## Die logischen Grundlagen.

### a) 1. Die Strukturanalyse der Geldwirtschaft.

#### α) Allgemeines zum Problem der „Theorie“.

Man betont in der neueren Diskussion über Geldprobleme überhaupt in verstärktem Maße die Notwendigkeit einer mit der Gesamtwirtschaftstheorie verbundenen Geldtheorie, da eine isolierte Darstellung der Geldprobleme zu keinem Ergebnis führen könne [2]).

Wir stimmen dieser Meinung prinzipiell zu, glauben indes, daß es notwendig sei, noch weiterzugehen und auch die Wirtschaftstheorie als solche in einen größeren Zusammenhang zu bringen [3]). Das scheint um so eher gerechtfertigt, als trotz der Betonung des Einbauens der Geldtheorie in einen größeren Rahmen dennoch die Diskussion über das Geldproblem ein geradezu gigantisches Chaos darstellt, dem derjenige hilflos gegenübersteht, der ein Phänomen untersucht, das von den verschiedensten und zum Teil diametral gegenüberstehenden Geldtheoretikern teils bejaht, teils verneint worden ist, wie unser Problem der Umlaufsgeschwindigkeit, das, wie von Liefmann und Schumpeter betont wurde, geradezu die verworrensten Ansichten zur Folge gehabt hat. Unsere orientierenden Bemerkungen zu diesem Punkte wer-

---

[1]) Wiener Tagung des Vereins f. Sozialpol., vgl. Schriften des Vereins f. Sozialpol. Bd. 103, S. 583.

[2]) Vor allem bei Liefmann, z. B.: „Geld und Gold“ l. c. S. 12/13, ferner Schumpeter: „Sozialprodukt.“ S. 631. „Heute müßte jede Darstellung der Probleme der Geldwirtschaft mit einer Preis- und Verteilungstheorie beginnen.“

[3]) Wir folgen hier wie überhaupt in den Grundlagen des folgenden Karl Marx, der auch hier, wie in anderen Gebieten, Grundlegendes geleistet hat. Über das nähere Verhältnis unserer Theorie zu den Marxischen Darlegungen vgl. weiter unten: „Exkurs“.

Mit dem Schumpeterschen Hinweis (vorige Anmerkung) sind wir ganz einverstanden, wir fassen aber „Verteilung“ im Sinne von Marx, z. B. „Kapital“ II, S. 7: „. . . . nicht die Verteilung im gewöhnlichen Sinne als Verteilung der Konsumtionsmittel, sondern die Verteilung der Elemente der Produktion selbst, wobei die gegenständlichen Faktoren auf der einen Seite konzentriert sind, die Arbeitskraft allein und diskret auf der anderen.“ Vgl. auch Einleitung zu einer Kritik der pol. Ökon., Kritik l. c. S. XXX: „Die Distribution der Produkte ist offenbar ein Resultat dieser Distribution. . . .“

den das bestätigen; andererseits aber liegt ein nicht minder wichtiger Grund dazu in der Verschiedenartigkeit der realen Problemkomplexe selbst, die in der Tat von einer verwirrenden Mannigfaltigkeit sind.

Die Schwierigkeiten einer solchen Untersuchung sind also doppelter Art: einmal der problematische Charakter der Geldtheorie selbst und dann die Problematik der Umlaufsgeschwindigkeit im engeren Verstande.

Ein Ausweg wäre ja gegeben, wenn man, wie neuerdings gelegentlich angedeutet wird, einen gewissen „Relativismus" vertreten würde [1]. Indes kann darüber kein Zweifel herrschen, daß trotz aller „Siege" des theoretischen Relativismus auf anderen Gebieten (Einstein!) die Wissenschaft dem Untergange überliefert ist, wenn die logischen Grundlagen relativiert werden, ganz abgesehen von den Absurditäten des logischen Relativismus, wie sie die neuere Logik nachgewiesen hat [2].

Von dieser Seite jedenfalls erhoffen wir keine Lösung für unser Problem, und es bleibt uns nur übrig, eine eigene Grundlegung zu versuchen, die auf einem methodisch anderen Wege die Ergebnisse der seitherigen Theorie zu vereinigen sucht.

Man hat „Geld" stets die allerverschiedensten Sachverhalte genannt und nennt es auch heute noch. Bis zum Erscheinen von Knapps „Staatlicher Theorie des Geldes" (1905) war man sich im wesentlichen seit den Tagen der Tookeschen Schule darüber klar, daß Geld verschiedene „Funktionen" habe [3], die aber hier nicht aufgezählt werden sollen. Mit dem genannten Werk von Knapp nun besann man sich wieder mehr auf — wenn man so sagen soll — einen gewissen „Methoden-Monismus"; es bildeten sich entsprechend zwei große Richtungen heraus — als solche nicht etwa neu —, die mit verbessertem logischem Apparat suchten, das Wesen des Geldes zu erforschen: die eine, indem sie das „Zahlungsmittel", die andere das „Tauschmittel" im Gelde betonte. Es ist hier nicht der Ort, die daranschließende äußerst kontroverse Problematik auch nur andeutungsweise darzulegen.

Soviel scheint klar: die Sucht nach dem „Methodenmonismus" zeitigte im wesentlichen dieselben Fehler, wie sie auch die ältere

[1] Man vergleiche damit manche Äußerungen von M. Palyi: „Der Streit um die staatliche Theorie des Geldes", Schmollers Jahrbücher 1921, Heft 2 u. 3, Jg. 45, S. 229 ff. resp. S. 14 ff., der von verschiedenen „Bezugsystemen" spricht, von denen her gesehen sowohl die nominalistische als auch die metallistische Richtung haltbar sei. „Beide Standpunkte sind gleichberechtigte Bezugsysteme ....", S. 22.

[2] Vor allem für die Kritik des Relativismus auf logischem Gebiete: des Psychologismus, Edmund Husserl: „Logische Untersuchungen" Bd. I, 2. Aufl., Halle 1913, S. 50 ff.

[3] Vor allem durch Knies „Geld und Kredit" in der deutschen Wissenschaft vertreten und verbreitet.

Theorie seit den Tagen der Klassiker kannte, die man damals gegen die ältere merkantilistische Auffassung setzte und die in dieser Form heute noch im wesentlichen herrschend ist. Man betont heute eine „volkswirtschaftliche Seite“ des Geldproblems, nach der Geld lediglich „Recheneinheit“ ist, und eine sogenannte „privatwirtschaftliche“, nach der Geld mehr ist, als nur „Rechenpfennig“. Ist das Geld nach der ersten Auffassung „Diener am Markte“, so nach der anderen „Herr“ [1]).

Unter diesem Aspekt zeigt sich z. B., daß die sog. nominalistische Auffassung der neueren — von der älteren Rechenpfennigtheorie nicht so fernesteht als es prima facie scheint, so daß z. B. in diesem Punkte Liefmann Ricardo viel nähersteht, als er selbst annehmen und zugeben würde. Darüber gleich mehr.

Und doch ist die alternative Stellungnahme zu der einen oder anderen Haltung von geradezu zentraler Bedeutung auch für das Umlaufsgeschwindigkeitsproblem. Indes scheint es schlechterdings ausgeschlossen, daß die „volkswirtschaftliche Betrachtungsweise“ der anderen, „privatwirtschaftlich“ genannten, entgegenstehen kann. Einseitigkeit der einen wie der anderen Art aber wird immer mehr durch die sachlichen Zusammenhänge und die Entwicklung der Probleme selbst widerlegt [2]). Gerade aus diesem Grunde und weil eine einseitige Einstellung dem Umlaufsgeschwindigkeitsproblem am allerwenigsten gerecht werden kann, glauben wir einen anderen Weg einschlagen zu müssen, ohne damit eine — wenn man will — „neue“ Theorie aufzustellen. Wir hoffen vielmehr, wie schon angedeutet, auf diese Art eine logisch strenge — das ist das Wesentliche — Synthese aller richtigen Geldtheorien geben zu können.

Uns will scheinen, als sei der unbefriedigende Stand — das gilt hierfür wie beiläufig auch für andere Punkte der theoretischen Ökonomik [3]) — hauptsächlich verschuldet ist durch den recht primitiven Stand des logischen Apparates, der im Gegensatz zu anderen Wissenschaften im wesentlichen noch derselbe ist, wie in den Anfangszeiten der Disziplin.

Es ist indes längst ein gesichertes Ergebnis der allgemeinen Wissenschaftstheorie, daß jedes spezifisch theoretische Problem wesentlich Gegenstand einmal einer formalen, d. h. auf das „Allgemeine“ gehenden Fassung werden kann, daß aber andererseits auch, und zwar wenn der zur Untersuchung stehende Sachverhalt in seiner Totalität theoretisch bewältigt werden soll, notwendiger-

[1]) Vgl. z. B. A. W. Cohn l. c.

[2]) Darüber recht gut der zit. Art. von Palyi l. c.

[3]) Am besten über diese Seite der Problematik mit spezieller Bezugnahme auf die Preistheorie die Arbeiten von O. v. Zwiedineck-Südenhorst: „Kritisches und Positives zur Preistheorie“, Zeitschr. f. d. gesamte Staatswissenschaften, Jg. 64, 1908, II. Teil, Bd. 65, 1909; dann vor allem: „Über den Subjektivismus in der Preistheorie“, Arch. f. Soz. Wiss., Jg. 38, S. 1 ff.

weise eine materiale — auf das „Spezielle“ gehende Theorie ergänzend hinzukommen muß [1]). So gibt es z. B. in den mathematischen Disziplinen eine zu großer Durchbildung gelangte Theorie der formalen Mathematik, die als solche die allgemeine formale Theorie möglicher — materialer — mathematischer Theorien darstellt (bekannt auch unter dem Namen Mannigfaltigkeitslehre) [2]).

Wir glauben, wie gesagt, daß eine solche methodische Trennung, die n. b. nicht konform ist mit der üblichen Scheidung z. B. in „allgemeine“ und „spezielle“ Nationalökonomik, auch für das Gebiet der Theorie des Geldes überhaupt fruchtbar zu machen sein müsse; daß man auf diese Weise sowohl die kontroversen Probleme selbst verhältnismäßig leicht „unter einen Hut“ bringen, wie auch andererseits den Besonderheiten bestimmter empirischer Geldgestaltungen gerecht werden könne, wie auch den Relativismus zu überwinden in der Lage sei.

Es würde sich also darum handeln, eine formale Geldtheorie als die Theorie möglicher Geldtheorien zu versuchen, um innerhalb dieser formalen Theorie die materialen Geldtheorien: z. B. die Theorie des Metallgeldes, des Papiergeldes nebst ihren speziellen Problemen einzubauen. Es wäre eine Theorie der Theorien, wie es etwa reine Logik, reine Phänomenologie und reine Mannigfaltigkeitslehre sind (wir können diese Probleme hier naturgemäß, als in ein anderes Gebiet fallend, nur sehr aphoristisch und sehr andeutungsweise behandeln). Wir glauben z. B., daß auch die allgemeine ökonomische Theorie unter dem Mangel einer solchen theoretischen Fassung leidet. Auch hier muß es notwendigerweise eine Theorie der „Wirtschaft überhaupt“ wie andererseits eine Theorie der Wirtschaftsformen bestimmter regionaler Gliede-

---

[1]) Vgl. darüber die verschiedenen Arbeiten Husserls, vor allem: „Logische Untersuchungen“ l. c., ferner „Ideen zu einer reinen Phänomenologie“, Halle 1913. Besonders „Logische Untersuchungen“ Bd. II, 1: „Von den Ganzen und den Teilen“. Ferner die verschiedenen Arbeiten der phänomenologischen Schule (A. Pfänder, M. Geiger, Max Scheler etc.) im „Jahrbuch für Philosophie und phänom. Forschung“. 1913 ff., vor allem Max Scheler: „Der Formalismus in der Ethik und die materiale Wertethik“ l. c., 1913/16. In unserem engeren Fachgebiet entspricht unserem Versuch, dem Bestreben nach, vor allem Cassel: „Theoretische Sozialökonomik“, 1. Aufl., Leipzig 1919, S. 39. Wie wir zeigen wollen, ist auch hier die irrige Reduktion auf die „Rechnungsskala“ vorgenommen, die die spezifischen Unterschiede zwischen Tauschwirtschaft und Geldwirtschaft gar nicht hervortreten läßt. Die Stellungnahme C.s gegen die Vermischung von Tauschwirtschaft und Geldwirtschaft entspringt offenbar wesentlich seinem Ressentiment gegen die Wertthеorie. Im übrigen stimmen wir seinen Bemerkungen durchaus zu, wenn wir auch, wie gesagt, glauben, daß für seine eigene Stellungnahme die Trennung von Tauschwirtschaft und Geldwirtschaft bei seinem Geldbegriff ohne Bedeutung ist.

[2]) Vgl. Husserls „Ideen“ S. 108 ff., ferner Einleitung zu den „Logischen Untersuchungen“, Bd. 1. Wir beziehen uns speziell in diesem Punkte ganz auf die Arbeiten der phänomenologischen Schule; eine eingehende Darlegung kommt weder im Text noch hier in Frage; sie würde eine neue Grundlegung des gesamten Wissenschaftsgebietes erfordern und muß einer evtl. späteren Veröffentlichung vorbehalten bleiben.

rung geben. Eine solche Theorie der Wirtschaft überhaupt würde in vielen Dingen dem nahekommen, was die „reine Statik" oder die — allgemein gesprochen — „klassische" Ökonomie darstellt; diese Theorie kann aber bestimmte Phänomene, z. B. die durch das Geld hereingebrachten Problemkomplexe mit ihren Sätzen direkt nicht erklären. Ihre Sätze sind im Verhältnis zu diesen speziellen Erscheinungen zu allgemein und zu „inhaltsleer". Die spezielle oder die materiale Theorie fragt z. B. auch danach, wie sich unter gegebenen Umständen die Gesetze der allgemeinen formalen Theorie gestalten werden. Nicht konform auch ist diese Unterscheidung der bekannten in „historisch-rechtliche" und „ökonomisch-technische" [1]), sondern es handelt sich bei unserer Position um logisch reine Formen, die mit jenen empirischen Feststellungen nichts gemein haben. Der wesentliche Unterschied gegenüber jenen theoretischen Meinungen liegt in der „Absolutheit" oder „Zeitlosigkeit" ihrer Geltung, darin in keiner Weise verschieden von der formalen Theorie.

Diese Einstellung in puncto Theorie machte es nötig, zunächst rein formal die Struktur, das innere Wesensgefüge der jeweiligen Wirtschaftsregion zu untersuchen, um dann erst feststellen zu können, wie auf dieser Basis sich die Gesetze der „Theorie überhaupt" darstellen werden. Wir geben also hier eine ganz knappe Strukturanalyse der Geldwirtschaft nebst ihren Reflexerscheinungen der „Waren"- und der „Geldform".

### β) Die Struktur der Geldwirtschaft.

Es ist eine auch heute noch nicht beigelegte Streitfrage unserer Wissenschaft, ob die „Volkswirtschaft" lediglich die Summe ihrer Teile sei, oder ob sie mehr sei als das, eine höhere Einheit. Pro und contra jeder Ansicht lassen sich beachtliche Gründe wie Gegengründe anführen. Wir haben nicht vor, diese Streitfrage hier zu lösen, wir wollen nur darauf hinweisen, um den Gegensatz dieser Diskussion gegenüber den von uns bezweckten Vorgehen darzulegen; denn darum handelt es sich ja bei jener Diskussion, ob die eine oder die andere Auffassung einen empirischen Sachverhalt habe [2]).

Wir gehen anders vor. Man spricht im Alltagsleben von „Volkswirtschaft" in den allerverschiedensten Zusammenhängen:

[1]) Näher kommt unserer Position Karl Marx, vgl. darüber „Einleitung zu einer Kritik" etc. l. c. S. XX, vor allem S. XLII: „Wenn es daher wahr ist, daß die Kategorien der bürgerlichen Ökonomie eine Wahrheit für alle anderen Gesellschaftsformen besitzen, so ist das nur cum grano salis zu nehmen. Sie kann dieselbe entwickelt, verkümmert, karikiert usw. enthalten, immer in wesentlichem Unterschied."

[2]) Als Exponenten und Gegenpole: für die individualistische Auffassung Liefmann: „Grundsätze" l. c., für die „universalistische" O. Spann: „Fundamente der Volkswirtschaftslehre", Jena, 2. Aufl., 1920.

„Volkswirtschaftliche Fragen" werden diskutiert, man spricht von „volkswirtschaftlicher Literatur" usw. Was bezeichnen alle diese zum Teil ganz verschiedenartigen Sachverhalte als spezifisch „volkswirtschaftlich"? Der Tagessprachgebrauch ist sich dessen kaum klar bewußt und braucht es nicht zu sein. Jeder indes, der „Volkswirtschaft" sagt, „meint" damit irgend etwas, dieses „etwas" ist es, was uns interessiert. Wer etwas „meint", zielt auf einen Gegenstand ab, gibt seiner Rede und seinen Gedanken einen ganz bestimmten „Sinn". Diesen „Sinn" wollen wir zu erfassen suchen. Nur durch ihn werden alle jene Momente als „volkswirtschaftlich" gekennzeichnet, er ist es, der sie bestimmt und von dem her sie bestimmt werden.

Nicht also empirische Facta sind es, die in Frage stehen, „klammert" man alles nur Nebensächliche, faktisch Tatsächliche ein und geht auf den „originären" Sinn von „Volkswirtschaft" zurück[1]). Es handelt sich um nichts Substantielles, sondern um ein Gedankliches, einen „idealen Gegenstand". Aber dieser „ideale Gegenstand" ist keine Fiktion, kein „Schema" oder „ein konstruierter Idealtypus", sondern schlechthin „gegeben"; er wird „aufgefunden". „Sein" also besitzt er, ja in einem viel höheren und sicherern Grade als alles real Gegenständliche.

---

[1]) Wir versuchen hier und im folgenden eine Art Phänomenologie der Wirtschaft als auch ihrer Derivate Ware und Geld. Allein diese recht primitiven und groben Analysen verdienen diesen Namen nur bedingt. Über die Methode vgl. Husserl l. c. etc.; auch A. W. Cohn l. c., der wohl als erster in unserem Fach die phänomenologische Methode versucht hat; daselbst auch Näheres über das Verhältnis der phänomenologischen Methode zu der bisherigen ökonomischen Theorie.

Wenn wir hier betonen, daß der idealeGegenstand „aufgefunden" werde, so bedeutet das z. B. den schärfsten inneren Gegensatz bei äußerlich recht starker Übereinstimmung zu Max Webers „Idealtypen" (vgl. darüber „Die Objektivität sozialwissenschaftlicher und sozialpolitischer Erkenntnis", Arch. f. Sozialwiss. Bd. 25, 1904). Der Gegensatz ist in der Tat ein innerer und sehr wesentlicher; er berührt den letzten Rechtsgrund jeglicher logischen Arbeit: die Auffassung der „Wahrheit", die Max Weber im Anschluß an Rickert und die badische Schule als einen „Wert", eine „Norm" faßt, während sie für uns ein „idealer Gegenstand", eine „Idee" ist, die ganz unabhängig von irgendwelchem „Sollen" Existenz hat. Äußerlich indes — wie gesagt — ist dieser erkenntnistheoretische Gegensatz weniger von Belang; wir machen hier nur darauf aufmerksam, daß es in Konsequenz dieser Auffassung für uns Gesetze strengster logisch-ontologischer Geltung gibt, während das bei dem „konstruierten Idealtypus" ausgeschlossen ist, der mehr oder minder eine relativistische Haltung in sich schließt. Für uns also ist das Untersuchungsobjekt und das Bestreben, die Auffindung einer spezifischen Gegenstandslogik, einer immanenten Gesetzlichkeit. Wir fühlen uns hierin Marx viel näher, als man zunächst annehmen möchte; bekanntlich hat man Marxens ständige Hinweise auf die „immanenten Gesetze" teils als Dialektik, teils als „Metaphysik" ausgelegt. Wir weisen noch gelegentlich auf Spezialprobleme hin. Vgl. zu unserer Haltung Husserl: „Von den Ganzen und den Teilen", Logische Unters. II[1]. S. 225 ff.

Wie charakterisiert sich nun der ideale Gegenstand „Volkswirtschaft" weiterhin!

Die Analyse eines solchen Gegenstandes kann gehen: einmal auf seinen Inhalt und andererseits auf seine Form. Gerade das formale Moment interessiert uns. Unsere Strukturanalyse ist also eine rein formale. Sie besagt gar nichts über die materiale „Versorgung" der einzelnen Elemente, z. B. an „Mitteln zur Bedürfnisbefriedigung", will es nicht — wir vermeiden so z. B. den ganzen Streitkomplex über „Produktivität" und „Rentabilität".

Ist nun der ideale Gegenstand Volkswirtschaft eine Einheit? Als Sinnzusammenhang, als „Idee" zweifellos! Allein, wollte man dabei stehenbleiben, so hätte man den idealen Gegenstand selbst nicht erfaßt und, es ist z. B. einer der größten Fehler, daß man — infolge der herkömmlichen primitiven Abstraktionsverfahren — dabei stehenblieb und daraus die irrigsten Konsequenzen zog. Der im heutigen Sprachgebrauch naiv „gemeinte" ideale Gegenstand Volkswirtschaft ist indes keine solche Einheit, das haben alle „Individualisten" stets richtig gesehen. Er ist vielmehr, wie wir feststellen müssen, eine spezifische Mannigfaltigkeit, bestehend aus einer endlichen Anzahl von Elementen[1]. Allein damit ist nur das Allgemeine gesagt, restlos ist der Gegenstand noch nicht geklärt. Daß er keine „Einheit" ist, ist evident, allein wenn er eine Mannigfaltigkeit ist, wie ist sie genauer zu bestimmen! Ist sie extensiv oder intensiv oder gemischt oder wie immer sonst bestimmt? Nehmen wir an, sie sei ein „Kontinuum", was würde das bedeuten? Die einzelnen Elemente der Mannigfaltigkeit müßten in stetiger, genau aufeinander abgestimmter Bezugnahme zueinander stehen, es gäbe keine Möglichkeit, irgendwie „frei" zu verfügen über Entschließungen, die die Elemente — als personale Wesen gefaßt — etwa vornehmen könnten. Das aber ist zweifellos in der „gemeinten" Wirtschaftsmannigfaltigkeit nicht der Fall, sondern die Elemente sind „frei", es steht ganz in ihrem Belieben, ob und was sie produzieren und wann sie mit den anderen Elementen in Beziehung treten. Wir müssen feststellen, daß

---

[1]) Wir folgen mit dieser Auffassung der Volkswirtschaft als einer „diskontinuierlichen Mannigfaltigkeit einer endlichen Anzahl von Elementen" äußerlich A. Voigt, der indes diese Analyse in einem ganz anderen Sinne vom Boden einer mathematisch-mechanischen Auffassung her gegeben hat, für ein spezifisch zweidimensionales Raumgebilde; den von ihm sogenannten „sozialen Raum", der offenbar in Analogie mit dem physikalischen Raum gedacht ist. Vgl. „Theorie des Geldverkehrs", Zeitschr. f. Soz. Wiss., N. F., XI. Jg., 1920, S. 485/86. Vgl. auch über den Begriff des Kontinuums E. Cassierer: „Substanzbegriff und Funktionsbegriff", Berlin 1910, S. 328 ff.; H. Poincaré: „Wissenschaft und Hypothese", Leipzig 1906, S. 18 ff. Über den von uns verwendeten Begriff der „Kontinuität" resp. des „Kontinuums" vgl. vor allem Husserl: „Logische Untersuchungen", Bd. II, Teil 1, S. 245, dann A. Reinach: Ges. Schriften, Halle 1921: „Über das Wesen der Bewegung", S. 406 ff., vor allem S. 433 f..

die Mannigfaltigkeit „Volkswirtschaft“ kein Kontinuum ist: sie ist diskontinuierlich gegliedert.

Damit haben wir das unterscheidende Merkmal dieser Mannigfaltigkeit gegenüber anderen möglichen Wirtschaftsmannigfaltigkeiten festgestellt [1]). In der Tat liegt hier die Wurzel aller spezifisch geldwirtschaftlichen Erscheinungen. Mannigfaltigkeit ist jede „Gesellschaftswirtschaft“, außer etwa der streng kommunistisch organisierten, die eine „Einheit“ darstellt [2]).

Ein weiterer Wesenszug jener Mannigfaltigkeit ist es, daß in ihr Teilung der Funktionen besteht, d. h. „Arbeitsteilung“: jedes Element produziert nur das, was es im Rationalitätsmaximum mit dem relativ größten Erfolge herstellen kann. Ist die Wirtschaftsmannigfaltigkeit ein Diskontinuum, so heißt das: diese Funktionsteilung erfolgt „frei“ und es besteht relative Autarkie der Elemente; „frei“ in seinen Produktionsentschlüssen aber ist ein Element dann, wenn es nicht an die Wünsche bestimmter Dritter gebunden ist, und daraus folgt das notwendige Bestehen eines „Marktes“, d. h. eines abstrakten „Ortes“, wo die Elemente der Mannigfaltigkeit ihre „Produkte“ um- resp. absetzen und die daraus resultierende Maßzahl — herkömmlich „Preis“ genannt — ist der Regulator, aber auch der einzige, der die Leistungen der Elemente bestimmt. Qualitativ wie quantitativ. Sie ist das Steuer für die Produktionsentschlüsse der Elemente, allein dieses Steuer wirkt nur, wie Rodbertus sagt [3]), als „Thermometer“, niemals jedoch als „Barometer“, das den Stand der Maßzahl und der zu erwartenden „Chancen“ vorherbestimmen könnte. Die Elemente produzieren also für diesen „Markt“, nicht für bestimmte Dritte.

Alle diese Momente sind offenbar lediglich Reflexerscheinungen der Diskontinuität. Wäre die Wirtschaft eine Einheit, so hätten „Markt“ und „Preis“ überhaupt keinen Sinn, und wäre sie eine Mannigfaltigkeit, aber ein Kontinuum, so wären die Momente damit unmöglich gemacht, die speziell darauf basieren, daß keine „stetige“ Bezugnahme der Elemente aufeinander erfolgt, konkret gesprochen: es müßte produziert werden für bestimmte Elemente; für ein „Abstraktum“, wie es der Markt darstellt, wäre das ausgeschlossen. Es fielen damit weg alle die Momente, die speziell Reflexerscheinungen gerade des Diskontinuitätsmomentes sind. Es gäbe keinen „Markt“, es gäbe keinen

---

[1]) Man könnte eine Systematik verschiedener Regionen der Diskontinuität aufstellen; wir machen auf dieses Moment hier aufmerksam, mit speziellem Bezug auf die positive Theorie der sozialistischen Wirtschaft.

[2]) Vgl. Schumpeter: „Das Grundprinzip der Verteilungslehre“, Arch. f. Soz. Wiss. Bd. 42, S. 9, Anm.,

[3]) Vgl. Rodbertus: „Die Handelskrisen“ etc., Gesammelte kleine Schriften, hg. von M. Wirth, Berlin 1899, Bd. IV, S. 231: „. . .aber er (der Preis) ist nicht wie ein Barometer, der die Temperatur des Marktes vorhersagt, sondern wie ein Thermometer, der sie nur mißt . . .“

„Preis", es gäbe aber auch — was uns hier speziell interessiert — kein „Geld" und keine „Ware".

### γ) Die Warenform und die Geldform.

Wir stellen fest, daß die Geldwirtschaft ein idealer Gegenstand, d. h. das was der Alltagssprachgebrauch „meint", seiner formalen Struktur nach wesentlich zu charakterisieren ist als eine diskontinuierliche Mannigfaltigkeit, bestehend aus einer endlichen Anzahl von Elementen, die ihre Produkte auf dem abstrakt gedachten Markt, orientiert an der Maßzahl „Preis" absetzen. Das bedarf nun weiterer Erklärung. Die Produkte der Elemente der gefundenen Wirtschaftsmannigfaltigkeit sind nun — wir gehen auch hier aus vom naiven Alltagssprachgebrauch — „Waren". Aber was ist eine „Ware". Was intendiert „Ware" wenn man sie reduziert auf ihren originären Sinn? Wir finden: primär „Marktobjekt", mit der Bestimmung, „abgesetzt" zu werden, das ist ihre erste wesentliche Bedeutung.

Wie inhaltlich die Ware bestimmt ist, ist dabei prinzipiell gleichgültig und das heißt, sie ist — zweitens — wesentlich „Form"[1]. Darin besteht ihr Unterschied zum „Gut", das auf Grundlage spezieller Eignung für ein Individuum „Wert" bekommt, während gerade umgekehrt die Ware in um so höherem Grade ihrer idealen Bestimmung entspricht, je „fungibler" sie ist, je mehr ihre Individualität verschwindet; das schließt indeß nicht aus, daß auch Objekte ganz individueller Artung zu „Waren" werden. Prinzipiell kann eine Tonne Roheisen die Warenform ebenso annehmen, wie es umgekehrt die höchst individuellen und höchst sublimen „Leistungen" etwa eines Geigenvirtuosen oder einer Primadonna sind. Das aber liegt in dem Wesen der Ware, spezifische „Form" zu sein.

Wir definieren also Ware ihrem innersten Sinn nach als eine spezifische Form der Darstellung von Produkten einer diskonti-

[1]) Es ist merkwürdig, daß diese von Marx gegebenen Darstellungen von Ware und Geld als „Form" (vgl. „Kapital" I, S. 36 ff., 8. Aufl.) in der Literatur kaum Beachtung gefunden hat, außer etwa bei Amonn: „Objekt und Grundbegriffe der theoretischen Nationalökonomie", Leipzig-Wien 1911, S. 414, findet man noch bei v. Wieser: „Theorie der gesellschaftlichen Wirtschaft" im Grundriß der Soz.-Ök., Abt. 1, Tübingen 1914, die Bezeichnung von „Geldform", allein in einem ganz anderen Sinne als Marx das tat und wir es tun. Die Anwendung des Ausdrucks scheint uns bei Wieser mehr äußerlich zu sein.

Im übrigen tut man Marx, unserer Auffassung nach, heute durchaus unrecht, wenn man ihm stets vindiziert, er spreche nur von materiellen Waren, „Sachgütern", man vgl. etwa dazu das in den „Theorien über den Mehrwert", Bd. I, 3. Aufl., Stuttgart 1919, S. 407 ff., Anhang, über den „Begriff der produktiven Arbeit" Gesagte. Auch z. B. die Darlegungen, die im stärksten Anschluß an Marx gemacht sind, bei R. Luxemburg: „Die Akkumulation des Kapitals", Berlin 1913, S. 8, wo von „Ware" gesprochen wird, gleich „ob es sich um Baumwollgewebe oder Balletdarbietungen, gußeiserne Röhren oder liberale Zeitungen handelt", und schließlich Marx selbst: „Kapital" I, S. 95, Anmerk.

nuierlich gegliederten Wirtschaftsmannigfaltigkeit mit der primären Bestimmung, „abgesetzt" zu werden.

Dieser Prozeß geschieht nun offensichtlich in einer solchen Wirtschaftsmannigfaltigkeit keinesfalls zufällig, im Gegenteil. Gerade die Notwendigkeit der Darstellung der Produkte als Ware ist notwendiges Korrelat der Diskontinuität. Entsprechend der Einseitigkeit der Produktion der Elemente und der Vielseitigkeit ihrer Bedürfnisse. Daraus ergibt sich weiter, daß auch nicht direkter „Austausch" erfolgen kann. Denn Tausch bedeutet seinem intentionalen Sinn nach, stets Hingabe eines „Gutes", d. h. eines Objektes individueller Bestimmung gegen ein anderes ebenso individuell bestimmtes [1]). Nur dann kann sinnvoller Weise von „Tausch" gesprochen werden.

Bei der Mannigfaltigkeit, wie wir sie charakterisiert haben als „Diskontinuum" aber ist das ausgeschlossen. Wäre es der Fall, dann wäre das prinzipiell uninteressanter Zufall, den aber die Produktion für einen abstrakten Markt ausschließt, wie ebenso die Existenz der Warenform; nur gegen eine andere allgemeine Form kann die Ware umgesetzt werden, und diese andere Form ist die Geldform.

Sie ist demnach nichts anderes, als das Korrelat der Warenform und beide Reflexerscheinung desselben identisch Einen: der Wirtschaftsstruktur. Untersuchen wir die Geldform genauer.

Eine Ware kann es naturgemäß nicht sein, sonst wäre es eben kein Geld, das wäre eine Tautologie. Ein Moment ist es, das die Ware noch charakterisiert, sie hat zur Bedingung ihrer faktischen Existenz, ihres „Daseins" einen individuellen Inhalt, denn die Ware ist Produkt des einzelnen Elementes, sie soll, falls sie ihrer Bestimmung gerecht wird, auf dem Markte Absatz finden, sie muß, — wie Karl Marx sagt — den „Saltomortale" überwinden, das ist ein sehr wesentliches Moment [2]); der Markt muß sie als „Wert" ansprechen. Das, wie gesagt, soll sie ihrer Idee nach; ob es ihr gelingt, ist a priori unbestimmt, darin liegt ihr Warencharakter, ist sie aber einmal vom Marktmagen verschlungen (Lassalle!), hat das Verkehrsurteil sein placet einmal gesprochen, dann ist sie nicht mehr Ware. Das Dokument aber für jenes „placet" ist die Geldform.

Was „meint" nun „Geld", was ist der immanente Sinn der „Geldform"?

Wir betonten schon den Gegensatz zwischen „Tausch" und dem „Formenwechsel" von „Ware" und „Geld", den Kauf und Ver-

---

[1]) Vgl. R. Hildebrand: „Das Wesen des Geldes", Jena 1914, S. 5: „Beim Tausch werden immer individuell bestimmte Dinge gegeneinander umgesetzt."

[2]) Vgl. „Kritik" S. 76: „Diese Schwierigkeit, der salto mortale der Ware, ist aber überwunden, wenn der Verkauf.... wirklich vorgeht."

kauf. Der Tausch ist wesentlich bestimmt, wie wir fanden, als ein Moment, bei dem auf jedem der beiden Pole ein „Gut" steht; auch die Ware hat „Gut"eigenschaft, aber das ist nicht ihre primäre Bestimmung — eher für sie notwendiges Übel — sondern die ist „verkauft", umgesetzt zu werden gegen die allgemeine, absolute Form: die „Geldform".

Das bedeutet offenbar nichts anderes als: wer die Geldform annimmt, dokumentiert damit, daß er eine „Warenform" mit Guteigenschaft zur Zeit nicht braucht. Allein das geschieht auf Grundlage einer diskontinuierlichen Wirtschaftsmannigfaltigkeit nicht zufällig oder freiwillig, sondern notwendig; es ist ausgeschlossen, daß auf dem Markte sich individuelle Güter allgemein gegen einander austauschen können. Praktisch gesehen ist der Markt von einer unübersehbaren Mannigfaltigkeit, die die Annahme einer Geldform notwendig macht. Deswegen behält aber die Geldform ihren Sinn: Verzicht — wenn auch notwendig — auf eine naturale Gegengabe zu sein.

Man hat bisher versucht, die „Entstehung" des Geldes so zu begreifen, daß man ein „Sozialprodukt" „konstruierte", zu dem das einzelne Wirtschaftssubjekt Beiträge zu leisten habe und dafür eine spezifische „Bescheinigung": „Geld" erhalte, und man definierte so, das „Geld" als das „durch Vorleistung erworbene Anrecht an der verkaufsreichen oder konsumtiblen Produktion" (Bendixen), als Marktanwartschaft, die die Wirtschafter aus dem „tauschweisen Einwurf ihrer Ware in den volkswirtschaftlichen Prozeß" (Wieser) erhalten.

Alle diese Formulierungen enthalten zweifellos Richtiges, abgesehen davon, daß sie das Problematische aller „Vorleistung" nicht genügend betonen, und das, weil sie die eigenartige Wirtschaftsstruktur in deren Rahmen „Geld" existiert, nicht genügend beachten. Erst wenn der Markt, das „Verkehrsurteil" die Ware als „Wert" angesprochen und abgenommen hat[1]), bekommt derjenige, der die Vorleistung getätigt hat, den Anspruch an das Sozialprodukt, das Geld.

Wir gingen anders vor und suchten, aus der Struktur der Wirtschaft heraus die Notwendigkeit der „Ware", wie auch ihres Korrelates des „Geldes" zu finden. Beide sind wesentlich charakterisiert als spezifische Formbestimmtheiten der Wirtschaftsstruktur. Daraus folgt des weiteren, daß, wenn der Produzent der Ware diese auf den Markt zum Absatz gebracht hat, er die Geldform erhält, d. h. der Prozeß stellt sich als ein „Formwechsel" dar, wie Karl Marx sagt: eine „Metamorphose". Statt einer speziell bestimmten Form der Ware, wie man sie einwirft, erhält man eine

---

[1]) Wie Marx sagt: „... weil die Hände schon ineinander geschlagen haben." „Kritik" S. 146.

allgemein bestimmte, absolute Form, eben die Geldform. Auch dieser Prozeß ist notwendiger Reflex der Wirtschaftsstruktur.

Ist die Geldform nicht näher bestimmt, so heißt das, daß empirisch alles und jedes Geld werden kann, wenn es nur den Erfordernissen dieser Form entspricht, und darum muß die Form noch näher charakterisert werden.

Wäre sie eine Ware, wie diejenige, gegen die sie umgesetzt ward, dann müßte auch sie individuell bestimmt sein, dann würde „Tausch“ vorliegen. Gerade der Unterschied indes des Formwechsels von Ware, — Geld, vom „Tausch“ ist der, daß die Geldform nicht individuell bestimmt ist, das heißt weiterhin, daß die Geldform nicht Endzweck, Ziel des Formwechsels sein kann, daß schließlich eine neue Warenform den Wechsel der Formen abschließen muß. Und daraus gerade folgt, was wir oben schon kurz andeuteten, daß, wer „Geld“ annimmt, vorläufig eine Warenform zu stunden in der Lage ist, und dann liegt nicht mehr „Tausch“ vor, sondern man spricht von „Kauf“ und „Verkauf“.

Es ist sehr wichtig, sich die spezifischen Unterschiede dieser Formbestimmtheiten vor Augen zu halten. Gerade also der Verkäufer, d. h. wer eine Warenform liefert, und eine Geldform annimmt, hat mit dieser Geldform dem „Käufer“ resp. der „Wirtschaftsgesellschaft“ als solcher ein gleichwertes naturales Produkt „kreditiert“, und er kreditiert es so lange, als er die Geldform in seiner Hand behält, ohne sie wieder in eine Warenform umzusetzen.

Daraus, daß das Geld wesentlich „Form“ ist[1]), folgt auch weiterhin, wie schon bemerkt, daß sie konkret inhaltlich ganz beliebig bestimmt sein kann, aber inhaltlich überhaupt bestimmt sein muß, denn sie stellt ja eine eigene Phase des Formwechsels, einen eigenen Abschnitt dar, d. h. — um dieses Wort zu gebrauchen — die Geldform muß „Wert“ haben. Und zwar streng genommen den Wert, resp. einen gleichen Wert, wie ihn die eingeworfene vorgeleistete Naturalform repräsentierte. Sie stellt ja lediglich die absolute Form dieses eingeworfenen naturalen Produktes, der Ware, dar.

Hier wird nun wiederum die Wirtschaftsstruktur von Bedeutung. Wir betonen sehr stark die Diskontinuität der Elemente, deren Inbeziehungtreten nicht stetig, sondern „ruckweise“, nach Belieben erfolgt; hier heißt das nichts anderes, als: die Geldform,

[1]) Nicht zu verwechseln mit der Aufweisung des „Geldes“ als „Form“ ist die neuerdings von O. Spengler („Der Untergang des Abendlandes II. Bd., S. 587 ff.) verwendete Deutung von „Geld als Denkform“, d. h. ganz im Kantischen Sinne, nach dem die Welt eine spezifische Funktion des Denkens ist. Geld als Form in unserem Sinne besagt, daß es sich um eine Wesensform, d. h. den Gegenstand eines idealen Seins, handelt. Falsch ist übrigens (S. 610) seine Antithese: „Geld als Größe“ und „Geld als Funktion“. Dazu vgl. das weiter unten über Hahn und die Voluntaristen Gesagte.

die einen eigenen Abschnitt des Formwechsels darstellt, kann beliebig lange in dieser Form verbleiben. Es steht dem, der sie erhalten hat, frei, sie beliebig lange aufzustellen, um sie dann wieder in eine Warenform umzusetzen. Ja noch mehr folgt daraus. Erst dann „wird" offenbar „Geld", wenn diese Aufspeicherung erfolgt, d. h. wenn die Geldform eigenes Dasein gewinnt[1]. Und da das nach Maßgabe der Wirtschaftsstruktur notwendig geschieht, so ist es lediglich eine Frage sekundärer Bedeutung, wann die Wiederumsetzung der Geldform in die Warenform erfolgt.

Das ist ein Moment, das von der allergrößten Bedeutung sein muß. Mit dem Umschlag der Waren- in die Geldform ist die Existenzwerdung des Geldes bestimmt, wie es z. B. unmöglich ist, wenn getauscht oder nur in einer „Einheit" gerechnet wird. In der Tat liegt hier der Punkt der für die ganze Geldproblematik von einer geradezu ausschlaggebenden Bedeutung ist.

Wenn auch nicht übersehen[2], so hat man dennoch dieses Moment nur ganz flüchtig behandelt, während gerade hierdurch das, was „Geld" bedeutet, seinen Sinn bekommt.

„Geld überhaupt" oder die Geldform resultiert, wie wir zeigten, einmal aus der Idee der Ware; sie war wesensnotwendig die allgemeine absolute Form, des anderen aus der Struktur der Gesellschaft als einer diskontinuierlich gegliederten Mannigfaltigkeit, einer „Produktionsgesellschaft vereinzelter Einzelner". Das schließt aus den „Tausch" als eine Form, deren Wesensmerkmal darin liegt, daß Zug um Zug, Gut gegen Gut hingegeben, getauscht wird. Wird aber Geld angenommen auf der einen Seite, so heißt das nichts anderes, als es wird nicht getauscht, sondern der „Anspruch an das Sozialprodukt", der durch einen „produktiven Einwurf" entstanden ist, wird nicht gleichzeitig mit diesem Einwurf „realisiert", indem der Einwerfer ein anderes naturales Gut aus dem Reservoier entnimmt, sondern er stellt diesen Anspruch für einen späteren Zeitpunkt auf[3]. Erst dann entsteht Geld, wenn eine „Anweisung" entsteht und eine „Anweisung", d. h. eine eigene Wesenheit entsteht immer nur durch die Objektivation jenes Anspruchs an das Sozial-

[1] Die Münze (die Darstellung der Recheneinheit!) wird zu „Geld, sobald die Metamorphosenreihe unterbrochen, der Verkauf nicht durch nachfolgenden Kauf ergänzt wird". Marx: „Kapital" I, S. 94. „Kritik" S. 122: „Die Münze selbst wird Geld, sobald ihr Lauf unterbrochen wird."

[2] Zumgrunde liegt die Erkenntnis zweifellos der Auffassung von Bendixen, der jedoch falsche Folgerungen daraus zieht, z. B. insofern, als er Geld nur als „Werteinheit" anspricht. Am relativ besten ist die Darstellung von Lansburgh: „Bank" 1920, 4. u. 5. Heft: Die Umlaufgeschwindigkeit des Geldes. „Produktion ohne entsprechenden Konsum erzeugt Geld." S. 187.

[3] Vgl. Lansburgh l. c. S. 187: „Es gelangt nur dann zur Entstehung, wenn jemand etwas leistet ohne gleichzeitig die äquivalente Leistung eines anderen zu beziehen, also zu konsumieren."

produkt, durch den Umsatz der Warenform gegen die Geldform, d. h. eine Form, die beliebig und zu jeder Zeit wieder in die Warenform umgesetzt werden kann.

Wir sagen, es muß, damit Geld entsteht, zu der Anweisung das Moment der „Dauer" hinzukommen, erst dann entsteht Geld. Hier liegt die conditio sine qua non seiner „Werdung".

„Objektivation" indes hat keinerlei Bezug auf bestimmte empirische Gestaltungen, uns interessiert dabei lediglich die Form, deren individuelle Darstellung ist — hier an diesem Punkt — für uns irrelevant, mag sie entstehen oder erfolgen in Bankguthaben oder Metallstücken oder in irgendeiner anderen konkreten Darstellungsform.

Damit haben wir unsere gegenstands-theoretischen Grundlagen abgerundet.

Wir gingen aus von der Darlegung der Geldwirtschaft, die, auf ihren originären Sinn reduziert, sich charakterisiert als eine spezifische Mannigfaltigkeit diskontinuierlicher Gliederung, bestehend aus einer endlichen Anzahl von Elementen. Wesentlich daran war die Betonung der Diskontinuität. Gerade daraus resultierten die spezifischen Erscheinungen: „Markt", „Preis" und schließlich „Ware" und „Geld".

Die „Ware" war dabei wesentlich bestimmt: einmal ihrer Idee nach als „Marktobjekt", des anderen als spezifische „Form" der Darstellung von Produkten jener Wirtschaftsmannigfaltigkeit. Sie war jedoch an individuelle Brauchbarkeit gebunden, und darin lag gerade das Problematische ihres Charakters. Ihre Existenz hatte zur korrelativen Notwendigkeit die weitere Existenz einer „absoluten" Form, in der alle jene individuellen Bestimmtheiten ausgelöscht sind, der „Geldform"; denn die Bedürfnisse der Elemente sind vielseitig, ihr Produkt aber ist einseitig. Diese Geldform bedeutet ihrem immanenten Sinn nach: Objektivation von Marktanwartschaft[1]) und hat als wesentliches Moment das Moment der Dauer, d. h. sie muß eigenes Dasein gewinnen.

Diese Bestimmungen, die formalen Grundlagen sind notwendig gewesen, um die innere Logik der Wirtschaftsform zu begreifen, in der jene Phänomene vor allem also: „Geld" auftreten, und wir gehen nun daran, auf dieser Grundlage den „Geldumlauf" und das Moment der „Umlaufsgeschwindigkeit" genauer zu untersuchen.

Vorher aber sollen noch einige Anwendungen der Charakterisierung des Geldes als spezifische Form gegeben werden, damit die gewonnene Position weiterhin geklärt und ihr Unterschied zu den bisherigen Bestimmungen deutlicher werde.

---

[1]) Der Ausdruck „Marktanwartschaft" wird gebraucht bei Wieser: „Grundriß" l. c. z. B. S. 305.

## 2. Die Geldform und die analogen Probleme der bisherigen Theorie[1].

### α) Die Geldform und die Recheneinheit.

Ehe wir daran gehen, die aus unserer Analyse gewonnenen Ergebnisse auf die Zentralprobleme: „Geldumlauf" und „Umlaufsgeschwindigkeit" anzuwenden, versuchen wir ganz kurz, das Verhältnis der Geldform zu einigen Punkten der herrschenden Meinung festzustellen.

Man hat vor allem in dem Bestreben, das „Wesen des Geldes" — besser wäre „das Allgemeinste" — zu finden, geglaubt, das Ziel erreicht zu haben, mit der Reduzierung des Geldes auf die „Rechnung" [2]).

In der Tat liegt hier ein Moment, das für andere Fragen, z. B. für die Fragen der Soziologie wie der Sozialentwicklungslehre überhaupt[3]), z. B. das soziologische Problem des Rationalismus und seiner Bedeutung für die Entwicklung des gesamten sozialen Lebens von der größten Wichtigkeit ist[3]).

Keinesfalls aber wird man behaupten können, daß das ökonomische Wesen des Geldes mit der alleinigen Bezugnahme auf die „Rechnung", „Rechnungseinheit" oder „Rechenskala" usw. erschöpft oder auch nur seinem Kern nach bezeichnet sei; ja, jene an sich nicht falsche Konzeption der Rechnung ist geeignet, das Spezifische des Geldes, soweit Wirtschaft in Frage steht, ganz verschwinden zu lassen. Das zeigt sich z. B. in der Diskussion über die positive Theorie der sozialistischen Wirtschaft. Die Erkenntnis, daß Massenwirtschaft ohne „Rechnung", d. h. rationale Apparatur nicht durchführbar ist, hat Anlaß gegeben, die Möglichkeit einer rational, d. h. den Erfolg berechnenden Gesellschaftswirtschaft ohne Geld gleich Rechnungseinheit — in jenem Sinne — für schlechthin unmöglich zu halten, oder doch sie zum mindesten stark anzuzweifeln[4]).

Indes kann kein Zweifel bestehen, daß die ganze Fragestellung ihrem innersten Wesen nach verfehlt ist, daß sie zum wenigsten von falschen Voraussetzungen ausgeht und niemals die integrieren-

---

[1]) Wir können leider — wenigstens ohne die Ökonomie der Anlage dieser ganzen Darlegung zu stören — diese Fragen, die z. T. recht aktuell sind, nicht in dem Maße und in der Breite behandeln, wie wir es wollten. Auch das Dargelegte bedarf schon einer gewissen Entschuldigung. Wir glauben aber, wie gesagt — auch im Interesse des Folgenden —, weil die ganze Darstellung auf diesen Grundfragen basiert, damit eine gewisse Notwendigkeit erfüllt zu haben.

[2]) Vgl. z. B. Cassel l.c. oder A. W. Cohn l. c., Schumpeter: „Sozialprodukt" l. c. u. a.

[3]) Vgl. vor allem die dahingehenden Arbeiten Max Webers jetzt: „Wirtschaft und Gesellschaft", Grundriß der Sozialökonomik, 3., Abt. 1, S. 41 ff., ferner 45 ff., die daran schließenden Bemerkungen.

[4]) Vgl. Max Weber l. c. S. 54—57, ferner: von Mises: „Die Wirtschaftsrechnung im soz. Gemeinwesen", Arch. f. Soz. Wiss. Bd. 47, S. 86 ff.

den Unterschiede und Eigenartigkeit des Geldes und der Geldform erfassen kann.

Es scheint von Bedeutung, hier auf die Darlegungen eines Theoretikers einzugehen, der den Versuch macht — daher für uns von speziellem Interesse —, nach phänomenologischer Methode das Wesen des Geldes zu bestimmen, und der dabei im Gegensatz zu uns Geld „volkswirtschaftlich", ganz im Sinne der alten klassischen Lehre, als „Rechenpfennig" anspricht. Wir denken an A. W. Cohn: „Kann das Geld abgeschafft werden?" [1]). „Volkswirtschaftlich", wie gesagt, bestimmt C. Geld als „Diener am Markte", während es für die „Privatwirtschaft" „Kaufkraft" und „Herr" sei.

Muß es schon verwunderlich scheinen, daß das Geld innerhalb der Wirtschaftstheorie zwei ganz diametral entgegengesetzte Bestimmungen in uno haben soll — „die Wahrheit ist nur Eine" —, so wird man bei näherem Zusehen finden, wo der Irrtum in der C.schen Deduktion resp. Reduktion liegt; er begeht den typischen Fehler, seine gesamte Analyse auf einer Wirtschaftsstruktur aufzubauen, die wesentlich, zwar Mannigfaltigkeit, aber eine „stetige" Mannigfaltigkeit ist, der gerade das Moment der Diskontinuität, das Wesensmerkmal der Geldwirtschaft, fehlt. In einer solchen Mannigfaltigkeit ist zweifellos eine Rechnungseinheit notwendig, allein diese Rechnungseinheit wäre niemals „Geld"; denn wenn das Diskontinuitätsmoment fehlt, die freie Verfügung über die Produktion z. B., da stellen sich die Produkte nicht in der Warenform und korrelativ in der Geldform dar, sondern sie sind „Güter", und wenn dann mit einer Einheit gerechnet wird, dann kann diese Einheit niemals selbständig werden, eigenes Dasein gewinnen, d. h. aber, es kann überhaupt kein Geld entstehen! Niemand kann in einer solchen Mannigfaltigkeit die Anrechte aufstellen auf einen späteren Zeitpunkt, also statt „Produkte" „Geld" annehmen, sondern er muß notwendig, das folgt, aus der immanenten

[1]) Im übrigen muß Cohn selbst eingestehen, daß eine bloße Recheneinheit noch kein Geld sei, und zwar in einer kritischen Auseinandersetzung mit Otto Neurath, der, nach unserer Auffassung durchaus mit Recht, feststellt, daß Geld dann aufhöre, wenn seine „Kaufbreite" nicht mehr unendlich sei, d. h. die Möglichkeit nicht mehr gewähre, es jederzeit gegen alle und beliebige Waren umzusetzen; es würde dann schließlich zu einer Recheneinheit, und dann bestünde keine Geldwirtschaft mehr, sondern der Wirtschaftsplan trete in seine Rechte. Cohn selbst fragt, ob man bei einem Gelde, das seine volle Kaufbreite eingebüßt habe, überhaupt noch von „Geld" sprechen könne, „hat es nicht mit dem Verlust der Herrschaft auch die Fähigkeit zur gesellschaftlichen Dienstleistung als Vermittler des Marktverkehrs eingebüßt? — Ist Geld, dessen Kaufbreite eingeschränkt ist, noch allgemeines Umlaufsmittel? — Man wird die Frage verneinen müssen." — (L. c. S. 50): Damit aber ist offenbar festgestellt, daß das Wesen des Geldes mit seiner Rechenpfennigrolle eben nicht erschöpft ist; diese Wesensbestimmung also ist damit aufgegeben. Auch eine mögliche sozialistische Wirtschaft wird Recheneinheiten haben müssen, aber kein „Geld"!

Logik des Systems, gegen seinen „Einwurf" ein anderes naturales Gut annehmen. Es ist ihm auch gar nicht möglich „Ware", d. h. für einen Markt zu produzieren; soll dies geschehen, so folgt notwendig, daß unter diesen Umständen das geschähe, was die diskontinuierliche Mannigfaltigkeit charakterisiert: es wird Geld geben müssen, in dem Sinne, wie wir es aus der Wirtschaftsstruktur abgeleitet haben; dieses Geld aber ist nie und nimmer nur eine Rechnungseinheit, d. h. etwas, das gar keinen Inhalt und kein Dasein hat, während Geld notwendig inhaltlich bestimmt ist als zurückgehaltene potentielle Marktanwartschaft: Objektivation von Ansprüchen an das Sozialprodukt.

Der Fehler in C.s Reduktion, vom phänomenologischen Standpunkt aus, liegt in der falschen Bestimmung des Gegenstandes der „regionalen Struktur"; so gerät C. unversehens in die Sphäre von Wirtschaftsmannigfaltigkeit überhaupt, ohne die spezifische Eigenart derjenigen Form zu sehen, deren Reflexerscheinungen „Ware" und „Geld" sind.

Genau gesehen liegt der logische Fehler bei C. da, wo er von „Markt" spricht, d. h. einer spezifischen Erscheinung einer „diskontinuierlichen Wirtschaftsmannigfaltigkeit". Soll dieser „Markt" bestehen, dann müssen Ware und Preise bestehen, und sollen Preise bestehen, dann muß Geld bestehen, dann verliert die Rechnungseinheit ihr nur verschwindendes Dasein und wird zu Geld, zu objektivierter „Kaufkraft"; denn die Wesenheiten von Preis und Markt sind darin begründet, daß auf der einen Seite „Waren" mit individuel bestimmter Guteigenschaft, auf der anderen Seite die absolute Ware, deren „Kaufbreite" gleich unendlich ist, stehen. Niemals also kann das Wesen des Geldes lediglich in seiner Rechnungseinheitsrolle bestehen.

Dabei ist das Problem der Rechnung, resp. der Auffassung des Geldes als „Rechenpfennig" nicht etwa neu. Ohne hier auf die älteren Nominalisten: Berkeley, Hume usw. einzugehen [1]), scheint uns soviel festzustehen, daß im Prinzip die klassische Schule mit derselben Fassung arbeitete, indem sie betonte, daß „volkswirtschaftlich" — wie man heute sagt — es „letztlich" die Güter seien, die die Hände wechseln, daß also reiner Tausch vorliege, bei dem das Geld nur eine Rechenpfennigrolle spielt. Mögen sie das immerhin nur für ihre volkswirtschaftlichen Betrachtungen betont haben — daneben waren sie ganz unterschiedlich bald „Metallisten", bald „Nominalisten" —, von jener Position aus jedenfalls steht der zurzeit neueste Nominalismus bei Liefmann z. B., wie schon bemerkt, Ricardo viel näher als zunächst scheinen mag.

Wenn auch Liefmann betont, daß der „Schleier" recht eigentlich das Objekt seiner Untersuchung sei, so berücksichtigt

---

[1]) Vgl. am besten darüber Karl Marx: „Kritik" l. c. S. 61 ff.

er nicht, daß seine Gegnerschaft gegen die „Materialisten" wesentlich nur eine Seite ihrer Geldauffassung berücksichtigt, nicht ihre „volkswirtschaftliche" Auslegung von Geld. Die Übereinstimmung also ist, soweit die volkswirtschaftliche Diskussion über Geld in Frage steht, eine ziemlich große sogar zwischen den verschiedensten Richtungen.

Will die ältere Auffassung den „Geldschleier" hinwegziehen, um die allein „realen" Vorgänge zu erfassen, so macht die neuere Theorie den Geldschleier so durchsichtig, daß er überhaupt nichts mehr verhüllt, und die Übereinstimmung ist da.

Typische Konsequenzen dieser Auffassung aber — darauf kommt es an — ist die Anschauung, daß, mit J. Mills Ausdruck das „metaphysische Gleichgewicht zwischen Käufer und Verkäufer" besteht, eine Lösung, die weiterhin eine ganz bestimmte Einstellung für die Probleme der Gesamtwirtschaftstheorie zur Folge hat. (Krisenproblem)! [1]).

Wir wollen hier nicht genauer eingehen auf die lange Reihe derjenigen, die nicht nur die „Harmonie" in der Volkswirtschaft sahen, angefangen bei Sismondi und Malthus über die gesamte sozialistische Kritik mit ihren Hauptvertretern: Proudhon, Rodbertus und Marx bis zu den „Tauschsozialisten" und „Freigeld"-leuten jüngster und letzter Richtung, — von Sismondi bis Gesell hat man gefühlt, daß eine solche „Harmonie der Interessen" (Bastiat!) nicht existieren kann, wofür Schulbeispiel wie gesagt stets die Krisenfrage bleiben wird.

Sollte die Produktion nur die „andere Seite" der Verteilung sein in dem Sinn, daß uno actu mit dem Einwurf einer Leistung ins Sozialprodukt gleichzeitig eine Realisierung auf der anderen Seite verbunden sei, dann ist die Auffassung von Geld als Rechenpfennig richtig, dann ist das „metaphysische Gleichgewicht", die „Statik" das theoretisch richtige Bild der Volkswirtschaft. Disproportionalität irgendeiner Art ist dann prinzipiell ausgeschlossen, wenn sie besteht, nur von vorübergehender Bedeutung.

In der Tat hat man von der verschiedensten Seite der genannten „Disharmonie"theoretiker dem Geld die „Schuld" an der Disproportionalität zugeschrieben: vor allem die Tauschsozialisten (Owen, Proudhon, Solvay, Flürscheim, Gesell!) und geglaubt, der Mangel an Übereinstimmung sei von hier aus zu beseitigen [2]). Und doch waren auch sie stärker in der Rechenpfennigtheorie befangen, als sie glauben mochten, das hat niemand besser betont, als Karl

[1]) Vgl. Marx: „Kritik" l. c. S. 68 ff. „Mill stellt das Gleichgewicht dadurch her, daß er den Zirkulationsprozeß in unmittelbaren Tauschhandel verwandelt, in den unmittelbaren Tauschhandel aber werden die dem Zirkulationsprozesse entlehnten Figuren von Käufer und Verkäufer hineingeschmuggelt." „Geldzirkulation kann daher stattfinden ohne Krisen, aber Krisen können nicht stattfinden ohne Geldzirkulation" (l. c. S. 85).

[2]) Vgl. darüber Wegelin l. c.

Marx; denn auch sie sehen gar nicht das spezifisch Problematische der Gelderscheinung und glauben, daß die Produkte als „Waren" produziert, aber nicht als „Waren" ausgetauscht zu werden brauchen (Marx!). Daher ihre Utopien von „Arbeitsgeld" usw. [1]).

Karl Marx ist denn auch derjenige gewesen, der aus der Kritik Proudhons heraus zu einer erstmalig klaren, im wesentlichen bis heute noch haltbaren Theorie der Geldform gekommen ist. Damit ist der Recheneinheit, die ja inhaltlich so leer ist, daß, wie gesagt, die Auffassung von Liefmann mit der Ricardos ohne Mühe auf eine Ebene gestellt werden kann, eine andere Grundauffassung als „kategoriale Form" gegenübergestellt. Sie ermöglicht es, wie wir glauben, der Rechnungseinheit, die einer Wirtschaftsstruktur adäquat ist, für die es Geld gar nicht gibt, gar nicht geben kann, „Geld" als das notwendige Korrelat einer auf Diskontinuität beruhenden Wirtschaftsmannigfaltigkeit entgegenzustellen, die sich von jener Recheneinheit prinzipiell dadurch unterscheidet, daß sie eine eigene Wesenheit mit eigenem Inhalt und eigenem Dasein darstellt. Gerade die Diskontinuität schließt ja Stetigkeit, wie bei direktem Tausch, oder wie es Rechnen im Geld impliziert, aus. Die Geldform als Objektivation von Marktanwartschaft, als die dauerbare abstrakte Form von „Ware", stellt eine notwendige eigene Phase des Umsatzprozesses dar, und damit ist jede Rechnungseinheit unmöglich gemacht. „Einheiten" sind ja auch Liter, Meter, Kilogramm, aber sie sind als solche nicht durch ihren Rechencharakter von einander verschieden, sondern wesentlich durch ihre nähere Charakterisierung als das, was sie inhaltlich darstellen: Länge, Schwere usw. Und so ist es auch ausgeschlossen, daß das Geld inhaltsleer sein kann, wie der Nominalismus glaubt, daß es sich also lediglich um Werteinheiten handelt. Nicht die „Einheit" aber kann das Ausschlaggebende sein, sondern das muß lediglich im „Wert" liegen. Nur was inhaltlich irgendwie bestimmt ist, kann Existenz, Dasein bekommen, und das ist das Wesentliche am Gelde, darin unterscheidet es sich von jeder Rechnungseinheit. Wäre das Geld bloße Ware, resp. wäre Geld nur ein Schleier, was dasselbe ist, oder eine Recheneinheit, dann wäre der „Saltomortale" unnötig, dann wäre jede Ware Geld. Wie wesentlich aber dieser Unterschied ist, zeigt am klarsten die Krise, jene typische Erscheinung, in der die Diskontinuität ein Maximum erreicht und wo sich zeigt, daß, wer „Ware" hat, noch lange kein „Geld" hat, d. h. eine absolute Form der Ware, die so bestimmt ist, daß die inhaltlichen Momente der Ware, das, was ihren problematischen Charakter ausmacht, verschwindet.

Allein wenn wir auch den Inhalt der Geldform stark betonen, so ist damit, wie öfter bemerkt, nicht gemeint eine spezifische

---

[1]) „Kritik" l. c. S. 72.

Darstellung in naturalen oder dinglichen Objekten. „Inhalt“ hat auch ein Bankguthaben, auf das man „ziehen“ kann, und das ist die Kaufkraft der Einheit, worauf es ökonomisch stets und nur ankommt; wenn man die ökonomische Genesis des Geldes analysiert, zeigt sich klar, daß Geld mit „Wert“ zur Welt kommt, und dieser Punkt unterscheidet uns wesentlich von allem Nominalismus [1]). Eigenart dieser Rechenpfennigauffassung ist nun andererseits, daß man Geld wohl kennt als Objekt mit eigenem Dasein, aber in ganz anderem Sinne, als wir das betonten. Da man die organische Geldentstehung nicht kennt, bleibt nichts anderes übrig, als voluntaristisch das Geld „entstehen“ zu lassen, das alsdann dem „Warenberg“ entgegengestellt wird, und damit ist die herrschende quantitätstheoretische Auffassung ipso facto gegeben. Wir kommen damit zu einem neuen Problem, dem „Problem des Anfangs“, wie man neuerdings sagt [2]).

### β) Das Problem des Anfangs; die Geldform und der Kredit.

Das „Problem des Anfangs“ hat zur Grundlage den rein logischen Sachverhalt: Wie kann der Umsatz von Ware gegen Geld erfolgen, wenn nicht vorher schon Geld bestand? Das heißt weiterhin: was ist das Primäre, die Ware oder das Geld! Man schließt daraus, daß prinzipiell Geld stets das sein müsse, was zuerst besteht, ja daß Geld überhaupt seiner Idee nach primär „geschaffen“ werden müsse.

Diese Meinung — stillschweigend liegt sie aller unorganisch-quantitätstheoretisch orientierten Auffassung zugrunde — wird von einer Gruppe von Forschern vertreten, die das Prinzip systematisch ausgebaut haben.

In der Tat scheint hier eine Schwierigkeit zu liegen, die auch Karl Marx sehr wohl bekannt war. Gleich am Anfang seiner Geldtheorie spricht er zum erstenmal von diesem Problem und — löst es richtig. Wenn man (nach seinem Schema W-G-W) W-G setze, so setze das voraus, daß vorher schon ein W-G erfolgt sei, d. h. man sich schon im zweiten Stadium des Prozesses befinden müsse. Es bestehe also die Gefahr, daß man in einen fehlerhaften Zirkel gerate. Marx löst kurz entschlossen das Problem so: „Die Zirkulation selbst ist dieser fehlerhafte Zirkel. Betrachten wir G und W-G nicht schon als Metamorphose einer anderen Ware, so nehmen wir den Austauschakt aus dem Zirkulationsprozeß heraus. Außerhalb desselben verschwindet aber die Form W-G, und so stehen sich nur noch zwei verschiedene W, sage Eisen und

---

[1]) Auch und vor allem bei Bendixen, dessen Definition von Geld als „Bescheinigung für Vorleistung“ der unserigen im übrigen äußerlich am nächsten steht.

[2]) Vgl. z. B. Karl Elster l. c.: „Seele des Geldes“ S. 41 u. 184 ff.

Gold, gegenüber, deren Austausch kein besonderer Akt der Zirkulation, sondern des unmittelbaren Tauschhandels ist [1])!"

Damit ist die Problemlösung im Prinzip richtig angedeutet. Besser hätte Marx auf die Wirtschaftsstruktur hingewiesen, denn hier ist die „höhere Einheit", die sowohl W als auch G bestimmt, die beide uno actu mit jener Grundstruktur gesetzt sind.

Das Problem aber ist wie gesagt von einer ganz prinzipiellen Bedeutung; es tritt weiterhin im Rahmen der Gesamttheorie der Wirtschaft in lediglich anderer Form auf, als die Frage: wie kann die geldlose Wirtschaft — rein logisch-theoretisch selbstverständlich! — zur Geldwirtschaft werden, oder: wie kann die „reine Statik" (z. B. Schumpeters) durchbrochen werden? Wie kann sich nach jener Theorie die „Dynamik" erstmalig durchsetzen [2])? Neu also ist das Problem keinesfalls; eine ausführliche Klärung kann naturgemäß hier nicht gegeben werden. Wir beschränken uns auf einige Andeutungen.

Auch Karl Marx war die Frage nicht nur in jener ersten, sondern auch in dieser letzteren Bedeutung bekannt. Trotzdem gab er sich mit der angedeuteten Lösung nicht zufrieden, indem er feststellte, daß die Zirkulation selbst den fehlerhaften Zirkel der Voraussetzungen ergäbe, sondern er ging weiter auf immer neue Lösungsversuche aus. Er geriet dabei, was ebenfalls hier nur angedeutet sei, in den gewöhnlich begangenen Fehler der logischen „Metabasis" indem er historisch-faktische Momente in die Sphäre der rein logischen Deduktion einbaute, da, wo er den Kreislauf W-G-W beginnen läßt, indem er behauptet, W müsse stets primär

[1]) Vgl. „Kritik" S. 78.

[2]) Schumpeter bestimmt bekanntlich das Problem so, daß er annimmt, eine Bank ermögliche es, durch primäre Schaffung von Kreditkaufkraft dem „ahedonischen Typ", dem Unternehmer seine neuen Kombinationen durchzusetzen, d. h. die Statik zu durchbrechen. und zwar auf Grund eines erzwungenen Sparens", welches das Mehr an Kaufkraft hervorruft. Vgl. darüber „Theorie der wirtschaftlichen Entwicklung", München-Leipzig 1912, Kap. 3; „Sozialprodukt" S. 706. Schumpeter nennt diesen Vorgang die „kapitalistische Funktion des Geldes" (l. c. S. 707).

Der logische Irrtum dieser Theorie sei hier nur ganz kurz angedeutet: wenn kein Geld, d. h. keine Unterbrechung des Warenstroms besteht, woher entstehen dann Banken? Sie haben ja gar keinen Sinn, „Vorräte" irgendwelcher Art kennt ja die Statik nicht! (vgl. Theorie d. wirtsch. Entwickl. S. 200 ff.).

Das primäre Problem also ist: woher die Bank? außerdem wie und wo kann die Kreditkaufkraft eingeschoben werden, wenn keine Unterbrechungsstelle da ist, an der das „einschieben" erfolgen kann? Wird getauscht, und das ist in der Statik Schumpeters der Fall, denn Geld ist ja nur Recheneinheit, dann fehlt gerade die typische Unterbrechung des Wirtschaftsstromes, der die Einschiebung erst ermöglicht. Im übrigen, woher der „ahedonische" Typ? Vom Standpunkt der reinen ökonomischen Theorie ist sein Auftauchen genau so gut wie irgendwelche Naturereignisse bloßer Zufall, d. h. er darf in das logische Gebäude der Theorie nicht hineingezogen werden, ohne daß man eine „Metabasis" begeht. Damit sind einige Punkte angedeutet, auf die wir übrigens noch zurückkommen.

gegen ein anderes W **ausgetauscht** werden [1]), nämlich die **Ware** Eisen z. B. gegen die **Ware** Gold. Dann aber entsteht notwendig ein falscher Schluß. Die Folge war für das weitere Problem der „Reproduktion auf erweiterter Stufenleiter", daß es problematisch wurde, woher nunmehr das Geld, besser: die „zahlungsfähige Nachfrage" kommen sollte, um das „Mehrprodukt" zu realisieren [2]).

**Ein Problem des Anfangs aber gibt es** in dem Sinne, daß Ware oder Geld, das eine **vor** dem anderen dasein müsse, **nicht**. Logisch sind beide vielmehr Korrelatbegriffe, sie sind beide Reflex der Wirtschaftsstruktur. Mit dem System sind die Glieder notwendig gesetzt; es ist ausgeschlossen, daß das eine früher als das andere da sein sollte, denn bei Korrelatbegriffen ist eine solche Prioritätsfrage widersinnig.

Man hat dieses Problem nun so zu lösen versucht, und zwar in neuerer Zeit, daß man sagte, alles Geld ist ein „Geschöpf der Rechtsordnung" (Knapp!). Auch damit ist die **voluntaristische Lösung** prinzipiell gegeben, wenn auch in der Form, wie sie Knapp vertritt, nicht ökonomisch, sondern wesentlich juristisch, d. h. soziologisch. Eine weitere Lösung in voluntaristischem Sinne bei Schumpeter deuteten wir schon an.

Gehen wir noch kurz auf die allerjüngsten Versuche ein, das Problem zu lösen, was uns außerdem Gelegenheit gibt, das **Verhältnis unserer „Geldform" zum „Kredit"** zu klären.

---

[1]) Vgl. „Kapital" I, S. 73: „Um als Geld zu funktionieren, muß das Gold natürlich an irgendeinem Punkte in den Warenmarkt eintreten. Dieser Punkt liegt an seiner Produktionsquelle, wo es sich als ein unmittelbares Arbeitsprodukt mit anderem Arbeitsprodukt von demselben Werte **austauscht**." Historisch faktisch stimmt natürlich **Marxens** Lösung ebenso wie die von **Schumpeter**, aber auch sie begeht denselben logischen Fehler, sie löst das Problem nicht, das sie lösen soll. An anderer Stelle betont **Marx**, „Kritik" S. 78: „Gold ist Ware wie jede andere an der Quelle seiner Produktion ...", falsch aber sei es, innerhalb des Zirkulationsprozesses Ware und Geld sich gegeneinander austauschen zu lassen; dann fragt sich aber noch, wie das Problem des Anfangs aufzufassen ist.

[2]) Das Problem besteht bei **Schumpeter** darin: woher das Geld, um den Fortschritt durchzusetzen, d. h. ein Mehrprodukt zu erzeugen; bei **Marx**: woher die zahlungsfähige Nachfrage, um das schon vorhandene Mehrprodukt zu realisieren. Vgl. zu diesem Problem die ausführliche Darstellung von R. **Luxemburg**: „Die Akkumulation des Kapitals", Berlin 1913. Hier stehen im Mittelpunkt der Darstellung die verschiedenen Versuche **Marxens**, das Problem zu lösen, die sich durch das ganze Werk hindurchziehen, um dann selbst eine Lösung zu geben, die den logischen Fehler enthält, wie die schon erwähnten Darstellungen. Sie findet mit ihrer Lösung, wie sie glaubt, die ökonomische Wurzel des Imperalismus, den sie als die Notwendigkeit begreift, immer neue vorkapitalistische Absatzzonen zu erobern. Wie gesagt, diese Lösung — die n. b. scharfe Angriffe von seiten der neomarxistischen Doktrin zu erfahren hatte (vgl. die verschiedenen Polemiken in der „Neuen Zeit", Jg. 1913) — bedeutet ebenfalls nur eine Hinausschiebung; auch sie arbeitet in der Weise, daß sie faktisch Tatsächliches in die rein logische Schlußkette hineinbringt.

Wir denken hier in erster Linie an den Versuch A. Hahns. Hahns Ausgangspunkt läßt sich am besten dadurch charakterisieren, daß man kurz andeutet, was er in einer früheren Schrift über Geld gesagt hatte. Geld ist nach seiner Auffassung alles „was Geldesdienste" tut [1]), also die typisch unorganische Auffassung der Quantitätstheorie. Richtig aber bestimmt Hahn die Form des „neuzeitlichen Güteraustausches" als ein indirektes Verfahren analog der Marxschen Formel G-W-G, die den direkten Tausch ausschließe.

Neuerdings geht nun Hahn weiter und zieht die Konsequenz der voluntaristischen Geldauffassung auch für die Theorie des Kredits, und behauptet, daß prinzipiell der Kredit das Primäre sein müsse. Um das zu beweisen, konstruiert er eine rein kreditmäßig orientierte Wirtschaft, und er behauptet nunmehr „. . . . daß jedes irgendwie und irgendwo in der Volkswirtschaft vorhandene Scheck- oder Überweisungsguthaben sein Entstehen einer vorausgegangenen Kreditgewährung, einem zuvor eingeräumten Kredit zu verdanken hat" [2]). „. . . . denn mag ein Mensch noch so viel Güter sein eigen nennen, ein Bankguthaben kann erst dann zu seinen Gunsten entstehen, wenn ein Dritter die Güter kauft, das aber setzt voraus, daß dieser Dritte kaufkräftig ist, d. h. daß er Kredit eingeräumt bekommen hat" [3]).

Für die Theorie des Bankkredits zieht H. daraus den Schluß, daß das „primäre" Bankgeschäft die Kreditgewährung ist, nicht wie man bisher annahm, die Kreditvermittlung [4]). Die „Mittel", die die Bank gewähren könne, seien keineswegs begrenzt, sondern prinzipiell unbeschränkt und von „Vorräten", „Ersparnissen" usw. unabhängig.

Die Wichtigkeit dieser Position für die Banktheorie ist unverkennbar [5]), uns interessiert hier jedoch lediglich die geldtheoretische, mit dem Problem des Anfangs zusammenhängende Lösung. Aber auch hier kann es sich nur um kurze Andeutungen handeln.

In der Tat könnte der Gedanke naheliegen, jedes Geld sei als „Kredit" anzusprechen — sieht man von dem „Anfang" ab — denn wie wir festgestellt haben, ist tatsächlich die Geldform wesentlich dahin bestimmt, daß sie „Aufspeicherung", „Objektivation" von Kaufkraft sei, was man allerdings einen „Kredit" an die Wirtschaftsgesellschaft nennen könnte. In diesem Sinne ist Geld indes stets aufgefaßt worden. Auch Adolf Wagner und K. Wicksell,

---

[1]) Vgl. Hahn: „Von der Kriegs- zur Friedenswährung", Tübingen 1919, S. 6 ff.

[2]) „Volkswirtschaftliche Theorie des Bankkredits" l. c. S. 28.

[3]) l. c. S. 29.

[4]) l. c. S. 56.

[5]) Vgl. Adolf Weber: „Depositen- und Spekulationsbanken", 3. Aufl. München, Leipzig 1923. S. 162 ff. über die banktheoretische Seite der Hahnschen Lehre.

durchaus „metallistisch" orientierte Theoretiker, haben Geld schon lange als eigentlich „kreditdarstellend" gekennzeichnet. Man braucht wie gesagt nicht auf Mc. Leod zurückgreifen [1]), der denn auch Hahn näher steht, als irgend ein anderer. Denn wenn Adolf Wagner [2]) sagt: „Alles Geld ist Kreditgeld, weil aller Gebrauch von irgendwelchen Objekten als Geld auf Kredit beruht" oder wenn dasselbe Wicksell [3]) feststellt, so zeigt sich, daß Hahn damit nichts Neues bemerkt.

Wir möchten indessen auch diese Formulierungen nicht unterschreiben, trotzdem sie zweifellos dem Sinne nach durchaus richtig sind. Nur so glauben wir, kann man einer Verwechslung von Geld und Kredit entgehen, die typisch bei Hahn vorliegt.

Wenn das Wesen der Geldform darin besteht, wie wir fanden, daß derjenige, der sie annimmt, damit dokumentiert, er sei zur Zeit in der Lage, ein naturales Gut zu entbehren, so könnte man dies „Kredit" nennen; denn er „kreditiert" ja der Gesellschaft tatsächlich eine Ware. Allein dieser „Kredit", der nach der Wesensstruktur der Wirtschaft notwendig ist, müßte auch dann noch unterschieden werden von dem wesentlich „psychogenen" Moment des Kredits das darauf basiert, daß bestehende „Bescheinigungen" von Vorleistungen, die den salto mortale schon hinter sich haben und freiwillig gegen Entgelt, „Zins" an Dritte überlassen werden. Meist geschieht das an eine Bank, die dann ihrerseits den Kredit weitergibt, also wesentlich „Vermittler" spielt [4]). Ist der „Kredit", den das Geld darstellt, ein „Zwangs"-

[1]) Vgl. Mc. Leod: „Theory and Practice of Banking" etc., London 1855, vol. I, Kap. 1; dazu Marx: „Kritik" l. c. S. 144. Mc. Leod stellt fest, daß, da die Leute nicht immer ihre wechselseitigen Dienste bedürfen und auch nicht in demselben Wertumfang „there would remain over a certain difference or amount of service due from the first to the second — debt", umgekehrt habe der Besitzer dieses Schuldtitels nicht immer die Dienste eines anderen nötig, und könne sie zeitweilig entbehren und „transfers to the third the debt to him from the first. Evidence of debt changes so hands — currency . . ." „When a person received an obligation expressed by metallic currency he is able to command the services not only of the original debtor, but of the whole industrious community". Damit hat Mc. Leod u. E. das Wesen des Geldes besser erkannt als die meisten Metallisten und Nominalisten, wenn er auch falsch Geld mit Kredit verwechselt — derselbe Fehler, wie ihn Hahn begeht. Es ist indes ein typisches Zeichen für die nur auf Entwicklung eingestellte Haltung von Karl Marx, daß er Mc. Leod zu dieser Stelle vorwirft, er lasse das Geld überhaupt entstehen „aus seiner entwickelten Form", eine Verkennung außerdem des Sinnes seiner eigenen Feststellungen über die Geldform.

[2]) Vgl. bei Adolf Weber l. c. S. 162. Adolf Wagner: „Sozialökon. Theorie des Geldes" l. c. S. 120. „Daß alles Geld Kreditgeld ist, dies gilt von solchen Objekten, stofflichen Eigenwertes ebenso, nur im Maße verschieden, wie von Objekten fehlenden stofflichen Formwerts. . ." In demselben Sinne auch Eugen Dühring: „Kursus der National- und Sozialökonomie", Berlin 1873, S. 43.

[3]) Wicksell l. c. S. 44. „Genau genommen kann man behaupten, daß alles Geld — auch das Metallgeld — Kreditgeld sei".

[4]) Vgl. unten S. 54, Anm. 2.

kredit, den die Wirtschaftsstruktur infolge ihrer diskontinuierlichen Gliederung notwendig macht, so ganz anders bei dem eigentlichen Kredit.

Man glaubte bisher die Unterscheidung beider Momente darin finden zu können, daß man verlangte, Geld müsse ein spezifisches „Faustpfand“ [1]) sein, also z. B. ein Metallstück, eine Ware, oder aber ein „gesetzliches Zahlungsmittel“. Man verkennt dabei, daß das Wesen des Geldes damit naturgemäß nicht bestimmt sein kann, denn es gibt viele Geldgestaltungen, die als solche anerkannt sind, denen der Faustpfandcharakter dennoch fehlt, wie z. B. die gesamten „Bankgelder“. Dabei sind gerade diese Geldgestaltungen ökonomisch von der allergrößten Bedeutung. Die Objektivation der Ansprüche, die die Geldform darstellen aber kann, wie wir wiederholt betonten sich empirisch in der allerverschiedensten Weise darstellen. Das Moment der Dauer, das wir betonten, ist auch nicht so aufzufassen, als ob das Geld notwendig über den Formwechsel innerhalb der Metamorphosenkette hinaus bestehen bleiben müßte. Wollte man aber alle Geldgestaltungen, die den Faustpfandcharakter nicht tragen, ausschließen und sie „Kredit“ nennen, dann müßte man konsequent sein und auch jene Faustpfänder, falls sie wirklich „Geld“ und nicht „Gebrauchsgüter“ sein sollen, ebenfalls „Kredit“ nennen, so daß prinzipiell alles Geld Kredit, wie auch aller Kredit Geld sein würde; ein Unterscheidungsmerkmal gäbe es garnicht mehr. Das sagt n. b. Hahns Auffassung durchaus. Definiert man Kredit so wie es Schumpeter-Hahn tun, so daß man feststellt, er bezwecke seinem „Wesen“ nach, „jemandem Verfügung über Güter zu verschaffen“, [2]) dann ist nicht einzusehen, wie „Kredit“ genauer von „Geld“ unterschieden werden soll.

Das aber würde eine der beiden Formen ausschließen, denn wahr kann nur eines sein. Der Irrtum entstand zweifellos dadurch, daß man einmal die Unwesentlichkeit des Faustpfandcharakters des Geldes eingesehen hatte, wie auch andererseits dadurch, daß man nicht das Spezifische des Kredits genügend ins Auge faßte. Das Extrem dieser Auffassung wird zweifellos von der nominalistischen Recheneinheittheorie dargestellt. Denn wenn auch die Faustpfandrolle des Geldes in dem alten Sinne un wesentlich ist, so ist damit nicht die Inhaltlosigkeit der Geldform aufgewiesen, denn das Faustpfand, das z. B. „das Gold“ oder der „Staat“ darstellt, wird beim Bankgeld durch das „Vertrauen“,

---

[1]) Schäffle! Vgl. dazu auch von Bortkiewicz: „Neue Schriften über die Natur und Zukunft des Geldes“, Schmollers Jahrbücher Jg. 45, S. 634 ff. Außerdem Schumpeter: „Sozialprodukt“ l. c. S. 643. Im übrigen scheint uns auch Schumpeter, insofern er dem „Faustpfand“ doch eine gewisse historische Bedeutung beimißt, sich des „Sinnes“ dieser „Faustpfandrolle“ nicht klar bewußt zu werden.

[2]) Vgl. Hahn l. c. S. 33, Schumpeter: „Sozialprodukt“ l. c. S. 657.

das die Bank allgemein genießt, dargestellt und so schien es, als ob der Kredit, den man der Gesellschaft gibt, dadurch daß man Geld annimmt, dasselbe sei, wie derjenige, den die Bank gibt, resp. vermittelt. Genau so wenig aber, als Gold schon Geld ist, geradesowenig wie der Staat „Geld" im ökonomischen Sinne „machen" kann, genau ebensowenig kann dies eine Bank; auch sie kann keinen Kredit „schaffen". Wenn sowohl der Staat als auch die Bank das voluntaristisch tun, — ohne daß eine produktive Leistung vorausgegangen, resp. früher erfolgt ist und die Bescheinigung dafür an eine „Zwischenstelle" sei es durch Steuer (Staat) oder Depositen (Bank) weiter delegiert worden ist —, dennoch Geld oder Kredit „schaffen", „machen", dann sind das ökonomisch gesehen „Fälschungen", deren wahrer Charakter entweder dem Markt unbekannt bleibt oder aber bei denen es durch andere Momente — „Zwang" resp. „Vertrauen" — ermöglicht wird, daß diese „Artefakte" allgemein angenommen werden, als das was sie nicht sind: „Bescheinigungen für Vorleistungen". Diese Objekte aber, lediglich weil sie „Kaufen" „Geld" nennen zu wollen, ist vom Boden der ökonomischen Theorie ein Fehlschluß.

Um noch einmal kurz auf Hahn zurückzukommen, so scheint uns, daß Hahn annimmt, daß es Wirtschaftsformen geben könne, die obwohl „geldlos" sind, so doch kreditmäßig orientiert seien. Man hat das Irrige dieser Auffassung schon von anderer Seite treffend charakterisiert [1]). Wenn verkauft wird gegen das was Hahn Kredit nennt, dann ist das eben die Geldform, d. h. eine spezifische Form, die aus dem Warencharakter der Güter folgt und die Guthaben, die auf diesem Wege bei der Bank entstehen, wären nichts anderes als Geld, wie Bortkiewicz sagt „Währungsguthaben [2])". Ob die Faustpfandrolle bei dieser Objektivation durch Goldstücke vermittelt wird oder durch staatlich dokumentierte Papierzettel oder durch eine Bank, die das Vertrauen der Wirtschaftssubjekte genießt, ändert an dem Wesen der Geldform nichts. Denn die empirische Darstellung dieser Geldform ist nur von azzidenteller Bedeutung. Sie kann — das bedarf überhaupt gar keines Beweises —, in der allerverschiedensten Art erfolgen; die Nominalisten haben in diesem Punkte vollkommen recht.

Das was Hahn also „kreditmäßige" Wirtschaft nennt, wäre nichts anderes, als eine Geldwirtschaft, in der die Diskontinuität bis zu einem möglichen Maximum überwunden wäre und die in noch stärkeren Maße bei Kompensationsverkehr erreicht wäre. Bei letzterem würde es sich um direkten Tausch handeln, allein notwendigerweise werden derartige Vorgänge, solange es sich um eine warenproduzierende Gesellschaft, d. h. eine spezifische diskonti-

---

[1]) Vgl. v. Bortkiewicz: Weltwirtsch. Arch. Bd. 17, 1921, Heft 1, S. 70ff.
[2]) l. c. S. 80.

nuierliche Mannigfaltigkeit und nicht um eine stetige Mannigfaltigkeit handelte, wie sie die sozialistische Wirtschaft vorstellt — Zufälle bleiben.

Den Fehlschluß, die Verwechslung von Geld und Kredit gibt im übrigen Hahn an verschiedenen Stellen implizite selbst zu und da bestimmt er die Bank auch richtig als das was sie ihrer Idee nach ist, als „Vermittlungsstelle" von Kredit. Ursache dessen, was Hahn bei der alten Theorie „optische Täuschung" nennt, bei ihm selbst aber eine solche ist, ist der Irrtum den er begeht, Geld und Kredit aus einer Quelle abzuleiten, d. h. sie zu identifizieren. Bei abstrakten Geldgestaltungen liegt das allerdings sehr nahe, denn hierbei wird sehr leicht die „Doppelrolle", die die Bank in diesem Falle spielt, übersehen.

Wenn ein Kauf und Verkauf abgeschlossen ist, — der Verkäufer liefert ein reales Gut, der Käufer nimmt dafür einen „Scheck", — so ist dieser Scheck die Geldform. Hier kann aber der Käufer nicht darum kaufen, weil ihm zuvor eine Bank Kredit eingeräumt hat, sondern weil der Verkäufer in der Lage ist, zur Zeit sein naturales Gut zu entbehren. Die Funktion der Bank aber ist dabei eine ganz sekundäre; sie spielt lediglich „Bürge", wie Hahn selbst sagt „Garant" [2]). Wenn aber jemand solche, aus seiner Vorleistung — weil er „verkauft" hat — stammenden Bescheinigungen an eine Bank weiter delegiert, dann ist das eine Kreditform und deren Grenzen sind prinzipiell gesetzt mit dem was an Bescheinigungen effektiv nicht gegen Güter umgesetzt wird. Sie ist größer als das was gespart wird, denn die Konstruktion des „Systems" hat zur Folge, daß jederzeit eine gewisse Menge an Geldform zwangsläufig gespart wird, mit der Daseinsgewinnung des Geldes uno actu [1]). Und es ist dann eine allerdings unbeabsichtigte Funktion jener „Einschiebung" von falscher Kaufkraft, die bewirkt, daß die

[1]) Vgl. darüber auch weiter unten. Es liegt hier ein Phänomen vor, das ein Spezifikum jeder diskontinuierlichen Sozialwirtschaftsmannigfaltigkeit ist, z. B. ist bekannt, daß auch bei intensivstem Verkehr nur ein Bruchteil der Platzkilometer einer Eisenbahn wirklich ausgenützt werden kann, oder daß die Arbeitslosen auch bei noch so gutem Arbeitsnachweis niemals vollständig fehlen werden. Vgl. darüber Cassel l. c. S. 304 Anm. Wir deuten die Konsequenzen dieser Feststellung hier nur an; denn es handelt sich um ein spezifisch quantitatives Problem.

[2]) l. c. z. B. S. 51 ausdrücklich; Hahn glaubt, daß, wenn es sich um die volkswirtschaftliche Seite des Problems handle, dann dieser Standpunkt gelte l. c. S. 33: „— daß der eigentliche Kreditgeber im volkswirtschaftlichen Sinne derjenige sein muß, der Güter oder Dienste ohne gleichzeitige Gegenleistung dem Kreditnehmer übergeben hat" (Mc. Leod!). Desgl. S. 47 und 51: „Sie (die Banken) sind deshalb nach unserer Auffassung nichts weiter als Kreditvermittlerinnen in des Ausdrucks wörtlicher Bedeutung von Vermittlerinnen des Vertrauens". Wenn diese Auffassung stimmt — und wir sind durchaus damit einverstanden — dann erledigt sich ipso facto jede Neuartigkeit seiner „volkswirtschaftlichen" Theorie des Bankkredits.

[3]) l. c. S. 51.

potentiell bestehende aber effektiv nicht geltend gemachte Kaufkraft durch eine erzwungene Umlaufsbeschleunigung mobilisiert wird. Wir erwähnen dieses Moment hier nur ganz im Vorübergehen um später noch darauf zurückzukommen. Dies gilt für Hahns Verwechslung von Geld und Kredit.

Seine Lösung des Problems des Anfangs aber ist genau so wenig wie alle voluntaristische Theorie vor und nach Knapp und Schumpeter auf dem richtigen Wege. Behauptet Hahn, wenn jemand Güter habe, aber es sei niemand da, der sie kaufe, was wiederum nur möglich sei, weil der Käufer von einer Bank Kredit eingeräumt bekommen habe, so nützen ihm alle diese Güter nichts, so kann man andererseits behaupten, wenn jemand auch noch so viel Bankkredit hat, aber es ist niemand da, der zur Zeit in der Lage ist, reale Güter zu entbehren, so nützt ihm der Bankkredit gar nichts. Wenn also die Produkte nicht als „Waren" produziert werden, hat Kredit, resp. Geld, denn darum handelt es sich ja, gar keinen Sinn. Eine Priorität des einen oder anderen also ist logisch widersinnig.

Überblicken wir kurz diese Auseinandersetzung mit den Hauptpunkten der herrschenden Meinung, so können wir feststellen:

Die Geldform ist wesentlich verschieden von einer Rechnungseinheit, die niemals Geld, d. h. Objektivation von Marktanwartschaft sein kann, denn die Rechnungseinheit ist inhaltslos, was beim Geld ausgeschlossen ist; Geld aber ist eine Wesenheit mit eigenem, selbständigem Dasein. Die Geldform ist lediglich eine andere Form der Darstellung der Ware. Die impirische Gestaltung dieser Geldform ist im Bereich der formalen Geldtheorie prinzipiell nebensächlich, sie kann erfolgen sowohl in Bankguthaben als in Geldstücken, in Wechseln oder in anderen Darstellungen dinglicher oder abstrakter Art.

Das darf aber nicht dazu verleiten, Geld und Kredit zu identifizieren, wie Hahn das tut; denn sonst ist alles Geld Kredit, und aller Kredit ist Geld. Das Geld aber im Unterschied von Kredit beruht auf der Zwangläufigkeit des Verzichtleistens, das es darstellt, der Kredit ist eine „psychogenes" Moment und beruht auf Freiwilligkeit. Wird der Bank abstrakte Geldform, z. B. aus Verkäufen stammende Guthaben überlassen, dann spielt die Bank eine Doppelrolle. Einmal indem sie als „Garant" als „Faustpfand" auftritt und dann als Vermittler des Kredits. Dadurch, daß diese wesentlich getrennten Momente aufeinander fallen, darf man aber nicht verleitet werden, sie miteinander zu identifizieren.

Auch das Problem des Anfangs löst sich in unserer Darstellung insofern es einen „Anfang" im Sinne einer Priorität von Geld oder Ware nicht gibt, nicht geben kann, dahingehend, daß alles Geld voraussetzt, daß jemand verkauft hat, wie aber auch umgekehrt, aller Kauf voraussetzt, daß jemand verkaufen will, resp. verkaufen kann.

Als Fazit und damit als Grundlage des folgenden ergibt sich die Einsicht von der Notwendigkeit der Darstellung des Geldes als eigene Wesenheit, die Dauer besitzt, denn alles Geld bedeutet seinem immanenten Sinn nach zurückgehalten objektivierte Anwartschaft auf das Sozialprodukt.

Notwendig aber war es, diese etwas breiten Auseinandersetzungen hier zu geben, denn gerade die Momente, die wir hier zu klären resp. zu widerlegen versucht haben, spielen in dem Kommenden eine sehr wesentliche Rolle.

Wir untersuchen nun unter diesem Aspekt zunächst die Theorie des Geldumlaufs, um dann auf das Umlaufsgeschwindigkeitsproblem im engeren Sinne einzugehen.

### b) Die Theorie des Geldumlaufs.

Die Theorie des Doppelstroms und die Theorie der Metamorphosenreihe.

Unsere bisherige Analyse der logischen Grundlagen des Problems der Umlaufgeschwindigkeit des Geldes beschränkte sich im wesentlichen auf die ruhenden, „statischen“ Seiten des Fragenkomplexes. Nächste Aufgabe ist nun, unter den gewonnenen Aspekten und Resultaten den „Kreislauf“ der Wirtschaft resp. des Geldes darzulegen.

Geld war für uns kein „Ding“, kein Metallstück, kein „Geschöpf der Rechtsordnung“ und kein „Zeichen“, sondern wir bestimmten Geld als eine spezifische Form der Darstellung, und zwar auf gegebener Basis notwendigen Darstellung, von „Ware“, die ihrerseits ebenfalls „Form“ der Darstellung von Produkten im allerweitesten Sinne auf Grundlage einer von uns als eine spezifische „diskontinuierliche Mannigfaltigkeit“ bestehend aus einer endlichen Anzahl von Elementen, charakterisierten Wirtschaftsstruktur.

Seit der fundamentalen Konzeption der Physiokraten weiß man, daß der Ablauf der Wirtschaft eines Landes im wesentlichen als ein großer „Kreislauf“ oder doch als ein „Strom“ erfolgt, wie die neuere Theorie berichtigend sagt. Suchen wir diesen Kreislauf oder „Strom“ genauer zu analysieren und die Stellung der Geldform innerhalb seiner Bewegung darzulegen.

Vorher indeß noch eine kurze Bemerkung. Wir wiesen schon oben darauf hin, daß wir eine im wesentlichen formale Theorie des Geldes zu geben gedenken, um so den Rahmen für die empirische Vielgestaltigkeit der Sachverhalte als auch ihren theoretischen Niederschlag zu bekommen. In den Rahmen dieser formalen

Theorie aber müssen notwendig — wenn sie richtig ist — alle materialen Geldtheorien passen. Alle Theorie also, soweit sie sich mit der Analyse bestimmter Geldgestaltungen, die sie als „eigentliches" Geld anspricht, befaßt muß, **sofern auch sie richtig ist**, implicite oder explicite „Geld überhaupt" meinen. Derartige Spezialtheorien, wie z. B. die Theorie des Metallgeldes oder die Theorie des Papiergeldes, werden eine solche Fülle empirisch tatsächlicher Elemente in ihren theoretisch, d. h. unbedingt und allgemein gelten sollenden Bereich ziehen, daß die Gefahr besteht, daß eine Vermengung „reiner" und nur „tatsächlicher" Momente erfolgt. Wenn aber das erfolgt, dann muß naturgemäß eine logische Verwirrung eintreten; andererseits kann aber auch der Gegenstand in seiner Totalität weder von der einen, noch von der anderen allein erschöpft, sondern nur von beiden Theorien zusammen bewältigt werden.

Nirgendwo aber liegt die Gefahr so nahe, Momente der reinen Sphäre mit solchen der tatsächlichen zu vermischen wie gerade hier beim Geldumlauf, indem man Erscheinungen die ganz speziellen Geldgestaltungen eigen sind, für den Gegenstand überhaupt in Anspruch nimmt, und Momente, die jener Gestaltung speziell adäquat sind, in bunter Mischung mit Momenten der allgemeinen Theorie zusammenwirft.

Gehen wir aus von einer beliebigen Umlaufstheorie. Fast stets oder immer findet man die Meinung vertreten, daß es einen „Geldumlauf" und einen „Güterstrom" gibt. D. h., der Geldumlauf stellt einen Kreislauf dar, wie auch der Güterstrom nur eine fingierte Einheit sei. Zu vergleichen etwa einem Strom, der zwar nicht immer die gleichen Wasserteilchen von der Quelle zur Mündung führe, der aber dennoch ein „Strom", eine Einheit sei[1]). Und das erscheint sehr klar, wenn man sich überlege, daß die Waren oder die Güter jeweils bei ihrem Eintritt in das „Konsumfeld" aus dem Güterstrom herausfallen, dafür aber neue an anderer Stelle eintreten, während im Gegensatz zu diesem Strom das Geld sich dadurch kennzeichne, daß es Umsätze vermittle, „umläuft", soweit und solange seine technische Qualität es erlaube.

Dies im wesentlichen die herrschende, bisher kaum irgend einmal angezweifelte Theorie.

Sie geht indes von einer unverkennbaren, sehr wesentlichen Voraussetzung aus: Daß Geld jeweils nur sei, was in dauerbaren, d. h. materiell dinglichen Objekten dargestellt sei, und daß der

---

[1]) Vgl. die Feststellungen bei Schumpeter: „Theorie der wirtschaftlichen Entwicklung" l. c. S. 70, im Anschluß an **Simon Newcomb** und **J. B. Clark**. Im übrigen akzeptieren wir für unsere Zwecke das „Synchronisierungstheorem", das sich in ähnlicher Fassung z. B. auch bei **Lexis**: „Allgemeine Volkswirtschaftslehre", 2. Aufl., Leipzig 1913, S. 189 f., findet, im entfernten Anschluß an **Marx**; über die Marxsche Fassung vgl. Bd. II, S. 324 ff. Zugrunde liegt allem der Kreislauf der Physiokraten.

„Umlauf“ insofern nur gewissermaßen eine Reflexerscheinung technischer Unvollkommenheiten sei, der Unmöglichkeit eben, jeweils Geld, d. h. Geldzeichen, mögen sie aus Papier oder Metall bestehen, immer neu zu kreieren [1]).

Es ist dabei — nebenbei bemerkt — höchst interessant, festzustellen, in welch verwickelte und direkt widersprechende Folgerungen diese Theorie des Doppelstroms, wie wir sagen wollen, ihre Vertreter bringt. Denn — das ist gerade das Beachtliche — diese Auffassung ist fast immer verbunden mit der von Geld als Rechenpfennig. Wir machten schon auf den zwiespältigen Charakter dieser theoretischen Meinung aufmerksam, die volkswirtschaftlich nur die Güter d. h. Geld als Rechenpfennig d. h. „nichts“ ansieht, dabei aber hinterher eine höchst materialistische Umlaufstheorie vertritt; denn man kann schließlich damit, daß man erklärt, das Geld sei ohne Bedeutung, die Existenz dieses Geldes, und zwar seine höchst reale Existenz nicht aus der Welt schaffen.

Am klarsten wird das notwendig Widerspruchsvolle einer solchen Auffassung bei Schumpeter, der Geld begreift: einmal als Rechenpfennig, des anderen aber die Theorie der Umlaufsgeschwindigkeit nur für dinglich reale Geldobjekte, und nur für diese, kennt [2]). Das muß höchst verwunderlich erscheinen bei einem Theoretiker der auch schon dann von „Geld“ sprechen will, wenn Schuster und Schneider tauschen und dabei in Geld rechnen [3]), was Bendixen veranlaßte — ganz mit Recht — zu sagen, dann sei also „kein Geld auch Geld“ [4]); denn wenn man nur in Geld rechnet, dann ist das offenbar kein Geld, sondern nur eine Form des Tausches, bei dem auf beiden Seiten Güter stehen, z. B. ein Paar Schuhe resp. ein Anzug und die dann mit dem Händewechsel auch ihre Stellung wechseln. Daß man dabei „gerechnet“ hat in einer „Einheit“ ändert nichts daran, daß hier Tausch vorliegt und es wird niemandem einfallen, in diesem Falle zu sagen, er habe sein Produkt gegen ein anderes „verkauft“, sondern er spricht sinngemäß von einem vollzogenen „Tausch“.

Allein wir sprachen von der Voraussetzung, die die Doppelstromtheorie macht, das ist, wie gesagt, die gewissermaßen als selbstverständlich angenommene Ansicht, daß nur ein dauerbares dingliches Substrat für den Geldumlauf in Frage kommt. Nicht also z. B. eine Objektivation — wie wir sagten —, in einem Bankguthaben oder in ad hoc kreierten, wieder verschwindenden Geldgestaltungen.

Wenn andererseits die Nominalisten von diesem Moment

[1]) Vgl. z. B. Lansburgh, l. c. S. 190, dessen irrige Folgerungen ganz darauf basieren.

[2]) Vgl. darüber weiter unten „Effizienztheorie“.

[3]) Sozialprodukt l. c. S. 659.

[4]) Vgl. Bemerkungen zur Geldschöpfungslehre l. c. S. 123 ff.

sprechen, so in dem Sinne, daß Geld überhaupt nur eine abstrakte Recheneinheit sei, d. h. aber offenbar keine eigene materialbestimmte Wesenheit. Die Konsequenz ist ein Leugnen des „Geldumlaufs" überhaupt; man sagt es gebe nur einen Güterumlauf [1]). Beide Theorien, behaupten wir hier, gehen in ihren Voraussetzungen und d. h. in ihren Folgerungen fehl.

Ist Geld nur das, was in materiellen, dinglichen Objekten dargestellt wird, die jenes Moment der Dauer haben, so bedeutet das, wie oft festgestellt, eine durch nichts gerechtfertigte Verengung des Geldbegriffes, die selbst diese Theorie in anderen Punkten nicht mitmacht, ja selbst noch weiter geht, wie wir eben bei Schumpeter fanden. In der Tat werden heute die weitaus belangreichsten wirtschaftlichen Umsätze ganz ohne solche dinglichen Geldgestaltungen ausgeführt. Das haben die Nominalisten stets mit Recht betont. Gibt es einen Geldumlauf und ist er ein theoretisches Problem, dann muß er notwendig für alle Geldgestaltungen aufweisbar sein. Dieses Moment ist für die Theorie der Umlaufsgeschwindigkeit von grundlegender Bedeutung. Die Lösung des Problems ist indes weder der Doppelstromtheorie noch auch der nominalistischen, die nur den Güterstrom kennt, gelungen.

Wir bezweckten mit unserer formalen Geldtheorie nachzuweisen, daß eine Objektivation von Marktanwartschaft — Geld — nicht notwendig in dinglichen Substraten erfolgen muß. Daß auch Bankguthaben Geld sein können, so gut wie Metallstücke, daß aber dennoch das Geld notwendig das Merkmal der Dauer haben müsse, d. h., daß Geld eine eigene Wesenheit sei. Diese Feststellung widerspricht sowohl der einen Theorie als auch der anderen. Entweder also muß der Geldumlauf allgemein und alsdann anders als es jene Konzeptionen tun, faßbar sein, oder aber unsere Theorie ist falsch.

Wir sprachen bei der ersten Gruppe von einer „Doppelstromtheorie". In der Tat stellt man von dieser Seite das Problem so

[1]) Vgl. z. B. K. Elster, „Die Grundgleichung der Geldtheorie" l. c. Die Darstellung beruht ganz auf dieser Voraussetzung, auch die „Bemerkungen" Bendixens zum Geldumlauf l. c. S. 123 ff.

dar — daß man sich — schematisch — zwei Kreise denkt: den Güterstrom und parallel laufend den Geldkreislauf, wobei Kontinuität nur bei dem letzteren zu finden wäre. Die beiden Ströme werden umgekehrt parallel laufend gedacht [1]).

Es ist klar, daß die beiden Kreise wenn auch in gewisser Beziehung von einander abhängig, dennoch als prinzipiell isoliert betrachtet werden. Beweis: das bekannte Schleierargument.

Das Irrige dieses Theorems, das gar nicht der Theorie der Geldwirtschaft, sondern einer gedachten direkten Tauschwirtschaft entnommen ist, ist oben schon dargelegt worden. Dabei aber tritt meistens eine Vermischung inhaltlich verschiedener Begriffe insofern ein, als man von „freier Produktion" von „Markt", „Preisen" usw. sprechen will. Die Folge ist weiter, daß man eine Einheit des Güterstroms fingiert, die nirgendswo existiert.

Vom Standpunkt dieser Theorie gibt es einen Umlauf abstrakter Geldgestaltungen nicht. Problem ist also: gibt es trotzdem auch einen Umlauf der abstrakten Gelddarstellungen und wie sieht dann die Theorie des Umlaufs überhaupt aus, resp. wie verhält sich diese Theorie zu der Doppelstromtheorie.

Nach den vorausgeschickten grundlegenden Analysen müssen wir feststellen, daß die Einheit des Güterstroms a priori ausgeschlossen ist, daß auch keinerlei Kontinuität besteht, nicht nur in dem Sinne, wie es auch die Doppelstromtheorie für den „Warenstrom" zubilligt, daß zwar ständig Waren herausfallen, daß aber ständig neue an die Stelle der herausgefallenen treten müssen.

Hier setzt unsere Kritik der Doppelstromtheorie ein. Wäre das, was jene Theorie behauptet, richtig, dann müßte, wie wir ebenfalls schon nachgewiesen haben, in einer solchen Wirtschaftsmannigfaltigkeit, Tausch bestehen, denn jedes Herausfallen einer Ware und der gleichzeitige Ersatz durch eine andere bedeutet ja nichts anderes, als daß „Gut" gegen „Gut" getauscht wird, daß also Mill's „metaphysisches Gleichgewicht" hergestellt sein muß [2]). Daß das nicht der Fall ist, zeigt jeder Blick auf die Vorräte an unverkauften Waren. Bestände der tauschweise „Einwurf", dann könnten überhaupt keine Waren auf dem Markte erscheinen, denn

---

[1]) Vgl. das ähnliche Schema bei Wicksell l. c. S. 20. Der äußere Ring stellt den Geldstrom dar, der innere, der sich umgekehrt zu ihm bewegt, den Güterstrom.

[2]) Vgl. darüber am besten Marxens Bemerkungen hierzu, „Kritik" l. c. S. 85. „Daraus, daß der Zirkulationsprozeß der Ware erlischt . . . in *W* — *W* und daher bloß durch Geld vermittelter Tauschhandel zu sein scheint oder daß überhaupt *W* — *G* — *W* nicht mehr in zwei isolierte Prozesse zerfällt, sondern zugleich ihre bewegte Einheit darstellt, schließen wollen, daß nur die Einheit und nicht die Trennung zwischen Kauf und Verkauf existiert, ist eine Manier des Denkens, deren Kritik in die Logik und nicht in die Ökonomie gehört."

es müßte ja z. B. in dem Moment, wo der Arbeiter seine „Ware" Arbeitsleistung einwirft, von ihm auf der anderen Seite uno actu z. B. Lebensmittel aus dem Reservoir entnommen werden. Wenn er aber Geld annimmt, heißt das, er stellt seine Ansprüche auf reale Güter für längere oder kürzere Zeit auf und deutet damit an, daß er, je nachdem er es für örtlich oder zeitlich gut befindet, eine neue Ware beziehen will. Was aber bedeutet das für die Theorie des Geldumlaufs?

Es bedeutet: einmal, daß die Warenform ständig gegen die Geldform umgesetzt wird und umgesetzt werden muß. Es bedeutet ferner, daß der Kreislauf niemals die Gestalt annehmen kann, die die Doppelstromtheorie voraussetzt, sondern daß Abschnitte innerhalb des gesamten Kreislaufs auftreten müssen, die abwechselnd Warenform oder Geldform annehmen. Das heißt also, der gesamte Kreislauf stellt eine Kette aneinandergereihter Metamorphosen dar und eine herausgefallene Ware wird niemals uno actu natural ersetzt, sondern in der Geldform; und das heißt schließlich, daß durch dieses Auftreten der Geldform eine Unterbrechung des Güterstromes erfolgt, eine „Zerreißung des großen Pulsschlags des Wirtschaftslebens" mit Schumpeters treffendem Ausdruck [1]).

Damit haben wir, wie uns scheint, die allgemeine Form des Geldumlaufs auch schon dargelegt.

Durch das Auftreten der Geldform tritt in dem Stromkreis der Güter eine Unterbrechung ein. Es erfolgt eine Zerreißung, die erst dann wieder überwunden ist, wenn der Strom durch den erneuten Umsatz der Geldform in die Warenform wieder geschlossen wird. Nicht um zwei Ströme also handelt es sich, sondern Geld- und Güterstrom sind so eng ineinander verschlungen, daß ein einziger großer Strom entsteht, in dem Waren und Geld sich gegenseitig ablösen. Diese Theorie wollen wir im Gegensatz zu jener Doppelstromtheorie — im Anschluß an Marx — Theorie der Metamorphosenreihe nennen.

Konstruiert man analog jener Fassung der zwei Ströme für unsere Auffassung ein Schema, so stellt sich das so dar:

[1]) „Sozialprodukt" l. c. S. 634; vgl. auch die Bemerkungen dazu weiter unten.

Damit scheint uns das Wesentliche für die Theorie des Umlaufs der Geldform bemerkt. Es zeigt sich hier, daß das Erfordernis der „ewigen“ Lebensdauer gar nicht das wesentliche beim Umlauf darlegt, sondern ein ganz akzidentelles Moment, das zu dem für die neuzeitlichen Geldgestaltungen gar nicht zutrifft. Unsere Form der Umlaufstheorie aber ist ebenso anwendbar, auf das Metallgeld wie auch auf das „Bankgeld“. Für beide gilt das Moment der „Stromunterbrechung“, das beim Metallgeld lediglich verschleiert auftritt.

Bei dieser Fassung zeigt sich weiterhin sehr deutlich das Irrige der Rechenpfennig- resp. der unorganischen Geldauffassung. Sie sieht entweder gar nicht die Momente die aus der Existenz des Geldes resultieren: Die „Stromunterbrechung“, oder aber sie faßt ein ganz zufälliges Phänomen als das allgemeine auf. Die Auffassung der Doppelstromtheorie hebt zweifellos ein an sich richtiges Moment hervor, aber dieses Moment hat eine ganz andere Bedeutung als das von uns hervorgehobene Problem. Insofern ist die gesamte Theorie des Doppelstroms wesentlich Grundlage für die Umlaufsgeschwindigkeitsauffassung im Sinne der Ökonomie der Zahlungsmittel. Sie sieht nur die beiden Reihen $\begin{matrix}W\text{-}W\text{-}W\\G\text{-}G\text{-}G\end{matrix}$, sie übersieht dabei aber, daß diese scheinbare Isolierung nur durch jene ganz spezielle empirische Darstellung von Geld verursacht ist und daß in der Tat die allgemeine Form schematisch lautet W-G-W.

Vom Boden unserer Theorie des Geldumlaufs ergibt sich also sowohl ein Umlauf des Geldes, dargestellt in dauerbaren Objekten, wie auch ein Umlauf des „Kredites“, besser des Bankgeldes.

Daß auch die abstrakten Geldgestaltungen einen Umlauf haben müssen, ist an sich nicht neu, zum dringenden Problem wurde das für die neueren Fassungen der sogenannten verfeinerten Quantitätstheorie, wie sie Fisher als typischer Repräsentant gegeben hat. Wir gehen hier auf die Fishersche Theorie noch nicht genauer ein [1]); wir bemerken aber, daß auch Fisher stärker von der alten Theorie beeinflußt ist, als es zunächst scheint, und das darum, weil ihm „eigentliches“ primäres Geld nur Metallgeld scheint. Er nimmt infolgedessen ein festes Verhältnis von G und $G^1$ (Geld und Depositen) an. Streng genommen hätte Fisher wie z. B. A. Voigt das will, nur von einem „Geldumlauf“ und analog einer Umlaufsgeschwindigkeit jenes primären Geldes sprechen dürfen, nicht aber von einem „Kreditumlauf“. In diesem Sinne wendet sich denn auch Voigt scharf gegen Fisher [2]). Wir kommen auf diesen Punkt weiterhin zurück.

---

[1]) Vgl. unten „Ruhezeittheorie“, Fisher l. c. S. 9, desgl. die implicite Bestätigung unserer Auffassung über Fisher bei Schumpeter l. c. S. 663, Anm.

[2]) Voigt l. c. S. 563, außerdem weiter unten.

Aber — das gilt auch dafür —, nur dann ist diese Position richtig, wenn Geld nur das ist, was in Metallstücken oder in Papierzetteln objektiviert ist.

Im übrigen scheint uns, das ergibt sich aus unserer Darlegung des Verhältnisses von Geldform und Kredit, nicht richtig zu sein, in allen Fällen in denen abstrakte Geldgestaltungen vorliegen, von „Kreditumlauf" zu sprechen; sondern es handelt sich hier um eigenartige Darstellungen der Geldform, deren Umlauf man allerdings nicht mit den Mitteln der Dinggeldtheorie erfassen kann.

Die Bedeutung dieser von uns dargelegten Auffassung des Geld- resp. Wirtschaftskreislaufs muß naturgemäß eine sehr weitgehende sein.

Auch Schumpeter spricht wie erwähnt, gelegentlich von der durch das Geld erfolgenden Zerreißung des großen Pulsschlags der Wirtschaft, ein treffender Ausdruck, den auch wir akzeptiert haben, aber er glaubt dem Phänomen nur „markttechnische Bedeutung" beilegen zu können [1]). (Recheneinheit!). Man kennt seine bekannte Konstruktion der beiden Märkte: des Marktes der Produktionsmittel und des Marktes der Konsumgüter, und er nimmt an, daß die Wirtschaftssubjekte, die ihre produktiven Leistungen auf dem Markte der Produktionsmittel verkauft haben, ja dieselben seien, die auf der anderen Seite, auf dem Konsumgütermarkt als Käufer auftreten. Daß das aber nicht tauschweise geschieht, leugnet auch Schumpeter nicht, sondern er spricht von Kauf und Verkauf gegen Geld. Wenn er trotzdem dem Dazwischentreten des Geldes nur markttechnische Bedeutung zumißt, übersieht er, daß, wer Geld annimmt, niemals uno actu Güter eintauscht, daß also, wer verkauft hat, zwar kaufen kann, aber es nicht muß, und daß in einer Wirtschaft, in der das geschieht, prinzipiell die „Statik", die infolge jener Konstruktion bestehen würde, niemals verwirklicht sein kann, d. h. niemals solange Geld existiert, der Zustand eintreten kann „in dem die Tauschakte aufhören" [2]), sondern daß notwendig der Existenz von Geld ein adäquates Bestreben der Warenhalter entspricht, zu „realisieren"; denn Geld ist ja nur potentielle, zurückgehaltene „Nachfrage". Das heißt aber, daß das Geld weit größere als nur markttechnische Bedeutung hat.

Ja, selbst angenommen, es würden die Wirtschaftssubjekte auf dem einen Markt ihre produktiven Leistungen gegen Geld umsetzen und gingen sofort auf den anderen Markt um Konsumgüter dafür zu kaufen, selbst dann, wenn diese Unterbrechung nur das Differential einer Zeit betragen würde, behaupten wir, würde im wesentlichen sich alles so abspielen, wie wenn die Wirtschafts-

---

[1]) Vgl. Sozialprodukt l. c. S. 634.

[2]) Vgl. „Wesen und Hauptinhalt der theoretischen Nationalökonomie", München-Leipzig 1908, S. 255.

subjekte die Geldform erst nach längerer Zeit umsetzen. Und — darauf kommt es an — in einer solchen Wirtschaftsmannigfaltigkeit würden im Prinzip dieselben Phänome möglich sein, wie in einer anderen, innerhalb der die „Unterbrechung" möglichst kurz wäre.

Es könnte — um nur einige typische Konsequenzen anzudeuten — irgendjemand eine durch „Fälschung" oder eine sonst irgendwie beschaffte unechte Bescheinigung an der Zerreißungsstelle in den Kreislauf einschieben und sich so gebärden, wie derjenige, der eine echte Bescheinigung hat, er könnte, wie A. Smith gelegentlich in anderem Zusammenhange sagt, da ernten, wo er nicht gesät hat. Es könnte weiterhin ein Mißverhältnis eintreten zwischen dem was produziert wird und dem was Absatz findet, lediglich aus dem Umstand, daß die Möglichkeit bestände, die Geldform nicht auszugeben, sondern sie zurückzuhalten. Man könnte die zurückgehaltene Bescheinigung an Dritte — z. B. eine Bank — weiter delegieren oder auch nicht — kurz, es wäre die Möglichkeit gegeben, daß, während der eine die Geldform nicht gegen eine Warenform umsetzen kann oder will, ein anderer an seine Stelle träte, sei es erlaubter, sei es unerlaubter Weise.

Damit ist eine ganze Reihe von „Möglichkeiten" angedeutet, zu denen noch andere hinzugezogen werden können. Bleiben wir vorläufig bei der Theorie des Geldumlaufs.

Wir haben bisher festgestellt: die herrschende Umlaufstheorie kennt nur den „Umlauf" für dauerbares Geld, das infolge seiner Beschaffenheit auf dem „Markte bleibt". Diese Art von Geld kann heute nur einen ganz geringen Bruchteil des gesamten Wirtschaftsverkehrs vermitteln, es gibt auch andere abstrakte Geldgestaltungen, bei denen jenes Moment der Dauer nicht besteht. Dann kann also diese von uns „Theorie des Doppelstroms" genannte Auffassung das Faktum nicht erschöpfen, sondern sie stellt nur eine spezielle Seite eines weit allgemeineren Problems dar.

Wir bestimmten die Geldform allgemein als Objektivation von Marktanwartschaft, gleichwie empirisch diese Objektivation auftritt. Für die Geldform muß also die Theorie des Geldumlaufs anders aussehen.

Die Geldform aber stellt, wie wir zeigten, eine eigene Phase, einen Abschnitt der Metamorphosenreihe dar, denn Geld wird nur dann existent, es gewinnt nur Dasein, wenn nicht getauscht wird. Insofern ist auch die nominalistische Annahme, daß es nur einen Warenstrom gibt, irrig.

Die allgemeine Theorie des Geldumlaufs kann also nicht durch die Doppelstromtheorie repräsentiert werden, sondern sie wird im Sinne der Metamorphosenreihe aufzufassen sein, womit wir die Grund- oder die kategoriale Form des Geldumlaufs dargestellt haben. Trotzdem behält auch die Doppelstromtheorie im Rahmen der allgemeinen Umlaufstheorie einen gewissen Wert.

Wir deuteten dann einige typische Konsequenzen an, die aus unserer Theorie folgen, vor allem die eine, daß, während die Geldform von demjenigen der sie erwarb, nicht selbst ausgenützt wird, von einem anderen ausgenutzt werden kann, der nunmehr die Möglichkeit hat, auf dem Markte als Käufer aufzutreten. Dieses Problem ist von ganz zentraler Bedeutung für uns, denn hier liegt offenbar die allgemeine Möglichkeit und Rechtfertigung einer besonderen Kategorie Umlaufsgeschwindigkeit des Geldes wie auch der Untersuchung dieser Kategorie.

Besteht also diese Form des Wirtschaftskreislaufes, dann heißt das: das notwendige Auftreten des Geldes als solches bedeutet eine Unterbrechung des Güterstromes oder aber — eine Verlangsamung. Prinzipiell, — das deuteten wir auch schon an —, folgt daraus, daß diese Verlangsamung durch die Stromunterbrechung auch dann schon auftritt, wenn im nächsten Moment ein Umsatz von Ware gegen Geld erfolgen würde. Indeß geschieht das regulärer Weise nicht, sondern die Geldform wird länger oder kürzer zurückbehalten, verbleibt in der „Kasse", ehe die Verbindung mit dem Warenabschnitt wieder hergestellt wird und dann wie gesagt besteht die Möglichkeit, daß diese Verlangsamung bis zu einer gewissen Grenze ausgeglichen wird.

Insofern also rechtfertigt sich die Untersuchung einer besonderen Kategorie Umlaufsgeschwindigkeit durchaus, die ihrem immanenten Sinn nach bedeutet: die Überwindung jener Zerreißung, die in dem großen naturalen Strome der Wirtschaft durch das Auftreten des Geldes überhaupt erfolgt, wie auch der daraus resultierenden spezifischen Problematik.

Die Darlegungen der logischen Grundlagen des Umlaufsgeschwindigkeitsproblems ist somit abgeschlossen. Es ergibt sich daraus eine allgemeine positive Theorie der Umlaufsgeschwindigkeit, die es ermöglicht, die bestehenden theoretischen Meinungen über diesen Punkt schärfer darzulegen und auf ihren ökonomisch-relevanten Sinngehalt zurückzuführen.

## Exkurs.

### Das Verhältnis unserer Theorie zur Marx'schen Lehre.

Ehe wir daran gehen, die bisher gewonnenen Ergebnisse auf die positive Theorie der Umlaufsgeschwindigkeit anzuwenden, scheint es angebracht, ganz kurz auf das Verhältnis unserer theoretischen Darlegungen zu den Marx'schen einzugehen.

Wir betonten verschiedentlich und deuteten an, daß unsere abstrakte formale Analyse der Struktur der Geldwirtschaft ihren konkreten Ausdruck findet in Marxens Analyse der „warenproduzierenden Gesellschaft". Wir sind in der Tat davon überzeugt, daß Marx als erster, wenn man an dem Wort keinen Anstoß nimmt, eine „Phänomenologie" der Geldwirtschaft gegeben hat. Insofern fühlen wir uns lediglich als Fortsetzer des Werkes von Karl Marx.

Das bedarf jedoch weiterer Erläuterung. Wir gingen und gehen weiterhin mit dem Bestreben an die vorliegende Aufgabe heran, ein rein ökonomisches Problem rein ökonomisch zu erklären. Darin liegt unser Unterschied zu Marx. Es ist bekannt, daß bei Marx mehrere Regionen wissenschaftlicher Erkenntnis über- und nebeneinander liegen. Man könnte sagen, zu unterst liegt die ökonomische Schicht, darüber die soziologische und über beiden die sozial-philosophische. Allein so klar ist bei Marx selbst die Sachlage nicht. Es war vielmehr Marxens Bestreben, alle ökonomischen Kategorien auf Soziologische zu reduzieren, auf das, was er „Produktionsverhältnisse" nennt [1]). Dieser Begriff des Produktionsverhältnisses hat bei Marx eine zentrale Bedeutung und einen ganz bestimmten Sinn, es bedeutet eine spezifische Form der ökonomischen Beziehungen von Menschen zueinander, d. h. es ist eine rein soziologische Kategorie.

Auf diesen Stand der Reduktion auf soziologische Kategorien ist der erste Band des „Kapital" vollständig gebracht, die beiden anderen Bände — bekanntlich von Marx nicht selbst vollendet und herausgegeben, — sind wesentlich auf das ökonomische Gerippe beschränkt geblieben. Ob es überhaupt möglich gewesen wäre, auch die in ihnen enthaltenen Probleme auf soziologische Kategorien zu reduzieren, ist eine andere Frage. Jedenfalls kann man unter diesem Aspekt von einem „Widerspruch" zwischen Band I und Band III schlechterdings nicht sprechen, denn es handelt sich um zwei ganz verschiedene Gebiete, die man mit einander in Beziehung bringen würde — der Fall der logischen Metabasis. Genau denselben Fehler aber begeht man, wenn man z. B. die Zinstheorie nach Bd. I vom Standpunkt und unter Aspekten der reinen Ökonomie untersuchen würde. Mit Recht betont man neuerdings, daß trotzdem bei Marx eine rein ökonomische Gesetzmäßigkeit vorliegt, z. B. in der Lohntheorie [2]). Auch, was sehr naheliegen würde, mit dem Hinweis auf „Macht" wird bei Marx gar nichts erklärt, darin liegt ein wesentlicher Unterschied von ihm z. B. gegenüber der „sozialen Verteilungstheorie" Tugan-Baranowskys [3]).

Unser Bestreben nun ist es, die von Marx stets betonte immanente ökonomische Gesetzmäßigkeit aus der soziologischen Verflechtung herauszulösen, sie durch „Einklammerung" alles Sozio-

[1]) Vgl. darüber die bisher beste Darstellung von Franz Petry: „Der soziale Gehalt der Marxschen Werttheorie", Jena 1916. Gerade dieses soziologische Moment der Marxschen Theorie sucht Petry herauszuanalysieren, allerdings auf Grundlage der Rickertschen „wertbeziehenden" Philosophie, was naturgemäß einige „Gewalttätigkeiten" zur Folge hat.

[2]) Vgl. jetzt: v. Zwiedineck-Südenhorst: Art. „Lohntheorie" im H. d. St. 4. Aufl. (im Erscheinen); früher auch etwa den Hinweis bei Schumpeter: „Das Grundprinzip der Verteilungstheorie" Arch. 42, S. 25 ff.

[3]) Vgl. Schumpeter l. c. „Grundprinzip".

logischen und Sozialphilosophischen „rein“ aufzuweisen und dies mit speziellem Bezug auf die Geldtheorie.

Man wird vielleicht sagen, das sei ein Widerspruch zu Marx; Marx sei von der Notwendigkeit sozialer Kategorien überzeugt gewesen. Dem stimmen wir ganz zu, deswegen bleibt aber der ökonomische Gehalt als eigenartiges Phänomen bestehen, und wir glauben, daß gerade auf diesem Wege, — abgesehen von der Notwendigkeit für die Darlegung der Geldtheorie, wie sich noch zeigen wird — die Diskussion über Marxens ökonomische Lehren einen exakteren Boden bekommt.

Für uns also gibt es keine „Gesellschaft“ in Marxens Sinne, sondern reine ökonomische Mannigfaltigkeiten; über den personalen Inhalt dieser Mannigfaltigkeit wird gar nichts gesagt, wir kennen keine „Ausbeutung“ — ein typisch soziologischer Begriff — wir kennen lediglich Beziehungen der Elemente, d. h. spezifischer Singularitäten der Wirtschaftsmannigfaltigkeiten zu einander rein funktioneller Art [1]), ohne alle personale Bezugnahme und die daraus resultierenden Konsequenzen.

Wir versuchen das, wie gesagt, auch hier durch Anwendung der phänomenologischen Methode, indem wir durch „Einklammern“ alles Sekundären zurückgehen auf den immanenten, originären ökonomischen Sinn von Marxens Analyse. Wir halten dieses Verfahren einmal unter dem Gesichtspunkt logischer Sauberkeit wie andererseits gerechter Beurteilung der Marxschen Ökonomie und speziell seiner Geldlehre für eine Notwendigkeit. Gerade die Marxsche Geldtheorie ist, wie unsere Darlegung zeigt, in manchen Punkten heute noch durchaus haltbar, ja sie enthält grundlegende Erkenntnisse, die in spezieller Anwendung auf die Umlaufsgeschwindigkeit schlechthin einzig sind.

Das schließt auch nicht aus, daß wir selbst in manchen Punkten unserer Darlegung mit Marx nicht übereinstimmen und in gewissem Sinne seine Theorie fortbilden [2]). Gerade für Marx dürfte in erster Linie das Wort gelten, das man für die Kantische Philosophie geprägt hat: Marx verstehen heißt über ihn hinausgehen! Daß das bisher nicht der Fall gewesen ist — abgesehen von einigen rühmlichen Ausnahmen — scheint uns ein Mangel nicht nur der an Marx orientierten Theoretik, sondern der gesamten ökonomischen Theorie, die sich mit Marx auseinandersetzt.

Dessenungeachtet aber verbleibt Marx das grundlegende Verdienst, das Fundament gelegt zu haben, auf dem wir weiter bauen.

---

[1]) Ebenda über „personale“ und „funktionelle“ Verteilung S. 17; Schumpeter hier im Anschluß an J. B. Clark.

[2]) Am stärksten vielleicht dadurch, daß wir die — hier nicht mißzuverstehende — „Kreditrolle“ des Geldes stärker betonen, d. h. die abstrakte Natur der Geldform, während Marx sich weit stärker an das stoffliche Substrat hielt. Ein Widerspruch aber kann darin, wie wir gezeigt zu haben glauben, nicht liegen.

# III.
# Die positive Theorie der Umlaufsgeschwindigkeit des Geldes.

## 1. Die Umlaufsgeschwindigkeit der Geldform als kategorialer Typus.

Unsere theoretische Grundlegung führte uns bis zu dem Punkte wo wir nachwiesen, daß a priori mit dem Auftreten, der Daseinsgewinnung der Geldform zugleich eine Unterbrechung der Güterabschnitte des Wirtschaftsstromes, der aus einer Metamorphosen Kette besteht, in der sich Warenform und Geldform ablösen, erfolgt. Es erfolgt eine Zerreißung des großen Pulsschlags der Wirtschaft von mehr als nur „markttechnischer" Bedeutung.

Damit aber schien uns auch andererseits die Möglichkeit gegeben, daß diese Unterbrechung im Warenstrome der Wirtschaft, die die Geldform darstellt, irgendwie überwunden werden kann und muß, ja, das ist an sich selbstverständlich, daß es geschieht, sonst würde ja jede Bezugnahme der Elemente aufeinander aufhören, „volkswirtschaftliche" Phänomene gäbe es dann gar nicht.

Allein dieses Moment, das den Geldumlauf überhaupt betrifft, wird dem von uns angedeuteten Phänomen noch nicht gerecht. Sondern das scheint nunmehr klar; es muß auch logisches Problem sein, festzustellen, welche Bedeutung die verschiedene Länge der Unterbrechung, wie auch ihre Arten und ihre Dauer nebst der Wiederanknüpfung der Verbindung mit dem Wirtschaftsstromkreis hat. Dies eben war das spezifische Problem, daß wir „Umlaufsgeschwindigkeit des Geldes" nannten und das untersucht werden soll. Bis dahin hat uns zunächst unsere letzte Analyse geführt. Es bleibt uns nur noch übrig, die damit gegebenen vorläufigen Feststellungen hier genauer und schärfer zu fassen.

Wir betonten schon eingangs, daß überhaupt Zweck unserer Darlegung sei, eine Klärung des Wesens, der Bedeutung der Umlaufsgeschwindigkeit des Geldes zu versuchen. Das schließt aus, daß wir uns darauf beschränken, wie es bisher geschah, im Sinne von Maßkategorien festzustellen, „wie oft" ein Umlauf erfolge innerhalb einer als „gegeben" angenommenen Zeitperiode. Alle dahin gehenden Wege bleiben uns naturgemäß verschlossen. Unser Bestreben geht also wesentlich dahin, — und in diesem Sinne definierten wir zum Schlusse unserer logischen Voruntersuchung Umlaufsgeschwindigkeit des Geldes als ihrem immanenten Sinn nach bedeutend: die Überwindung der Spaltung die mit dem Auftreten des Geldes im naturalen Wirtschaftskreislauf entsteht.

Das folgt notwendig aus der Bestimmung des Geldes als Objektivation von Marktanwartschaft, d. h. nicht mit dem Einwurf einer Vorleistung uno actu natural dem „Fond" entnommene Gegenleistung, sondern eine spezifische „Aufspeicherung" des aus dem Einwurf resultierenden Anrechtes an das Sozialprodukt, wie wir sagten: „Objektivation". Der gewonnene Begriff — wie beiläufig alle soweit sie mit der Theorie der Geldform zusammenhängen, ist ein phänomenologisch reiner Typus, d. h. eine formalgegenständliche Kategorie im ganz strengen Sinne dieses Wortes [1]). Darüber soll hier nicht mehr gesprochen werden. Trotzdem scheint es notwendig, bei der zentralen Bedeutung der gewonnenen Feststellung des Sinnes von Umlaufsgeschwindigkeit auf die Klärung des Trennungsmomentes und korrelativ der Überwindung dieser Trennung etwas näher einzugehen. Wir glauben im folgenden feststellen zu können, daß sich logisch zwei typische Formen der Grundkategorie feststellen lassen.

Unsere Definition enthält nur die allgemeine Form, die Basis für nähere Untersuchungen.

Aus der Bestimmung des Wesens der Geldform als objektivierte Marktanwartschaft folgt, daß Geld nichts anderes bedeutet, "meint", als aufgespeicherte, zurückgestellte Nachfragemöglichkeit, eben das „Anrecht", zu jeder beliebigen Zeit ein naturales Gut aus dem Reservoir der Volkswirtschaft zu entnehmen. Da der Ablauf der Wirtschaft in einem Strom oder einem Kreislauf erfolgt, so bedeutet vom Standpunkt des naturalen Warenabschnittes der notwendig anschließende abstrakte Geldabschnitt eine Stromunterbrechung. Diese Unterbrechung entsteht — das ist das Wesentliche — uno actu mit dem Existentwerden des Geldes. Sowie Geld „wird", Dasein gewinnt, wird der Stromkreis der Wirtschaft pro tempore seiner Existenz, d. h. solange bis der Warenabschnitt wieder durch Umsatz der Geldform in eine andere Warenform geschlossen wird, unterbrochen. Wir nennen diese Art der Stromunterbrechung gleichzeitig mit dem Entstehen des Geldes, zunächst abgesehen von der verschiedenen Länge, die die Unterbrechung bekommen kann, die „absolute Stromunterbrechung" und eine adäquate Form der Umlaufsgeschwindigkeit die absolute Umlaufsgeschwindigkeit des Geldes. Es ist die logisch primäre Form.

Wenn wir aber konstatieren, daß mit dem Entstehen des

[1]) Es sei hier endgültig bemerkt, daß unser Begriff des „a priori" nicht mit dem Kantischen zu verwechseln ist. Wie die phänomenologische Philosophie gezeigt hat, ist das Feld der Aprioritäten nicht so eng als Kant dies annahm, sondern dem endlichen Erkennen gegenüber unendlich. Es sind eben die „Wesenheiten", die „Wahrheiten an sich", deren idealer Seins- und Gesetzeskosmos von uns nur „erschaut", nie „erschlossen" oder „deduziert" werden kann. Vgl. dazu Scheler l. c. S. 43 ff., auch schon B. Bolzano: „Wissenschaftslehre". Sulzbach 1837.

Geldes auch schon eine Zerreißung des Stromkreises erfolgt, so müssen auch daraus notwendig ganz bestimmte Folgerungen sich ergeben und zwar selbst dann, — wie wir schon gelegentlich andeuteten, — wenn auch innerhalb des Differentials einer Zeit z. B. ein Umsatz der Geldform in die Warenform wieder erfolgt. Auch dann müssen im Prinzip alle Konsequenzen eintreten, die aus der längeren oder kürzeren Ausdehnung der Spaltung resultieren würden.

Wenn das der Fall ist, dann eben liegt in der Überwindung dieser absoluten Stromunterbrechung ein logisch primäres Moment der Bedeutung der Umlaufsgeschwindigkeit des Geldes für den Wirtschaftskreislauf.

Von welcher Bedeutung aber, konkreter gesehen, unter sowohl theoretischen als auch praktischen Gesichtspunkten diese Unterbrechung resp. ihre Überwindung [1]) ist, mag hier nur kurz angedeutet werden.

Eine allererste und zentralste Konsequenz ergibt sich wieder ganz aus dem Wesen des Geldes. Ist Geld objektivierte Kaufmöglichkeit, so besagt dies, daß auf der andern Seite soviel „Angebot" auf Abnahme wartet, als „Geld" existiert, d. h. es ist a priori mit der Notwendigkeit und mit der Existenz des Geldes Nachfrage unausgenutzt geblieben, der ein unbefriedigtes Angebot gegenüber steht; die eine Seite hat also stets Über- die andere Unterbilanz. Damit ist auch gleichzeitig eins der Kernprobleme der theoretischen Ökonomik berührt. Das seit den Tagen der Klassiker stets betonte „metaphysische Gleichgewicht von Käufer und Verkäufer" das bestehen soll insoferne ja „Ware gegen Ware getauscht" wird, ist in einer Geldwirtschaft a priori, der Idee nach, unmöglich n. b. genau wie jenes Theorem, unter dem Aspekt der reinen Ökonomie. Die Statik also oder das Gleichgewicht ist ausgeschlossen und kann auch in dieser Wirtschaftsform nicht einmal der Idee nach bestehen: die Geldwirtschaft ist a priori dynamisch.

Von diesem Kernproblem aus zweigt eine ganze Reihe anderer theoretischer Probleme ab, die wir zum Teil oben schon andeuteten. Praktisch bedeutet das weiter, daß die Möglichkeiten einer Geldwirtschaft nie restlos ausgenutzt sein können, daß eine Systemimmanente tote Reserve besteht. Wird nur in Geld „gerechnet", dann ist dies offenbar ganz ausgeschlossen, denn die ganzen Probleme der Geldwirtschaft resultieren gerade aus der

[1]) Darin liegt ja die Bedeutung der Umlaufsgeschwindigkeit. Wenn also durch die Umlaufsgeschwindigkeit die Stromunterbrechung überwunden wird, dann besagt das, daß damit auch die daraus resultierenden Folgen überwunden werden. Für die Theorie der Statik resp. Dynamik heißt das z. B., daß durch die Umlaufsgeschwindigkeit des Geldes die a priori dynamische Geldwirtschaft tendenziell der Statik angenähert wird.

Daseinsgewinnung des Geldes. Wird Ware gegen Ware „getauscht", dann fällt diese gesamte Problematik weg, es gibt nur einen Warenstrom und die Nominalisten sind nur konsequent, wenn sie kein besonderes Phänomen Geldumlauf und Umlaufsgeschwindigkeit anerkennen wollen.

In der Überwindung dieses absoluten Unterbrechungsmomentes, das mit dem Auftreten des Geldes im Wirtschaftsstrom entsteht, liegt also eine erste Funktion der Umlaufsgeschwindigkeit und ihrer Bedeutung für den Kreislauf der Wirtschaft. Insofern sprechen wir von der ersten kategorialen Form als absolute Umlaufsgeschwindigkeit des Geldes.

Die Bedeutung dieses Phänomens ist, obwohl theoretisch von dem allergrößten Interesse, praktisch nicht so stark in die Augen fallend und wohl darum bisher kaum oder nie beachtet worden. Mehr in den Vordergrund, vom Boden der „realen Tatsachen", tritt eine andere kategoriale Form, die wir nunmehr etwas genauer untersuchen wollen. Die dargelegte Form der Stromzerreißung, konform mit dem Entstehen des Geldes, würde jedoch auch dann noch von Bedeutung bleiben, wenn im Bruchteil einer Sekunde der Umsatz der Geldform in eine Warenform wieder erfolgt.

Das aber geschieht praktisch fast nie, sondern die Unterbrechung wird erweitert, sie erstreckt sich auf einen Zeitraum von kürzerer oder längerer Dauer, innerhalb welcher das Geld dem Markte fernbleibt, und dann tritt der Fall ein, den die traditionelle Theorie der Umlaufsgeschwindigkeit wohl schon beachtete, die Bedeutung der Raschheit der Aufeinanderfolge von Einnahmen und Ausgaben, oder, wie wir in Variation einer Schumpeterschen Definition [1]) — auf die wir noch zurückkommen werden — besser sagen können, der Raschheit der Aufeinanderfolge der Einkommensbildung und Einkommensverwendung.

Wir haben hier eine zweite kategoriale Form, die wir die relative Unterbrechung des Stromkreises resp. die relative Umlaufsgeschwindigkeit des Geldes nennen wollen.

In der Tat hat man meist diese Form der Umlaufsgeschwindigkeit bisher untersucht. Wir nennen sie „relativ" im Gegensatz zu der „absoluten" Form, weil die Erweiterung der Bruchstelle hier von den allerverschiedensten Momenten und ebenso die Umlaufsgeschwindigkeit — selbstverständlich nur ökonomischer Art — abhängen kann; „absolut" nannten wir die andere Form, weil sie ihrer logischen Möglichkeit nach gegeben ist mit dem System.

Eine Zwischenstufe schließlich könnte man noch anführen,

---

[1]) Vgl. Schumpeter: „Sozialprodukt" S. 672 l. c.: „Ein Umlauf besteht immer aus einer Einkommensverwendung und Einkommensbildung." Wir sagen umgekehrt: aus einer Einkommensbildung und einer Einkommensverwendung; das Ganze ist eine spezifische Konsequenz der Schumpeterschen gesamttheoretischen Einstellung. Vgl. auch unten über „Effizienztheorie".

die ihre Existenz wesentlich auch dem System verdankt, die trotzdem nicht „absolut" gegeben ist, sondern auf verschiedenen Stufen des Systems differiert (verschiedene geldwirtschaftliche Organisationen usw.). Wir meinen damit den aus den spezifischen Reibungswiderständen resultierenden „toten Gang" des geldwirtschaftlichen Mechanismus [1]).

Allein wenn man auch bisher diese Momente schon beachtete, so doch wesentlich unter rein monetären Gesichtspunkten [2]). Welche Konsequenzen z. B. aus der relativen Stromunterbrechung entstehen, ganz abgesehen von der absoluten Stromunterbrechung, hat man bisher wohl kaum beachtet, abgesehen vielleicht von den gelegentlichen, jedoch einseitig übertriebenen Darstellungen der sogenannten „Freigeldbewegung" [3]).

Damit haben wir die formale Theorie der Umlaufsgeschwindigkeit mit ihren beiden kategorialen Formen etwas genauer dargelegt. Wenn die von uns angedeuteten Konsequenzen der Zerreißung des Stromes, und das heißt die Bedeutung der Umlaufsgeschwindigkeit praktisch nicht so stark hervortreten, sie bestehen theoretisch notwendig, und ihr Verschwinden hat ganz andere Gründe, die man allerdings kaum je in dieser Richtung gewürdigt hat: es ist einmal — um auch hier nur eine Andeutung zu geben — die spezifische Wirkung der eingeschobenen, „formalen Kaufkraft", der falschen Bescheinigungen, die es verhindern, daß die Zerreißung des Wirtschaftsstroms in ihrer absoluten Form zu stark hervortritt, wie es andererseits geschehen müßte. Aber

---

[1]) Vgl. darüber oben S. 54, Anm. 1.

[2]) Vgl. das in dem historisch-genetischen Teil über „Geldbedarf"—Ökonomie der Zahlungsmittel — und „Geldwert" Festgestellte resp. die Verbindung dieser Momente mit Umlaufsgeschwindigkeit.

[3]) Hier kommen wesentlich Momente in Frage, die vor allem von Lahn-Johannsen, vgl. „Der Kreislauf des Geldes und der Mechanismus des sozialen Lebens", Berlin 1903, und „Die Steuer der Zukunft", Berlin 1913, hervorgehoben wurden: das sogenannte „störende Sparen" entsteht dadurch, daß die aus Verkäufen stammende Kaufkraft dazu benutzt wird, schon „verteilte" Güter resp. Warenform aufzukaufen, d. h. nicht den Kreislauf wieder zu schließen, sondern im Gegenteil die Unterbrechung permanent zu machen. Es kommen außerdem noch hinzu die von Johannsen sogenannten „multiplizierenden Prinzipien", die resultieren aus der zeitlichen Unterbrechung, die durch das Sparen — das aufgefaßt wird primär als „Konsumenthalt", d. h. Nichtausnutzung der Nachfragemöglichkeit —, entstehen, bis eine Neuanlage der ersparten Summen erfolgt ist. Genauer können wir hier auf die interessante Theorie nicht eingehen. Vgl. dazu auch auf ähnlichem Standpunkt stehend John A. Hobson: „The Evolution of modern capitalism", London 1906, Kap. II, § 8, S. 291 ff. und: „The industrial system", London 1909, Kap. 3, S. 39 ff. Spending and saving. Auch Clark steht dieser Richtung nicht ganz fern; vgl. Johannsens „Bemerkungen l. c. S. 217/18, ferner A. Hahn l. c. S. 147, Anm. Die Feststellungen dieser Richtung bestehen unserer Meinung nach durchaus zu Recht, wenn wir auch mit der Erklärung nicht ganz übereinstimmen. Der innere Zusammenhang folgt von selbst aus unseren früher gemachten theoretischen Darlegungen über das unnachgefragte Angebot.

auch hierbei besteht die Überwindung nur tendenziell, und sie hat exakte Grenzen. Es sind andererseits verschiedene Momente, die automatisch oder bewußt darauf hinwirken, die relative Unterbrechung abzukürzen und der absoluten anzunähern; hier kommen in Betracht: Verschiedenheit des Inhaltes verschiedener Geldgestaltungen dinglicher Art, Zins für abstrakte Gelddarstellungen usw.

Wie diese Momente wirken, wie überhaupt die Umlaufsgeschwindigkeit sich durchsetzt und alle anderen spezifisch quantitativen Probleme, wollen wir hier nicht darlegen, es kam uns lediglich darauf an, festzustellen, was Umlaufsgeschwindigkeit ist, d. h. was sie ihrem Sinn und ihrer Bedeutung nach im Rahmen der theoretischen Ökonomie zu sein beansprucht.

Außer diesen speziell den „Geldumlauf" resp. die allgemeine Form dessen betreffenden Momenten, was die herkömmliche Theorie so nannte, ist aber noch ein weiteres zu beachten.

Wir sprachen vom Geldumlauf und meinten damit die gesetzmäßige Aufeinanderfolge von Geld- und Warenabschnitten in einer Metamorphosenreihe. Innerhalb dieser Metamorphosenreihe, die als solche eine Einheit darstellt, stellte der Geldabschnitt eine Unterbrechung des Güterstromes dar, und darin fanden wir gerade die Möglichkeit einer eigenen Kategorie, die die verschiedenen Grade der Zerreißung zum Gegenstand hat und weiterhin davon ausgehend, in einer näheren Analyse, die kategorialen Formen der Umlaufsgeschwindigkeit des Geldes.

Allein es gibt, wenn man sich den Kreislauf genauer ansieht, noch eine andere Möglichkeit.

Die bisher in den Mittelpunkt gerückte theoretische Möglichkeit besteht wesentlich darin, daß der Warenstrom resp. die Warenabschnitte als das Primäre und Endgültige angesehen wurden vom Boden der allgemeinen Theorie der Geldwirtschaft zweifellos mit Recht. Daneben ist sicherlich eine andere Möglichkeit gegeben: nicht den Warenabschnitt, sondern den Geldabschnitt in den Mittelpunkt zu rücken, und dann stellt sich der Warenabschnitt als die Unterbrechungsstelle dar. Ja, das wird zur Notwendigkeit, wenn die Analyse einer bestimmten regionalen Struktur der Geldwirtschaft untersucht werden soll, der sogenannten „kapitalistischen Wirtschaft".

Wir wollen indes, um den Rahmen unserer Arbeit nicht zu weit auszudehnen, hier nicht näher auf diesen so eminent kontroversen Begriff eingehen. Jedenfalls handelt es sich darum — was Ricardo schon bemerkte —, daß sich eine kapitalmäßig orientierte Wirtschaft nicht an einem „Maximum an Rohprodukt", sondern an „Reinprodukt" orientiert. Es tritt an Stelle dessen, was Marx „einfache Warenproduktion" nannte, die entwickelte Warenproduktion, die „kapitalistische Wirtschaft", in der der

Kreislauf nicht mehr W-G-W, sondern G-W-G resp. G + g lautet. Hatten wir unsere Definition von Umlaufsgeschwindigkeit der relativen Form in Anlehnung an die herkömmliche Theorie Raschheit der Einkommensbildung und Einkommensverwendung genannt, so handelte es sich hier um den verschiedenen Grad der Aufeinanderfolge von Einkommensverwendung und Einkommensbildung (Schumpeter!)[1].

Der Unterschied ist ein offenbarer, und darum muß er auch für die Umlaufstheorie von Belang sein. Nicht mehr die Raschheit der Überwindung der durch das Geld entstehenden Spaltung, sondern die durch die Notwendigkeit der Produktion erwachsende Unterbrechung des nunmehr als primär angesehenen Geldkreislaufs stellt jetzt die Bedeutung der Umlaufsgeschwindigkeit dar. Es handelt sich hier um eine Form, die wir in Anlehnung an Marx Kapitalkreislauflehre nennen. Wir machen indes darauf aufmerksam, daß das Moment, das diese Form bezeichnet, eine wesentlich andere Bedeutung hat, als das von uns in den Mittelpunkt gerückte, daß es insofern falsch sein muß, beide miteinander zu verwechseln. Das zeigt sich ganz einfach schon daraus, daß die Geldform sich hier ganz spezifisch als „Kapitalform" darstellt (Umlauf resp. Umlaufsgeschwindigkeit des Geldkapitals).

Das Eigenartige indes ist, daß beide Formen in der neuzeitlichen Wirtschaft sehr stark durcheinanderschwimmen. Trotzdem betonen wir ihre verschiedene Bedeutung. Wir werden aber finden, daß in der Tat die jüngste Entwicklung der Umlaufsgeschwindigkeitstheoretik sehr stark dazu neigt, diese beiden Formen: Umlaufsgeschwindigkeit des Geldes und Umlaufsgeschwindigkeit des Geldkapitals durcheinander darzustellen.

Im übrigen gibt es auch für die Kreislauflehre des Kapitals und die daran knüpfenden Umlaufsgeschwindigkeitslaufs-Probleme dieselbe spezifische Problematik wie für die eigentlichen Phänomene der Umlaufsgeschwindigkeit des Geldes: eine Problemreihe, die ihre Existenz der Notwendigkeit der Darstellung in der „Warenform" des Kapitals verdankt und dann eine zweite Gruppe, die aus der Raschheit der Überwindung des Produktionsprozesses selbst resultiert.

Es ist eine weitere Eigenart in der Kapitalbewegungslehre, daß sie eigentlich nur Geldkreislauf ist, wie wir oben schon betonten, d. h. — formal gesehen — es handelt sich um die Zirkulation von „Wertbeträgen".

Weiter gehen wir auf diese Theorie nicht ein; denn sie ist meisterhaft dargelegt worden von Karl Marx. Es war indes nötig, auf das Spezifische hinzuweisen, das Umlaufsgeschwindigkeit des Geldes und Umlaufsgeschwindigkeit des Kapitals voneinander

[1]) Vgl. darüber unten „Effizienztheorie".

trennt — ganz abgesehen von dem Moment des sogenannten „Mehrwertes“ —, um der gleichfalls schon angedeuteten Tendenz der Vermengung beider Probleme begegnen zu können.

Damit haben wir eine ganz kurze Umreißung des theoretischen Fundamentes der kategorialen Formen der Umlaufsgeschwindigkeit des Geldes ihrer Bedeutung nach gegeben. Sie ist ihrer Idee entsprechend anders geartet als die herkömmliche, im wesentlichen an Maßkategorien sich haltende Auffassung.

Unsere Darlegung kennzeichnet sich aber noch weiterhin dahin — was wir auch schon betonten —, daß sie eine ganz formale ist entsprechend der Bestimmung von Geld als „Form“. Sie ist also eine — wenn man will à priorische — reine Theorie, die notwendig Modifikationen erfahren wird mit der Darstellung der Geldform in bestimmten empirischen Gestaltungen, und gerade das war ja auch unser Bestreben, daß wir ein Fundament bekommen wollten, von dem aus wir die bestehenden empirischen Theorien genügend würdigen und darlegen wie auch das Gemeinsame aus ihnen herausfinden zu können glaubten. Wir müssen zu diesem Zweck auf die empirischen Typen vorliegender Umlaufsgeschwindigkeitstheorien näher eingehen.

## 2. Die empirischen Typen der Umlaufsgeschwindigkeits-Theorie.

Diese bisher „formale“ Theorie repräsentiert also die kategoriale Form der Umlaufsgeschwindigkeit, die als notwendige Ergänzung eine Heranziehung der empirischen Typen vorliegender theoretischer Fassungen erheischt, bei deren Verschiedenartigkeit sie das — jedoch nicht willkürlich „konstruierte“ — „Bezugssystem“ bilden soll. Gerade da wird sich der Wert einer solchen kategorialen Grundlage zeigen, wo, wie bei der gesamten Theorie des Geldumlaufs, reine und tatsächliche empirische Argumente und Sätze in bunter Mischung stets durcheinandergeworfen worden sind.

Aber abgesehen von diesen letzteren, mehr praktisch-methodischen Zweckmäßigkeitsrücksichten entspringenden Momenten, ist die ergänzende Darstellung der material-speziellen Problematik, wie oben schon betont, notwendig; und zwar notwendig in logisch strengem Sinne, soll überhaupt der Gegenstand in seiner Totalität erfaßt werden. Nur in diesem Sinne bildet die formale Umlaufsgeschwindigkeits-Theorie mit ihren beiden kategorialen Typen die Plattform gewissermaßen, um die empirischen Typen auf ihren immanenten Sinngehalt hin zu untersuchen und festzustellen, wie weit, trotz aller subjektiv anders und wie immer gearteten „Zweckrationalität“, die „objektive Richtigkeitsrationalität“ [1]) dennoch,

[1]) Vgl. über diese Ausdrücke und ihren „Sinn“ Max Weber: „Über einige Kategorien der verstehenden Soziologie“, Logos Bd. IV, 1913, S. 253 ff. Auch jetzt „Grundriß“ l. c. S. 1 ff.

implicite wenigstens, vorhanden und aufweisbar ist. Erst dann wird sich im Rahmen der Formaltheorie die von uns erstrebte logische Synthese, soweit möglich, ergeben.

Daß eine empirische Vielgestaltigkeit der vorliegenden theoretischen Meinungen besteht, ist lediglich Reflex und Niederschlag der Verschiedenartigkeit der Erscheinungen selber; das bemerkten wir schon früher.

Bei der Theorie des Geldumlaufs schieden wir ganz allgemein zwei große Gruppen: die von uns sogenannte „Doppelstromtheorie", wie sie wohl heute durchgehend vertreten wird, einerseits und die von uns im Anschluß an Marx „Theorie der Metamorphosenreihe" genannte Auffassung.

Man könnte offenbar diese Einteilung auch hier anwenden, ja wir tun es schon, indem wir scheiden zwischen kategorialen und empirischen Typen; denn jene Theorie der Metamorphosenreihe war ja nichts anderes als die kategoriale Form des Geldumlaufs überhaupt. Allein gerade die empirischen Typen, die, wie gesagt, alle mehr oder minder stark in den Rahmen der Doppelstromtheorie hineingehören, wollen wir ja näher darzulegen versuchen. Wir bilden also nur empirische Typen als „Idealtypen" im Sinne Max Webers und scheiden sie voneinander nach dem, was man unter Umlaufsgeschwindigkeit jeweils subjektiv verstand, um daraus alsdann den Unterschied und die Spannung zwischen subjektiver Sinngebung und objektivem Sinngehalt herauszufinden und nach dem letzteren hin zu korrigieren [1]).

In diesem Sinne stellen wir drei große Gruppen oder „Richtungen" fest und nennen

a) Frequenztheorien solche, die lediglich ihr Augenmerk auf die Raschheit der Bewegung von dinglichen Geldgestaltungen, die die „Hände wechseln", und die „Schnelligkeit", mit der das geschieht, richten. Es ist die im gewöhnlichen Sprachgebrauch geltende Auffassung von Umlaufsgeschwindigkeit, die hier indes ganz unklar ist und von Andreas Voigt neu zu begründen versucht wurde. Als eine gewisse Fortbildung und „Verfeinerung" dieser mehr oder minder naiven Schnelligkeitstheorie sprechen wir dann von einer

1. verfeinerten Frequenztheorie oder, wie wir auch sagen werden, Theorie der „quasi" Umlaufsgeschwindigkeit. Sie beruht prinzipiell auf denselben Argumenten wie die erste Gruppe, sie unterscheidet sich lediglich durch die Anwendung von „als ob"-Begriffen. Vertreten wird sie typisch von Rodbertus, Wicksell und Lansburgh. Eine dritte Form, Umkehrung der beiden anderen, ist die

---

[1]) „Kategorien" l. c. S. 263, besonders Anm. Wir machen auch hier noch einmal auf den inneren Unterschied zwischen unseren „aufgefundenen", apriorischen Kategorien und Max Webers „konstruierten" Idealtypen aufmerksam. Vgl. die öfters genannte Phänomenologische Literatur.

2. Quotal- oder Ruhezeittheorie, wie sie im wesentlichen die Quantitätstheorie vor allem der französisch-amerikanischen Richtung vertritt. Typ ist Irving Fisher. Es schließt sich daran eine zweite große Gruppe, die

b) Effizienztheorie, angebahnt von J. St. Mill, heute fortgebildet und vertreten von Josef Schumpeter, der allerdings sehr starke Anklänge und Gemeinsamkeiten mit der schon oben erwähnten theoretischen Möglichkeit zeigt, der

c) Kapitalkreislauflehre, die ihre typische Ausgestaltung durch Karl Marx gefunden hat.

Alle drei Gruppen oder Richtungen haben mehr oder minder starke theoretische Vertretung gefunden. Sie repräsentieren nach unserer Absicht, das sei ausdrücklich bemerkt, lediglich „Typen", so daß Abweichungen naturgemäß vorkommen müssen. Wir haben nur jeweils eine oder einige der von uns als typisch angesprochenen Darstellungen unserer Analyse zugrunde gelegt, hoffen indes auch die interessant erscheinenden Abweichungen genügend würdigen zu können.

### a) Die Frequenztheorie.

Zu Beginn unserer Untersuchung gingen wir aus von einer Formulierung, die, wie wir glaubten annehmen zu dürfen, heute wohl die am stärksten gebräuchliche von Umlaufsgeschwindigkeit ist, der Definition Wicksells, der unter Umlaufsgeschwindigkeit versteht „die Anzahl der Male, welche die vorhandenen Geldstücke im Wege des Kaufs und Verkaufs ... während der gewählten Zeiteinheit, z. B. eines Jahres, durchschnittlich die Hände wechseln" [1]).

In der Tat dürfte damit die landläufige Auffassung im wesentlichen getroffen sein. Trotz der äußerst unklaren Haltung fast aller in Betracht kommenden Vertreter dürfte doch eine gewisse Übereinstimmung vorhanden sein, so daß man mit Fisher sagen darf, sie sei die gewöhnliche, „populäre" Auffassung [2]); „populär" nicht nur im Verstande des sprachlichen Alltagsgebrauchs, sondern auch für die engere Fachwissenschaft — die ja notgedrungen immer mit dem „naiven Realismus" arbeitet —, soweit sie auf eine exaktere Fassung nicht drang.

Dabei macht jene Theorie ganz bestimmte Voraussetzungen, die zum Teil mit jenen zusammenfallen, die wir oben bei der Theorie des Geldumlaufs für das Doppelstromtheorem feststellten. Es ist die Auffassung, daß Geld nur sei, was in dauerbaren Objekten, „Dingen" der realen Außenwelt dargestellt und darstellbar sei, was somit auf dem „Markte bleibe" und einen gewissermaßen

---

[1]) l. c. S. 46.
[2]) l. c. S. 289.

„ewigen Umlauf" aufweise. Die ganze Auffassung dieser Richtung der Umlaufsgeschwindigkeits-Theorie arbeitet weiterhin mit dem Geschwindigkeitsbegriff, wie ihn die Mechanik kennt [1]); sie denkt implicite meist an „Wege", die die Geldobjekte zurücklegen von Punkt zu Punkt, die von den „Händen" dargestellt werden. Darum die Bezugnahme auf „Händewechsel".

Abgesehen von den sehr vagen Analogien mit der mechanischen Bewegungslehre dürfte die Hauptschwierigkeit der Theorie und ihr Fehler, falls sie allgemeine Theorie sein will, darin liegen, daß sie, wie gesagt Geld nur als dingliche Objekte aufweist, eine Begriffsverengung, die für die neuzeitliche Wirtschaft ganz unhaltbar ist. Die darauf bezüglichen Angriffe z. B. Bendixens [2]) sind durchaus berechtigt. Nur für primitive Wirtschaftsformen, in denen die Geldform ausschließlich in diesen dinglichen Objekten — sei es Metall oder was sonst immer, wesentlich ist nur die „Dauerbarkeit" — dargestellt wird, hat die Theorie einen gewissen Sinn. Wesentlicher aber ist die Gefahr, die diese Theorie wie keine andere bietet, nur den Geldumlauf zu beachten, den Händewechsel, ohne auf die ökonomische Relevanz oder Irrelevanz der Umläufe zu achten, ein Moment, das insofern sehr leicht eintritt, als gerade diese Geldgestaltungen eine effektive Trennung des Geldumlaufs vom Warenstrom aufweisen und hierbei das Geld in der Tat einen Kreislauf mit einer gewissen „Kontinuität" darstellt. Dasselbe Geldstück kann nacheinander eine ganz beliebige Anzahl produktiver Elemente „von der Wiege bis zum Grabe" geleiten (Schumpeter!) [3]).

So viel Richtiges diese Theorie an sich hat, sie darf nur dann und so weit als „Theorie", d. h. mit erklärendem Wert verwendet werden, wenn wirklich solche Geldgestaltungen in Frage stehen, die den ewigen Umlauf garantieren. Sie verlangt insofern auch ein besonderes Interesse, als sie in der Hauptsache von allen anderen Theoriengruppen mehr oder minder stark noch beibehalten worden ist. Wo man sie verlassen hat, resp. ihre Grundlagen weiter ausgebaut hat, da geschah es in dem Sinne, die ökonomischen relevanten Momente klarer zu erfassen, was jener primitiven Fassung eigentlich gar nicht in den Sinn kam.

Es scheint von Interesse, hier kurz darauf hinzuweisen, daß ein gewisses Bestreben, und zwar tendenziell, wenn auch unbewußt, fast aller auf der Frequenztheorie aufgebauten Umlaufstheorien in diesem Sinne aufweisbar ist; von Interesse gerade für uns ist dieses Bestreben insofern, als gerade damit der spe-

---

[1]) Und wie Voigt annimmt: „... da diese Übertragung sich auch schon in manchen Punkten bewährt hat, kann an ihrer Berechtigung kein Zweifel sein" (l. c. S. 486); jedenfalls wird man sich aber der spezifischen Konsequenzen, die daraus resultieren, sehr bewußt bleiben müssen.

[2]) l. c. S. 126/27. Vgl. auch unsere früher gemachten Bemerkungen oben.

[3]) l. c. „Sozialprodukt" S. 670. Auch unten über „Effizienztheorie".

zifische „Sinn“ der Umlaufsgeschwindigkeit, wie wir ihn oben allgemein charakterisierten, gemeint wird.

Außerdem hat auch dann noch die Frequenztheorie einen gewissen Wert, wenn sie die Ökonomie bestimmter dinglicher Zahlungsmittel untersuchen will, also ungefähr den Bereich der sogenannten Geldbedarfstheorie. Allein auch hierbei ist stets Voraussetzung, daß tatsächlich nur Geld jener dinglichen materiellen Beschaffenheit gegeben ist resp. daß dieses Geld „eigentliches“ oder primäres Geld sei. Ist das der Fall, dann leistet diese Theorie alles, was sie leisten soll.

In einer höchst interessanten und, wie wir glauben, ein mögliches Maximum an Exaktheit darstellenden Form ist diese naive Frequenztheorie weiter ausgebildet worden von Andreas Voigt[1]), der damit auch gleichzeitig eine Erweiterung ihres Sinngehaltes erstrebt hat. Voigt verwendet dabei durchgehend den Apparat der mathematisch-mechanischen Wissenschaft[2]).

Im Punkte Geldtheorie ist Voigt Metallist, d. h. primäres, „eigentliches“ Geld ist ihm nur Metall; was außerdem zur Zahlung angenommen wird oder eingewechselt werden kann, ist für ihn sekundäres Geld, Umlaufsmittel[3]). Es ist wesentlich diese Trennung bei Voigt zu beachten, ein Moment allerdings, gleich zu Beginn seiner Darlegungen, scheint es fraglich zu machen, ob Voigt überhaupt unter diese Gruppe der Frequenztheorie zu rechnen sei, falls man deren wesentliche Grundlage: die Auffassung des Geldes als reales dingliches Objekt, noch beibehalten will.

Wir machten schon an anderer Stelle auf die äußerst feine Analyse aufmerksam, die Voigt an dieser Stelle folgen läßt, um die Eigenart des „Sozialen Raumes“ darzulegen[4]). Er faßt diesen sozialen Raum als eine Mannigfaltigkeit einer endlichen Anzahl von Elementen auf, die nur im übertragenen Sinne Punkte genannt werden können, denn es handele sich um Personen und insofern sei die Bewegung, die das Geld zwischen diesen Punkten mache, nicht kontinuierlich aufzufassen, sondern sie erfolge ruckweise, stoßweise ganz und gar diskontinuierlich. Ja, man könne auch nicht von Objekten sprechen, materiell dinglicher Artung, wie sie der physische Raum kenne, sondern die Geldobjekte seien eine Art geistiger Objekte, Rechtsverhältnisse, die in den Zahlungen übertragen würden. Ja, der ganze soziale Raum gehöre wesentlich der „Innenwelt“ an[5]).

[1]) Vgl. „Theorie des Geldverkehrs“ l. c. S. 485—495 u. 557—565.

[2]) Vgl. besonders die allgemeinen Bemerkungen S. 226/27 l. c., wo Voigt stark dazu neigt, „deduktiv“ überhaupt nur im Sinne der Naturwissenschaft zu fassen.

[3]) l. c. S. 253 u. ö.

[4]) Vgl. oben unsere Darstellung über die Strukturanalyse der Geldwirtschaft und die Bemerkungen dazu.

[5]) l. c. S. 485/86.

Diese treffende Darlegung der wesentlichen Unterschiede der Bewegung im empirischen Raum und dem von Voigt genannten sozialen Raum könnte nun offenbar Grundlage einer ganz von der bisherigen differierenden Umlaufstheorie werden.

Beiläufig sei hier bemerkt, daß die Voigtsche diskontinuierliche Mannigfaltigkeit äußerlich gesehen mit dem von uns angewendeten Begriff dieser Art zusammenfällt, daß trotzdem ein sehr wesentlicher Unterschied vorliegt, insbesondere sofern Voigt lediglich ein zweidimensionales Raumgebilde bestimmter Artung untersuchen will, während wir die diskontinuierliche Mannigfaltigkeit nicht im Verstande der mathematisch-physikalischen Theorie, sondern im Sinne der Phänomenologie auffassen und sie zur universellen Grundlage einer umfassenden Strukturanalyse zu machen suchen [1]).

Allein, wie sich zeigen wird, hat Voigt auch nicht einmal in diesem Sinne die Mannigfaltigkeit als Raumgebilde tatsächlich in seiner Theorie verwendet. Und man wird sagen müssen, daß die ganze Analyse eine rein programmatische Bedeutung hat. Klarer als Voigt selbst die Konzeption des Geldes als eine Art geistiger Objekte selbst desavouiert hat, kann dies kaum geschehen. Das zeigt sich z. B. darin, daß er sagt: „Behält man immer im Auge, daß es sich beim Geldwesen um die Ökonomie der Zahlungsmittel und um nichts anderes handelt, daß Zahlungsmittel aber immer etwas Konkretes, Greifbares sind, die entweder sich in der Hand der Zahler oder in den Behältern der zahlungsvermittelnden Banken befinden, so bewahrt man sie am besten vor groben theoretischen Irrtümern“ [2]). Das ist eine so klare Stellungnahme, daß Zweifel gar nicht mehr entstehen können, ob dennoch jene Auffassung des Geldes als „geistige“ Objekte beibehalten worden sei; weiter bekräftigt wird außerdem unsere Ausdeutung durch Voigts Stellungnahme zu der Frage der umlaufenden Kredite oder des Umlaufs der Girokonten, als die Schecks als Anweisungen zur Bank gehen und insofern „Wege“ zurücklegen [3]). Oder aber seine ganzen programmatischen Vorbemerkungen sollen überhaupt nur einen „vermahnenden“ Wert haben, sich der Unterschiede und der Tragweite der tatsächlich dargelegten physischen Bewegungslehre gegenüber der wirtschaftlichen Bewegung des Geldes bewußt zu bleiben.

Voigts exaktes Bestreben zeigt sich auch in methodischer Hinsicht, insofern als er rein mathematisch summierend vorgeht

[1]) l. c. S. 233: „Immer handelt es sich in beiden Fällen (in der Geldwirtschaft wie in der physikalischen Bewegungslehre) um Bewegungen, beim Gelde um die von einer Hand in die andere, von der des Zahlers in die des Empfängers. Auf beiden Gebieten kommen daher die Grundbegriffe der Bewegungslehre wie Weg und Geschwindigkeit vor . . .“

[2]) l. c. S. 564.

[3]) l. c. S. 495.

und es der herkömmlichen Geschwindigkeitslehre zum Vorwurf macht, daß sie gleich von der gesamten Wirtschaft her die Umlaufsgeschwindigkeit zu bestimmen gesucht habe, statt von den elementarsten Begriffen zu den komplexeren aufzusteigen [1]). Auch der Begriff der Geschwindigkeit, auf das einzelne Geldstück angewendet, sei noch nicht elementar genug. Er sucht nach einem noch einfacheren Begriff und findet ihn in der Zahlung, dem ökonomischen Analogon des Weges.

Es empfiehlt sich hier, ganz kurz Voigts äußerst komplizierte Darlegung in ihren Hauptpunkten zu umreißen. Es handelt sich für Voigt darum, gewissermaßen retrograd die Elemente der Geschwindigkeit darzulegen, das sind Weg und Zeit, zu denen hier bei der ökonomischen Geldtheorie noch der Begriff des Wertes hinzukommt, und zwar des Nennwertes [2]). Aus diesen Elementen sucht er einen ersten grundlegenden Begriff zu bekommen, den der „wirtschaftlichen Arbeit" der Zahlungsmittel. Nachdem er in dieser Richtung die verschiedene Problematik der Teilsummen und Summen analysiert hat, geht er über zu dem Begriff der Geschwindigkeit, die dann wiederum zunächst für das einzelne Geldstück, dann für die Teilsummen und für die gesamte Geldmenge festzustellen sind. Hier liegen für ihn die eigentlichen Geschwindigkeitsprobleme, und er geht dann dazu über, außer der Umlaufsgeschwindigkeit eine Umsatzgeschwindigkeit [3]) nachzuweisen und das Verhältnis beider zueinander zu bestimmen, woraus seine Stellungnahme zu dem Problem der umlaufenden Kredite erfolgt.

Diese Darlegung erfolgt in einem höchst sublimen Gleichungssystem von nicht weniger als 28 Teilgleichungen. Wir geben hier nur einen ganz kurzen Abriß des Verlaufs dieser mathematischen Entwicklung, vor allem unter Außerachtlassung der gesamten Summen- und Teilsummenprobleme, da sie im wesentlichen quantitativen Inhaltes sind.

Der Ausgangspunkt ist die ganz einfache „Arbeitsgleichung" (1) $a = u \cdot h$, wobei $a$ die Arbeit oder die wirtschaftliche Leistung, das Produkt aus $u$ den Nennwert und $h$ der Anzahl der Zahlungen, d. h. der sie in Empfang nehmenden „Hände" ist [4]). Daraus errechnet in weiter folgenden Gleichungen Voigt die Arbeit der Summen und der Teilsummen, er bekommt so Gruppen gleicher $a$, d. h. gleich langer „Wege", er geht dann in sehr exakten Ausführungen auf die Scheidung von brachliegenden und bewegten Summenfaktoren ein und stellt schließlich den „mittleren Weg"

---

[1]) l. c. S. 227, ferner S. 233.

[2]) l. c. S. 233. Der Wert der Geldstücke entspricht nach Voigt der Masse in der Physik. S. auch S. 485/86.

[3]) l. c. S. 557 ff.

[4]) l. c. S. 486/87.

fest. Schon hier bemerkt Voigt, daß es ausgeschlossen scheine, in einer ganzen Volkswirtschaft diese verschiedenen Wege statistisch zu erfassen. Er mißt seiner Arbeit lediglich theoretische Bedeutung bei. Er geht dann weiter und variiert, nachdem er verschiedene Wege angenommen hat, auch die Zeiträume: Wochen, Tage. Der ganze Zweck ist, schließlich durch Substitution der verschiedenen gewonnenen Größen, d. h. durch Reduktion auf Bekanntes von einer einzigen Summe und einem einzigen Wege sprechen zu können. Dieses Bestreben und seine exakte Durchführung ist eins der wesentlichsten Momente in der ganzen Voigtschen Theorie, und er betont immer wieder — mit Recht, wie wir annehmen —, „jeder Ersatz einer Mannigfaltigkeit von Zahlen durch eine einzige bedeutet eine Willkürlichkeit, indem vorhandene Unterschiede vernachlässigt werden“ [1]). Darin zeigt sich auch der scharfe Gegensatz zwischen Voigt und Fisher am besten. Wir kommen noch darauf zurück. Aus diesem primären Begriff der Leistung sucht nun Voigt die Geschwindigkeit abzuleiten [2]). Dazu muß die Relation zur Zeit hergestellt werden, d. h. man muß suchen, die Arbeit auf ein gemeinsames Maß zu reduzieren, da in verschiedenen Zeiten verschiedene Summen auch verschiedene Arbeit leisten, am besten auf die Zeiteinheit. Man wird also z. B. die Arbeit $a_1$, die in der Zeit $t_1$ geleistet ist, durch $l_1$ dividieren und so die Arbeitseinheit feststellen: (16) $l = \frac{a}{t}$; $a = l \cdot t$, darin nach (1) $a = u \cdot h$ gesetzt ergibt $l = u \cdot \frac{h}{t}$. Hier kommt nun die Größe vor, die der Geschwindigkeit in der Mechanik entspricht: $\frac{h}{t}$, d. h. also Weg: Zeit. Voigt will auch in der Theorie des Geldumlaufs von „Geschwindigkeit“ sprechen $= v$ [3]), dann ist (17) $v = \frac{h}{t}$; $l = u \cdot v$. Die „Leistung“ ist also das Produkt aus dem Werte und der Geschwindigkeit, so wie die Arbeit das Produkt aus dem Werte und dem Wege war. Auch diese Bestimmung kann man wieder auf die Teilsummen und die ganzen Summen übertragen, um so die mittlere Größe feststellen zu können. Voigt findet (18) $L = \frac{A}{t} \cdot A = L \cdot t$. Da nach (6) $A = h \cdot S$, wobei $h$ der mittlere Weg, $S$ die Summe und $A$ die Arbeit der Summe ist, so folgt (19) $L = \frac{h}{t} \cdot S = v \cdot S$; $v = \frac{L}{S}$, wobei $v$ ent-

[1]) l. c. S. 492, ferner S. 561.
[2]) l. c. S. 492/93.
[3]) l. c. S. 493.

sprechend die mittlere Geschwindigkeit der Summe darstellt. Es ist Voigts „Leistungsgleichung", die nach seiner Meinung durchaus Fishers Formel entspreche [1]), falsch aber sei es, wenn von Fisher als Beobachtungsperiode das Jahr als Zeiteinheit gewählt werde und die Zeit dann scheinbar keine Rolle spiele, was ungenau und außerdem mißverständlich sei, da eine Geschwindigkeit immer der Zeit umgekehrt proportional sei. Auch hier betont Voigt, daß es ganz ausgeschlossen scheine, die Bewegung und die Veränderung der Geschwindigkeit einzelner Geldstücke in den einzelnen Zeiteinheiten zu beobachten, da ja die Bewegung eine durchaus diskontinuierliche sei [2]). Aus diesem Grunde gäbe es auch gar nichts in der Geldbewegungslehre, das der Energie bewegter Massen entsprechen würde, da der wirtschaftende Mensch durch seinen Willen jederzeit die Bewegung beginnen oder beendigen könne. Aus diesem Grunde kenne die Geldbewegungslehre auch keine Differentiale, sondern nur endliche Differenzen, auch weitere Analogien mit der Kinematik seien ausgeschlossen, und die Geldbewegungslehre werde stets eine bedeutend einfachere Theorie bleiben als die Mechanik materieller Punkte und Körper. Diese Geldbewegungslehre nun, wie sie bis (19) gefunden wurde, stellt Voigt fest, gelte für alle Zahlungsmittel, die „Wege zurücklegen" [3]), der kürzeste Weg sei dabei $l$, wie ihn z. B. ein Scheck zurücklege, der nur einmal zur Zahlung benutzt wird. Voigt hält sich also ganz streng, wie wir gleich anfangs schon feststellten, an die reine Bewegung [4]) und das bestimmt auch seine Haltung in der Frage der umlaufenden Kredite oder, wie wir sagen können, des Umlaufs der abstrakten Geldgestaltungen. Gilt diese Umlaufsgeschwindigkeit, wie gesagt, für alle dinglichen Geldgestaltungen, so ändert sich das, sobald die Rücksicht auf „Einlösung" hinzukommt. Dann behalten Umlaufsgeschwindigkeiten lediglich die als primäres Geld anzusprechenden Geldobjekte. Es tritt dann ein neues Problem auf, das des Deckungsvorrates [5]). Voigt nennt dieses Verhältnis der umlaufenden Länge zum Deckungsvorrat $S : D$, den „Wirtschaftlichkeitsgrad" einer Geldwirtschaft oder auch den Deckungsgrad $d$ [6]). Aus dem Verhältnis der früher gefundenen Leistung ($L = v \, . \, S$) zum Deckungsvorrat findet Voigt ein neues Moment Umsatzgeschwindigkeit, ein Ausdruck, der von F. Schmidt eingeführt worden sei [7]). Es handelt sich indes

---

1) l. c. S. 494.

2) l. c. S. 494.

3) l. c. S. 495.

4) Vgl. oben Anm. 1, S. 80.

5) l. c. S. 557.

6) l. c. S. 559; vgl. auch F. Schmidt: „Der nationale Zahlungsverkehr", Leipzig 1920, S. 29 ff.

7) l. c. S. 558/59. Voigt hält diese Bezeichnung „Wirtschaftlichkeitsgrad" für besser als die üblich gewordene Bezeichnung „Wirkungsgrad"

für Schmidt um etwas anderes, nämlich um das Verhältnis der Zahlungsleistung zu den Einlagen einer Bank überhaupt, nicht zum Deckungsvorrat. Der Deckungsvorrat ist also der bereit zu haltende Vorrat an primärem Geld. Voigt legt dem Begriff der Umsatzgeschwindigkeit eine sehr hohe Bedeutung bei [1]). Sie ist identisch mit dem Produkt aus der Umlaufsgeschwindigkeit und dem Deckungsvorrat, er nennt sie $w$ und findet (23) $v \cdot d = w$; $L = w \cdot D$ [2]). Von praktischer Bedeutung würde nach Voigts Meinung die Umsatzgeschwindigkeit für das Verhältnis des jederzeit bereit zu haltenden Barvorrates z. B. einer Notenbank oder einer Bank überhaupt zu den an sie gelangenden Einlösungsgesuchen.

Die elementaren Größen der Umsatzgeschwindigkeit sind $v$ die Umlaufsgeschwindigkeit und $d$ der Deckungsgrad. Bei Zahlungen mit primärem Gelde kommt nur die Umlaufsgeschwindigkeit in Betracht [3]), hier gibt es keinen Deckungsvorrat, und Voigt sucht in weiteren Gleichungen die verschiedenartigen Zahlungsmittel teils auf Umlaufsgeschwindigkeit, teils auf Umsatzgeschwindigkeit zu reduzieren. Hier tritt nun der Gegensatz Voigts gegen Fisher in aller Schärfe hervor. Nur für ganz primitive Geldverhältnisse genüge die einfache Leistungsgleichung $L = v \cdot S$ (19). Würden irgendwelche Ersatzmittel des primären Geldes verwendet, so trete an die Stelle der rechten Seite ein Polynom und da die verschiedenen Zahlungsmittel sich wirtschaftlich sehr verschieden verhalten, dürfe man, „wenn man ein Bild von der ganzen Geldwirtschaft eines modernen Volkes geben will, nicht alles Geld als gleichartig behandeln" [4]). Voigt nimmt 5 verschiedene Klassen an (Metallgeld, unabhängiges Papiergeld, Banknoten [einlösbare, Geldersatzmittel von begrenzter Umlauffähigkeit], Wechsel, Schecks und Giroschecks) [5]), daraus folgen entsprechende Umlaufsgeschwindigkeiten $v_1$, $v_2$, $v_3$ und $v_4$, für die Schecks ist sie 1, und er findet, daß durch Reduktion und Substitution die Gleichung bestenfalls auf drei Posten der rechten Seite reduzierbar

(Rathenau) und schließt sich in diesem Sinne v. Möllendorf an, ist aber der Meinung, daß dessen „Wertgrad" auch nicht geeignet sei, das Phänomen deutlich zu bezeichnen. Möllendorf versteht unter „Wertgrad" das Verhältnis des Bruttoertrags einer Wirtschaft zu den Kosten und glaubt, dieser „Wertgrad" müsse immer größer als 1 sein, während der Wirkungsgrad der Technik stets ein echter Bruch sei; Voigt glaubt, das sei indes nicht notwendig, das Verhältnis z. B. des Reinertrages zu den Kosten sei in der Regel kleiner als 1.

[1]) l. c. S. 559. „An der geldwirtschaftlichen Bedeutung der Umsatzgeschwindigkeit in diesem Sinne kann kein Zweifel sein; sie bezeichnet den Wirtschaftlichkeitsgrad vorhandener Geldvorräte zur Einlösung von umlaufenden Zahlungsmitteln."

[2]) l. c. S. 559.

[3]) l. c. S. 560.

[4]) l. c. S. 561.

[5]) Ebenda.

sei. Es sind, wie er glaubt, diese drei Posten „die geringste denkbare Zahl in der Leistungsgleichung des Geldes in einer modernen Volkswirtschaft“ [1]). Dies wäre dann der Fall, wenn überhaupt kein Metallgeld im Umlauf wäre, so daß auf der rechten Seite in der Summe alle Größen mit $M$ wegfielen und nur Papiergeld ($P$) bliebe, und diese „unbedingte“ Gleichung würde lauten (28) $L = v_2 \cdot P_2 + w_4 + P_4 + w_5 \cdot P_5$. Sie ist entwickelt aus der Gleichung (27), in der nicht weniger als neun Posten auf der rechten Seite stehen, von denen zwei einfache Umlaufsgeschwindigkeiten, die sieben anderen dagegen Umsatzgeschwindigkeiten sind, die zum Teil aus zwei, zum Teil aus drei Elementargrößen zusammengesetzt sind [2]). Wir wollen diese komplizierte Gleichung hier nicht anführen. Wir bemerken nur — das dürfte die angeführte Gleichung (28) etwas verständlicher machen —, daß sie nach Voigts Ansicht in engster Beziehung zu Fishers „equation of exchange“ steht. Was Voigt die Leistung in der Zeiteinheit nennt, bezeichnet Fisher als $E$ (Einkommenssumme, „the year's expenditures“) [3]), alles was für Konsumgüter verausgabt wird. Fisher nennt die umlaufende Geldmenge $M$, die Umlaufsgeschwindigkeit $V$ (in der englischen Ausgabe !), seine Gleichung lautet $E = V \cdot M$. Sie entspricht Voigts Gleichung (19) $L = v \cdot S$. Allerdings, bemerkt Voigt, habe auch Fisher gesehen, daß diese einfache Aufstellung $v \cdot S$ resp. $M \cdot V$ nicht der Geldverfassung einer modernen Volkswirtschaft entspreche. Allein seine ganze Erweiterung bestehe lediglich darin, daß er ein zweites $v \cdot S$ einschiebe [4]), d. h. Menge mal Umlaufsgeschwindigkeit der Depositengelder, die Fisher ganz einfach als Currency anspreche; und zwar seien es die Depositen selbst, nicht etwa die Schecks, die das Umlaufsmittel darstellten.

Dagegen richtet Voigt seine Kritik. Daß die einfache Gleichung $M \cdot V$ resp. $v \cdot S$ nicht genüge, hat Voigt schon, wie wir oben zeigten, eingehend dargelegt; hier wendet er sich speziell

---

[1]) l. c. S. 562.

[2]) l. c. S. 562. Die explizite Gleichung (27) lautet: $L = v_1 \cdot M_1 + v_2 \cdot P_2 + w_3 \cdot M_3 + w_4 \cdot M_4 + w_4 \cdot P_4 + w_4' \cdot M_4' + w_5 \cdot M_5 + w_5 \cdot P_5 + w_5' \cdot M_5'$. Sie ist entwickelt aus Gleichung (26): $L = v_3 \cdot M_1 + v_2 \cdot P_2 + v_3 \cdot d \cdot M_3 + v_4 \cdot d_4 \cdot (M_1 + P_1 + d \cdot M_4) + v_5 \cdot d_5 \cdot (M_5 + P_5 \cdot M_5')$. Wird hierzu die Klammer geöffnet und die aus Umlaufsgeschwindigkeit und Deckungsgrad zusammengesetzten Koeffizienten in eine Größe, die Umsatzgeschwindigkeit, zusammengezogen, dann erhält man $v_3 \cdot d = w_3, v_3 \cdot d_4 = w_4, v_5 \cdot d_5 = w_5, v_4 \cdot d_4 \cdot d = w_4$ und $v_5 \cdot d_5 \cdot d = w_5^1$. Daraus entsteht dann Gleichung (27).

[3]) l. c. S. 562. Vgl. auch Fisher S. 20 u. ö., engl. Ausgabe, New York 1911, S. 24.

[4]) Vgl. Fisher l. c. S. 40/41: „Tatsächlich hat aber die Quantität des zirkulierenden Kredits ($G_1$) die Tendenz, eine bestimmte Beziehung zu $G$, der im Umlauf befindlichen Geldquantität, aufrechtzuerhalten, d. h. die Depositen sind unter normalen Umständen ein mehr oder minder bestimmtes Vielfaches von $G$.“ Vgl. auch weiter unten über Fischer: „Ruhezeittheorie“.

gegen die Annahme umlaufender Kredite. Es handele sich hier um eine „quasi"- oder „als ob"-Umlaufsgeschwindigkeit dieses fingierten Geldes [1]), allein, das sei der springende Punkt, nicht die Depositen seien es, die umliefen, sondern auf den Barvorrat komme es an, den eine Bank halten müsse, um die Schecks einzulösen. Die Depositen seien in Wirklichkeit ja gar nicht vorhanden, denn sie seien „Kapital" und nicht Geld; Geld sei nur der vorhandene Barvorrat, die Deckungsmittel, und zwar kein quasi-Geld, sondern wirkliches. Das Verhältnis dieses Vorrates zu der damit geleisteten Zahlungssumme, das sei die Umsatzgeschwindigkeit, denn nur der Barvorrat werde umgesetzt, während die Bank unterdes mit den Depositen Geschäfte mache [2]). Diese Frage sei von eminenter Wichtigkeit, vor allem, sofern es sich um die Frage der Geldentwertung handle, da man entsprechend jener Meinung die Depositen als Vermehrung des Geldes anzusprechen, nicht nur von einer Geldinflation, sondern auch von einer Kreditinflation spreche. Nötig aber sei es bei solchen „Irrtümern", daß man sich stets vor Augen halte, daß es sich bei der Ökonomie der Zahlungsmittel um „etwas Konkretes, Greifbares" handle [3]).

Solange die Theorie diese Fundamentalbegriffe (Umlaufsgeschwindigkeit und Umsatzgeschwindigkeit) nicht zu scheiden vermöge, sei es ausgeschlossen, daß statistische Untersuchungen irgendwelchen Erfolg haben könnten. Und selbst dann scheine es ausgeschlossen, diese verwickelten Verhältnisse für die ganze Volkswirtschaft zu erfassen [4]).

Wir haben Voigts Theorie hier so ausführlich dargelegt, weil sie in der Tat die erste ausführliche, wenigstens mit dem Bestreben nach Exaktheit auftretende Theorie der Umlaufsgeschwindigkeit darstellt.

Ganz allgemein gilt für sie, was für die gesamte Frequenztheorie gilt. Das führt gleich zu der von Voigt so stark betonten

[1]) Voigt l. c. S. 563.

[2]) l. c. S. 563/64.

[3]) l. c. S. 564, vgl. auch unsere Bemerkung oben.

[4]) l. c. S. 565. Voigt weist hier auf den Mißerfolg eines im Jahre 1916 von der Universität Basel erlassenen Preisausschreibens: „Die statistische Messung der Umlaufsgeschwindigkeit des Geldes", vgl. Schmollers Jahrb. 41. Jg., 1917, S. 543, hin, das nur eine einzige — als ungenügend befundene — Arbeit ergab und eine Verlängerung des Termins zunächst bis 1920 zur Folge hatte. Voigt glaubt, daß die Preisarbeiten auch weiterhin ungenügend bleiben würden! Vgl. auch seine Bemerkungen S. 489: „Die hier entwickelte Theorie hat insofern (als man den mittleren Weg für die gesamte Volkswirtschaft unmöglich messen kann) nur theoretische, nicht praktische Bedeutung." Nur auf die Verständlichmachung der Erscheinungen des Geldverkehrs komme es ihm (Voigt) an. Voigt ist mit diesen ausdrücklichen Erklärungen, soweit wir sehen, ziemlich der einzige, der unumwunden die Unmöglichkeit einer statistischen Messung zugibt, d. h. von seiten der Anhänger einer Umlaufsgeschwindigkeit.

Unterscheidung von Umlaufs- und Umsatzgeschwindigkeit. Nur wenn jene Voraussetzung gilt, daß „Geld" allein sei, was in dinglichen „konkreten" Objekten dargestellt ist — wie Voigt sagt, etwas „Konkretes, Greifbares" —, nur dann hat diese Unterscheidung einen Sinn, ganz abgesehen von der anders gelagerten Problematik der geldlichen Liquidität, d. h. der Einlösungsverhältnisse einer Volkswirtschaft mit Rücksicht auf verschiedene bald stärker, bald weniger stark verlangte, besondere empirische Geldgestaltungen. Allein vom Boden der rein ökonomischen Theorie des Geldumlaufs und der Umlaufsgeschwindigkeit kommen diese Momente, so bedeutend sie auch sonst sein mögen, nicht in Frage; denn ob und in welchen Arten die „Nachfrage" nach Geld auftritt, hängt ganz von zufälligen, zum Teil irrationalen Momenten ab, die die Grenzen der Theorie vollkommen verschwinden lassen [1]). Wir stimmen, soweit dieses Moment in Frage kommt, durchaus mit dem überein, was dazu Schumpeter bemerkt [2]). Empirische Geldgestaltungen aber, mögen sie welcher Art auch immer sein, stehen sich empirisch ökonomisch völlig gleichberechtigt gegenüber. Eine Umsatzgeschwindigkeit gegenüber einer Umlaufsgeschwindigkeit also gibt es nicht, denn im Grunde ist diese Umsatzgeschwindigkeit nichts anderes als eine „quasi"- oder „als ob"-Umlaufsgeschwindigkeit, die Voigt selber aber nicht anerkennen möchte.

Ein unzweifelhafter Fortschritt ist mit Voigts Theorie nicht nur gegenüber der alten Frequenztheorie, sondern auch gegenüber allen anderen Theorien in einem Punkte, wie wir noch zeigen werden, erzielt worden und, zwar insofern, als er mit aller möglichen Klarheit betont, daß bei der Umlaufsgeschwindigkeit empirischer Geldgestaltungen nicht eine, sondern mehrere verschiedene Umlaufsgeschwindigkeiten in Frage kommen [3]). Es ist zweifellos ein Mangel aller anderen Theorien, daß sie dieses Moment vernachlässigen; wenn man auch nicht, wie Voigt, diese verschiedenen Formen auf „eigentliches Geld" reduzieren kann, dann müssen eben in der Gleichung die verschiedenen Umlaufsgeschwindigkeiten nebeneinander stehen bleiben.

Voigts Theorie ist sodann eine reine Theorie der Ökonomie der Zahlungsmittel; ihn interessiert überhaupt gar nicht die

[1]) Vgl. das treffende Beispiel bei Fischer l. c. S. 36. Das absolut irrationale, theoretisch überhaupt nicht Faßbare, das solchen Einlösungswünschen zugrunde liegt, zeigt Fisher durch den paradoxen Ausspruch eines Mannes, der beim „Run" auf die Bank äußerte: „Wenn sie mich bezahlen können, so brauche ich es nicht, wenn sie aber nicht können, so brauche ich es!" Äußerungen, wie sie z. B. 1907 in der Wallstreet gefallen sein sollen.

[2]) Vgl. „Sozialprodukt" l. c. S. 663/74.

[3]) l. c. S. 561: „Es ergibt sich, daß die verschiedenen Zahlungsmittel sich wirtschaftlich sehr verschieden verhalten, und man darf daher . . . nicht alles Geld als gleichartig behandeln." Vgl. auch oben.

verschiedene ökonomische Qualität und Relevanz der Umläufe, diesen Mangel teilt er mit der Frequenztheorie ganz allgemein. Insofern enthält Voigts Theorie bei aller Feinheit der Durchbildung und Sublimität der Theoretisierung nichts, was irgendwie der von uns betonten „Sinn"frage gerecht werden könnte: wie durch die Umlaufsgeschwindigkeit die Zerreißung des Warenstroms überbrückt wird. Dieses Moment, wie ferner die strikte Bezugnahme auf nur dingliche konkrete Zahlungsmittel reiht Voigt ein in die Gruppe der Frequenztheoretiker mit all ihren Irrtümern.

## 1. Die verfeinerte Frequenz-Theorie.

Wir sahen oben, daß Voigt sich dagegen ausspricht, daß man mit „als ob"-Begriffen in der Theorie des Geldumlaufs arbeite, fanden indes, daß seine Umsatzgeschwindigkeit nichts anderes als eine solche „als ob"-Begriffsbildung insofern sei, als er nur einige oder eine bestimmte empirische Gestaltung als eigentliches Geld anerkennt. Wir sind der Meinung, daß, wo immer diese Ansicht vertreten wird, gerade mit Bezug auf die Bankgelder, daß dann die „als ob"-Begriffe notwendig immer auftauchen müssen, wenn überhaupt die große Gruppe der abstrakten Geldgestaltungen in den Bereich der Erklärung einbezogen werden soll.

Gerade die Entwicklung des Bankwesens hat immer mehr zur Folge, daß die Menge der umlaufenden „realen" Geldstücke in gar keinem Verhältnisse mehr zu den vermittelten Umsätzen steht. Da man trotzdem daran festhält, daß nur z. B. Metallgeld „eigentliches" Geld sei, so konnte es gar nicht ausbleiben, daß man diesem verhältnismäßig geringen Vorrat an „primärem Geld" alle überhaupt vollzogenen Umsätze „zurechnete", d. h. fingierte, daß Geldstücke, die z. B. in einer Bank ganz ruhig liegen, die Umsätze dennoch irgendwie vermitteln; während also die „Surrogate" tatsächlich umliefen, sprach man von einer entsprechend vergrößerten Umlaufsgeschwindigkeit des „eigentlichen" Geldes. Wir sprechen darum von einer „quasi"-Umlaufsgeschwindigkeit.

Bereits bei Rodbertus findet sich diese Theorie recht gut ausgebildet [1]). Es sei falsch, die Umlaufsgeschwindigkeit nur physisch aufzufassen; wenn der Kredit funktioniere, dann könnten

---

[1]) Vgl. Dr. C. Rodbertus-Jagetzow: „Die preußische Geldkrisis", Gesammelte kleinere Schriften, hrsg. von M. Wirth, Berlin 1899, Bd. 4, I, S. 1—54. S. 30 (von der Umlaufsgeschwindigkeit): „sie ist überhaupt nicht physisch zu verstehen". „Der Metalltaler braucht sich nicht zu rühren, in seinem papierenen Repräsentanten still in einer Girobank liegend, oder als bloße Rechnungsmünze im Clearinghouse dienend, läuft er weit öfter um, als wenn er räumlich von Hand zu Hand geht." „.... und in einem Lande, in welchem viel bares Geld gebraucht wird, ist die Zirkulationsgeschwindigkeit gering ...."

die Metalltaler ruhig liegen bleiben, in ihren papierenen Stellvertretern liefen sie dennoch weit öfters um, als sie selbst räumlich von Hand zu Hand gehen könnten, ja in einem Lande, in dem viel reales Geld gebraucht werde, sei die Umlaufsgeschwindigkeit gering.

Wir machten schon an anderer Stelle auf die Bemerkungen Liefmanns[1]) gegen diese unwirkliche Annahme aufmerksam und auch Schumpeter ist der Ansicht — unserer Meinung nach mit Recht —, daß dieser Auffassung etwas sehr Gekünsteltes anhaftet[2]). Selbstverständlich kann man annehmen, wie Rodbertus das tut, daß ein Taler, während er effektiv stilliegt, rascher „umlaufe", man muß sich aber bewußt bleiben, daß man hier mit „als ob"-Begriffen arbeitet, und die Resultate entsprechend einschätzen. Denn nur dann hat diese Annahme irgendeinen Sinn, wenn gleichzeitig feststeht, daß streng genommen nur Metallgeld kaufen könne, so daß also alle vorkommenden Umläufe, mögen sie von Geld irgendwelcher anderen Art, das ja nach jener Meinung stets „Surrogat" ist, auch in der Realität vermittelt werden. Wenn es auch scheine, „als ob" diese Surrogate kaufen, tatsächlich kaufe ja doch nur das eigentliche primäre Geld.

Man müßte in der Tat der Wirklichkeit Gewalt antun, wenn man sie so erklärte. Es würde also z. B. in einem Lande, in dem überhaupt kein Metallgeld existiert, kein „eigentliches" Geld bestehen usw.; das Absurde dieser Auffassung bedarf, wie es scheint, keiner weiteren Widerlegung.

Auch Wicksells[3]) „virtuelle" Umlaufsgeschwindigkeit beruht auf diesem Prinzip. Die Möglichkeit, die der Kredit zur Folge habe, die Umlaufsgeschwindigkeit zu erhöhen, verleitet ihn

---

[1]) Vgl. unsere Anmerkung oben resp. „Grundsätze" l. c. S. 107/08.

[2]) l. c. „Sozialprodukt", S 674: „Man kann sich z. B. denken, daß die Wechselsumme in bar selbst virttuell von Hand zu Hand gehe, allerdings wäre das, weil die Geldstüke während dieses Prozesses ihrerseitse eine anderweitige Vorwendung finden, eine etwas merkwürdige „Beschleunigung" — sie würde es zustande bringen, daß dasselbe Objekt zu verschiedenen Zeiten an verschiedenen Orten sein kann." Außerdem wäre auch möglich, diese auf ziemlich gekünstelter Vorstellung beruhende Beschleunigung mit einer anderen zu konfrontieren, die Wirkung eines geordneten Bankwesens sei.

[3]) Vgl. Wicksell l. c. S. 45 ff., ferner jetzt: Vorlesungen über theoretische Nationalökonomie II. Teil: „Geld und Kredit", Jena 1922. Wir halten uns an die frühere ausführlichere Darstellung in „Geldzins und Güterpreise". Wie es scheint, hat übrigens W. in seiner neuesten Veröffentlichung die Verwechslung resp. Identifizierung von Umlaufsgeschwindigkeit und Kredit noch weitergetrieben, so daß er schließlich behauptet: „ . . . die Lehre der Umlaufsgeschwindigkeit des Geldes im weitesten Sinne oder, was im Grunde dasselbe ist, die Lehre des Kredites und des Bankwesens." „Geld und Kredit" l. c. S. 29. W. ist, soweit wir sehen, derjenige Theoretiker, der das Umlaufsgeschwindigkeitsproblem am eingehendsten und vergleichsweise am besten behandelt hat, allerdings — nicht ohne damit in eine verhängnisvolle Vermischung des „Sinn"- und „Maßkategorien"-Standpunktes zu geraten!

sogar dazu, theoretisch die Umlaufsgeschwindigkeit des Geldes = unendlich anzunehmen.

Seine Definition der Umlaufsgeschwindigkeit haben wir öfters angeführt, er untersucht nun die Umlaufsgeschwindigkeit für verschiedene Wirtschaftsformen: reine Barwirtschaft, einfache Kreditwirtschaft und organisierte Kreditwirtschaft.

Wir sprachen von Wicksells Auffassung des Geldes bisher noch nicht, allein sie folgt aus der „Händewechsel"-Definition ganz von selbst, und er betont auch gelegentlich ausdrücklich, daß es sich für ihn durchgängig handle um „materielles Geld, von dem wir hier allein reden" [1]). Auch für ihn also ist „primäres" Geld das materielle Geld, dessen Wareneigenschaft allerdings mit und während seines Zirkulierens ganz verschwinde [2]). Von diesem Standpunkt sieht er auch allen prinzipiellen Nominalismus als „utopisch" an, der glaube, ein Geldsystem ohne Geld (d. h. also Metall) schaffen zu können [3]). In der reinen Barwirtschaft seien für die Umlaufsgeschwindigkeit die technischen und natürlichen Verhältnisse bestimmend, indes bestünden auch hier schon Möglichkeiten, den Umlauf des Geldes zu beschleunigen, z. B. durch Jahrmärkte usw. [4]). „Tritt aber der Kredit, und zwar zunächst der einfache Warenkredit, auf", so wirke der „zunächst noch nicht als Ersatzmittel für Geld", wohl aber als „mächtiger Hebel, um den Geldumlauf selbst zu beschleunigen", und zwar sei diese Wirkung „theoretisch eine vollkommen unbegrenzte" [5]). Zu jeder Zeit finde sich ja das Geld in der Zirkulation irgendwo und könne in diesem Moment auch zu einer Zahlung benutzt werden, d. h. vom jetzigen Eigner an einen anderen verliehen werden [6]). Theoretisch, wie gesagt, gäbe es für die Umlaufsgeschwindigkeit keine Grenze, nur die empirischen Hindernisse, d. h. die physische Bewegungsmöglichkeit und Versendungsgeschwindigkeit bildeten eine gewisse praktische Grenze, und wenn man auch diese beseitigen könne, dann bestehe kein Bedenken, daß „in der Tat der weitaus größte Teil der sämtlichen Tausch- und Darlehensgeschäfte der ganzen Welt mit dem (allerdings sehr schleunigen) Hin- und Herschieben eines einzigen Zehnmarkstückes (oder meinetwegen eines Zehnpfennigstückes) bar vermittelt werden" könnte [7]). Das sei noch weniger merkwürdig als die Tatsache, daß überhaupt eine Unmasse von Geschäften ganz ohne Geld vollzogen würden, lediglich durch Übertragung

[1]) l. c. S. 31, vgl. auch oben.

[2]) l. c. S. 31: „. . . solange es aber von Hand zu Hand zirkuliert, kann es offenbar seine Funktion als Ware nicht erfüllen."

[3]) l. c. S. 31.

[4]) l. c. S. 50.

[5]) l. c. S. 53.

[6]) l. c. S. 54.

[7]) Dto.

und Austausch von Forderungen. Erst recht würde diese mehr oder weniger beliebig vermehrbare Umlaufsgeschwindigkeit bewirkt durch die organisierte Kreditwirtschaft mit ihrer Übertragung von Forderungen (Wechselverkehr) und der Zentralisierung der Kassenhaltung. Und sogar dann, wenn überhaupt kein Geld auftrete, sei es möglich, sich eine „virtuelle“ Umlaufsgeschwindigkeit = unendlich vorzustellen, wobei die Geldmenge unendlich klein, ihre Zahlkraft unendlich groß (mathematisch $0 \times \infty$) aufzufassen sei [1]). Ebenso verhalte es sich mit der Bankorganisation; „je entwickelter die Kreditwirtschaft, desto mehr wird jene unbegrenzte Umlaufsgeschwindigkeit des Geldes virtuell erreicht, desto mehr schmiegt sich das Angebot an Geld jeder beliebigen Nachfrage an“ [2]).

Aus diesen wenigen Stellen und Äußerungen Wicksells ergibt sich schon zur Genüge, daß W. typisch zu der „quasi“-Theorie zu rechnen ist.

Zur Kritik gilt auch für seine Ansicht das bei Rodbertus Bemerkte. Bezüglich der von Wicksell ganz phantastisch angenommenen Grenze der Umlaufsgeschwindigkeit sei hier nur bemerkt — denn dieses „quantitative“ Problem interessiert uns hier prinzipiell nicht —, daß W. wohl kaum die Behauptung aufrechterhalten würde, daß ein Zehnpfennigstück z. B. den Umlauf der ganzen Welt vermitteln könnte, wenn er überlegt, daß dieses Zehnpfennigstück nur nacheinander, nicht nebeneinander noch zugleich Umsätze vermitteln kann. Die Behauptung also, daß ein Zehnpfennigstück diese enorme Leistungsfähigkeit habe, ist dann auf alle Fälle unhaltbar, wenn nicht Voraussetzungen gemacht werden, die mit irgendwelchen realen Verhältnissen nicht mehr übereinstimmen können [3]).

W.s Theorie stellt insofern eine gewisse Weiterbildung der Frequenztheorie dar, als er betont, daß diese „virtuelle“ Umlaufsgeschwindigkeit des Zehnpfennigstücks resp. die Umsatzvermittlung stets bar [4]) erfolgen wird, also nicht durch papierne Stellvertreter. Dann aber erst recht ist jene virtuelle Umlaufsgeschwindigkeit nur im Sinne des „als ob“-Begriffes aufzufassen, wie ferner auch da, wo er von Umlaufsgeschwindigkeit spricht bei Formen, die überhaupt ohne Geld vor sich gehen.

Eine ebenso interessante Variante der „als ob“-Theorie finden wir bei Lansburgh [5]). Lansburghs Geldbegriff ist da, wo er von

---

1) l. c. S. 58.

2) Vgl. Jahrbücher der Nat.-Ökon. u. Statistik 1897, III. F., Bd. 13, S. 237: „Der Bankzins als Regulator der Warenpreise.“

3) Übrigens schränkt neuerdings W. diese Behauptung selbst ein, vgl. „Geld und Kredit“ S. 24/25.

4) Vgl. oben Anm. 7, S. 90.

5) Vgl. die „Bank“ l. c. 1921, Heft 4 u. 5: „Die Umlaufsgeschwindigkeit des Geldes.“

der Umlaufsgeschwindigkeit spricht, ein dualistischer: grundsätzlich stimmen wir seiner Auffassung vom Geld als Bezugsrecht zu, als „Anspruch auf Gegenleistung", der dann entstehe, wenn eine produktive Leistung ohne gleichzeitigen naturalen Bezug erfolge. „Diesen Anspruch nennen wir Geld, und wenn er in dokumentierter Form auftritt, so nennen wir die körperlichen Zeichen, die ihn dokumentieren, Geldzeichen — wenigstens wenn wir korrekt denken und sprechen"[1]). So weit stimmen wir mit Lansburghs Auffassung ganz überein, allein nun beginnt der Irrtum. Er nimmt an, daß die Gesamtheit der körperlichen Geldzeichen und nur diese auch die Gesamtheit der Bezugsrechte repräsentiere, denn alle Bezugsrechte müßten sich auf die Summe der vorhandenen Geldzeichen aufteilen[2]).

Von Hand zu Hand könnten nur die Geldzeichen, nicht die Bezugsrechte wandern, das „Geld" entstehe mit jeder produktiven Leistung neu. Das Verhältnis dieser Bezugsrechte zu den körperlichen Zeichen bestimme auch die „Kaufkraft" des Geldes (wir haben hier beiläufig eine sehr interessante Spielart der Quantitätsgleichung, die nicht Geldzeichen und Güter. sondern Geldzeichen und „abstrakte Bezugsrechte", d. h, reale Kaufkraft geegnüberstellt).

Lansburgh begeht nun in seiner Darlegung über die Umlaufsgeschwindigkeit den Fehler, daß er nicht genügend die Kapitalkreislauflehre von den eigentlichen Problemen des Geldumlaufs trennt.

Sehen wir hier von den Momenten, die in die Kapitalkreislauflehre gehören, vorläufig ab. Die Umlaufsbeschleunigung des Geldes erfolge nun im wesentlichen durch die Banken, d. h. durch die Zahlung von Zins. Die Bank ziehe „ruhendes Geld, d. h. nicht geltend gemachte Güterbezugsrechte an sich[3])".

Infolge der technischen Erleichterung und des Zahlungsverkehrs, wie er eben durch die Banken erfolge, entstehe nun der Schein, „als ob" neben den in dem umlaufenden Gelde verkörperten Güterbezugsrechten noch eine andere Art von Bezugsrechten existiere. Man spreche von „Buchgeld" oder „Giralgeld", allein all dem entspreche nichts in der Wirklichkeit, „denn was hier als ein bestimmtes unkörperliches Geld erscheint, ist in Wirk-

[1]) l. c. S. 186.

[2]) z. B. sagt L. von sparsamen Zeitperioden: „die Güteransprüche sind relativ zahlreich, die Geldzeichen dagegen relativ gering an Zahl, infolgedessen entfällt auf jedes einzelne Geldzeichen nunmehr ein größeres Quantum Güteransprüche, eine größere Kaufkraft, als zu der Zeit, da das Volk als Ganzes noch weniger sparsam war." Vgl. auch z. B. S. 133 ausdrücklich: „. . . neue Güterbezugsrechte, die sich auf . . . den im Verkehr gebliebenen Rest der Geldzeichen gleichmäßig verteilen." Man beachte den Unterschied zur Quantitätstheorie!

[3]) l. c. S. 246.

lichkeit nichts anderes als die buchmäßige Erscheinungsform der Umlaufsgeschwindigkeit der körperlichen Geldzeichen“ [1]).

Wenn A z. B. einem Verkäufer B mittels Schecks ein Güterbezugsrecht abtritt, das er in Form von Geldzeichen einer Bank überlassen hatte, weil er für gewisse Zeit darauf verzichten wollte, das Bezugsrecht auszuüben, ist zweierlei möglich: einmal daß B die Auszahlung der Bezugsrechte verlangt; der Scheck hat keine andere Bedeutung als die einer Zession, oder aber B läßt das Guthaben „bei der Bank stehen“, dann dokumentiert der Scheck, daß die bei der Bank eingezahlten Geldzeichen, „obwohl sie körperlich nicht bewegt wurden“ [2]), einmal umgesetzt wurden; daran ändere sich auch nichts, wenn der Scheck von B an C usw. weitergegeben werde, d. h. der Scheck bedeute nichts anderes, als daß das Guthaben, das A bei der Bank eingezahlt hatte, nacheinander eine Reihe von Umsätzen ausgeführt, ohne sich selbst einmal zu bewegen; ja selbst dann, wenn die Bank längst die Geldzeichen, die die Bezugsrechte darstellten, an AA weitergegeben habe, der sie ebenfalls weitergegeben habe, ändere sich an dem Wesen der Sache nichts, sondern die Geldzeichen, deren Eigentümer gegenwärtig z. B. Z ist, haben in diesem Fall nicht 24, sondern 48 Umsätze bewältigt, davon 24 in effigie und 24 in der Form des umlaufenden Geldes [3]).

Auch ein eingeräumter Kredit der Bank habe keinerlei Änderung des Wesens der Sache zur Folge. Wenn man bisher angenommen habe, daß die Bank Güterbezugsrechte, d. h. Geld willkürlich „schaffen“ könne, so sei das ein Irrtum. Der Schein trüge aber, das vermeintliche Problem der Gelderzeugung durch Krediterteilung „ist nichts anderes, als das Problem der Zirkulationsbeschleunigung“. Auch in diesem Falle habe die Bank durch Überschreibung der eingeräumten Kredite in „Wirklichkeit nur den Umlauf längst bestehenden Geldes beschleunigt“ [4]). Daß die Bank kein Geld schaffen könne, zeige sich sehr einfach darin, daß die Schecks, die man auf sie ziehen könne, nicht überall angenommen würden, z. B. nicht im Kleinverkehr; dann müsse aber die Umwechselung in richtiges Geld, d. h. Güterbezugsrechte, die man der Bank überlassen habe, erfolgen. „Daß der in dem Buch der Bank figurierende Kredit auf das Vielfache des von ihr reservierten Geldbetrags anschwellen konnte, ist lediglich der buchmäßige Ausdruck für die Tatsache,

[1]) l. c. S. 248. Man vgl. die fast wörtliche Übereinstimmung mit Rodbertus.
[2]) l. c. S. 248.
[3]) l. c. S. 249.
[4]) l. c. S. 249.

daß die Bank durch ihre Leihtätigkeit mit Unterstützung zirkulationsfördernder Einrichtungen (Giro, Clearing) die Umlaufsgeschwindigkeit jedes kleinen Betrages ganz erheblich hat steigern können" [1]).

L. ist also der Meinung, daß die Krediteinräumungen der Banken ein Ausdruck seien für die erhöhte Zirkulationsgeschwindigkeit des Geldes.

Wir wollen die Einzelheiten der Theorie nicht genauer verfolgen. Sie stellt im wesentlichen das dar, was auch Wicksell behauptet hatte, daß ein ganz minimaler Betrag vermöge einer Beschleunigung durch Buchkredit eine sehr hohe, ja theoretisch = unendlich aufzufassende Umlaufsgeschwindigkeit erhalten könne. Ganz abgesehen von Lansburghs unhaltbarer Theorie, die annimmt, daß alle Bezugsrechte notwendig sich auf die vorhandenen Geldzeichen aufteilen müßten, ist auch diese als ob-Umlaufsgeschwindigkeit so wenig wie die Wicksellsche geeignet, das Gekünstelte und offenbar unwirklich Anmutende dieser Auffassung zu verbergen.

L. aber geht weiter als W., insofern er die ökonomische Bedeutung dieser Umlaufsgeschwindigkeit recht gut hervorhebt. Soweit dieses Moment nicht in die Kapitalkreislauflehre hineingehört, verdienen ihre Ergebnisse über den ökonomischen Sinn der Umlaufsgeschwindigkeit durchaus Beachtung. L. sieht auch nicht auf die Ökonomie der Zahlungsmittel wie Voigt z. B., sondern er bemerkt sehr richtig, daß diese „erhöhte Ausnützung der Kaufkraft durch schnellere Geldrotation die Produktion steigert" [2]). Produktionssteigerung und Umlaufsgeschwindigkeit seien infolgedessen Ursache und Wirkung zugleich, und er faßt seine Meinung dahin zusammen, daß man neue Kaufkraft wirklich erzeugen kann, indem man ruhendes Geld in Umlauf setze und dadurch die Umlaufsgeschwindigkeit der vorhandenen Gesamtmenge steigere, und da der Zins meistens diese erhöhte Umlaufsgeschwindigkeit erzwingen kann, trete auch keine Geldentwertung ein, sondern der Zins wirke auf eine Produktionsvermehrung hin [3]). Alle diese Argumente sind durchaus zutreffend, und wir stimmen ihnen in den wesentlichen Punkten zu.

Wir schließen damit die Gruppe der eigentlichen Frequenztheorie ab, die wir in den verschiedenen Spielarten von Rodbertus, Wicksell und Lansburgh vorgeführt haben [4]).

---

[1]) l. c. S. 251.

[2]) l. c. S. 253.

[3]) Ebenda.

[4]) Wir haben hier nun diese Hauptvertreter dargestellt. Daneben aber findet man diese Richtung äußerst häufig in der Literatur vertreten. Ganz typisch z. B. bei Eggenschwyler l. c. S. 225. Auch z. B. in der Praxis der

Sie sucht die Wirkung des Bankkredites mit einer an einem allein „richtigen" Geld, sei es Metall oder nur dingliche Zeichen orientierten Auffassung so zu vereinigen, daß sie annimmt, nur dieses richtige Geld könne Umsätze vermitteln; sie benutzt dazu „als ob"-Begriffe, die den Zustand fingieren, daß tatsächlich das eigentliche Geld die Umsätze vermittle, wenn es auch z. B. nicht anwesend ist und daß, wenn die tatsächlichen Umsätze durch Vermittlung von anderem Geld, wie z. B. abstrakte Bankgelder erfolge, dabei diese wesentlich „Surrogate" seien, während das eigentliche Geld Umsatzvermittler sei, daß also diese papierenen Surrogate resp. der Bankkredit das Mittel sei, das die Umlaufsgeschwindigkeit des Geldes erhöhe und zu einem möglichen Maximum zu steigern vermöge.

Wir lehnten diese Theorie insofern ab, als wir empirisch alle Geldgestaltungen als gleichberechtigt ansehen, denn der äußerlichen Erscheinung kann man nicht ansehen, ob sie tatsächlich Objektivation von Marktanwartschaft, d. h. in unserem Sinne eigentliches Geld sei oder nicht. In einigen Momenten fassen die Varianten dieser Theorie (Lansburgh) die ökonomische Bedeutung der Umlaufsgeschwindigkeit trotzdem recht treffend.

Ehe wir nun zu der Ruhezeittheorie, der Umkehrung der Frequenztheorie übergehen, sei noch kurz eine Ansicht dargelegt, deren höchst interessante Eigenart darstellt, insofern sie Umlaufsgeschwindigkeit und Kredit als identisch nachweisen will.

In der Tat liegt es nahe, vor allem bei unserer allgemeinen Definition von Umlaufsgeschwindigkeit als die Überwindung der Zerreißung des Stromkreises der Wirtschaft an eine Übereinstimmung mit dem Kredit zu denken, denn auch die Funktion des Kredites könnte man dahingehend auslegen. Indes betonten wir auch schon die wesentlichen Unterschiede, die zwischen Geldform und Kredit bestehen, und gerade dieses Moment kommt auch hier in Frage. Die Unterbrechung, die der naturale Wirtschaftsstrom durch das Geld erfährt, ist innerhalb der Geldwirtschaft eine notwendige Erscheinung, während der Kredit wesentlich ein „psychogenes" Moment ist; er ist freiwillig, während der „Kredit", den das Geld darstellt, „Zwangskredit" wäre; d. h. eine Verdoppelung der Unterbrechung, die das Geld primär für den Warenstrom bedeutet, ist das Moment, das den Kredit kennzeichnet, denn hier erfolgt eine Ableitung der Geldform aus dem Kreisstrom und eine Delegierung an eine Mittelstelle — eine Bank —, die dann erst durch Weiterverleihung der ihr überlassenen Geldform die Schließung des Kreislaufs wieder ermöglicht.

---

Reichsbankveröffentlichungen sprach man früher von einer bestimmten Summe von Umsätzen, die von einer Mark in bar bewältigt worden sei; man meinte damit das Verhältnis z. B. von Giroumsätzen zu dem Bestande an barem Geld.

Diese freiwillige Unterbrechung also unterscheidet sich von jener notwendigen sehr stark — dem Sinne nach — und dann können auch die „Funktionen" der Umlaufsgeschwindigkeit als der Überwindung jener notwendigen Spaltung und des Kredites als einer sozusagen freiwillig herbeigeführten Erweiterung der Unterbrechungsstelle nicht identifiziert werden.

Schon bei Wicksell und Lansburgh spielt der Kredit für die virtuelle resp. die „als ob"-Umlaufsgeschwindigkeit eine ganz besondere Rolle. Hier tritt uns nun eine Erweiterung dieses Einflusses des Kredits in einer ganz anderen Form entgegen, und zwar in der Theorie von Theodor Christen [1]).

Sein subjektives Ziel ist dabei die Neuaufrichtung einer „bereinigten Quantitätstheorie".

Christen findet sehr gut, daß das Bestreben dieser Theorie darauf gerichtet sein muß, außer $P$, dem Preisniveau, in der Gleichung möglichst alles auf konstante oder gegebene Größen zu reduzieren. Diese Bedingung ist in der ganz primitiven Form der Quantitätstheorie, die die Umlaufsgeschwindigkeit nicht berücksichtigt und von der Fassung der im Lande vorhandenen Gesamtgeldmenge ausgeht, erfüllt.

Christen leugnet das Primitive dieser Fassung nicht — er bringt dafür die Formel $P = a \cdot G$, wobei $P$ die Preisebene, $G$ die Gesamtmenge des vorhandenen Geldes, $a$ „eine Konstante" [2]) sei —, betont aber, daß auch sie ihren Wert immerhin schon gezeigt habe.

Indes gerade der Umstand, daß, wie praktische Erfahrungen zeigen, nicht die Gesamtmenge des vorhandenen Geldes, sondern nur die umlaufende Geldmenge von Bedeutung ist, erheische eine Korrektur jener Fassung [3]). Die Volkswirtschaft sei außerdem, und das sei sehr wesentlich, dynamisch [4]). Und hier gerade bei der Betonung der Dynamik spiele vor allem der Kredit eine besonders beachtliche Rolle. „Je besser die Kreditverhältnisse, desto rascher rollt das Geld." Jede Kraft wirke entweder beschleunigend oder verzögernd, „es müssen also Veränderungen von Geschwindigkeiten auftreten" [5]). Für uns handle es sich um die Geschwindigkeit des Geldumlaufes und es sei Problem, ob sie in Rechnung gestellt werden könne. Ch. hält sich dabei zunächst an „bares Geld", Münzen und Noten, die er den „Geld-

---

[1]) Vgl. „Die Quantitätstheorie des Geldes", Annalen des Deutschen Reichs Jg. 1916, S. 85 ff.

[2]) l. c. S. 86.

[3]) l. c. S. 87. Sein Beispiel hierfür ist die „Golddrainage" des amerikanischen Marktes 1907 durch P. Morgan: „Das Geld war vorhanden, aber sein Umsatz war gehemmt."

[4]) l. c.: „Die Volkswirtschaft ist wie alles Lebende (!) nicht ein statisches, sondern ein dynamisches Problem."

[5]) l. c. S. 88.

surrogaten" Wechsel und Schecks gegenüberstellt [1]). Nehmen wir an, sagt Ch., es seien in einem Lande 2 Milliarden Münzen und Noten vorhanden; nehmen wir ferner an, daß unter bestimmten Kreditverhältnissen an einem Tage durchschnittlich für 100 Millionen Käufe vollzogen werden, dann wird innerhalb 20 Tagen bei gleichbleibenden Kreditverhältnissen die Geldmenge gerade einmal umgesetzt sein. Umlaufsgeschwindigkeit und „die scheinbar psychogene Größe des Kredits" lassen sich also durch eine einfache Zahl darstellen. Wenn $u$ den durchschnittlichen Tagesumsatz bedeute und $n$ die Anzahl der Tage, die nötig ist, um bei diesem Umsatz die Geldmenge ganz in Anspruch zu nehmen, dann gelte: $G = n \,.\, u$; $u = \frac{G}{n}$ [2]). Diese Zahl $n$ nennt Ch. die „Trägheit des Geldes", d. h. die Zeit, die nötig ist, um einen Umlauf der gesammten Geldmenge zu bewirken. „Der Umsatz eines Landes ist gleich der vorhandenen Geldmenge dividiert durch die Trägheit des Geldes" [3]). Auch den Kredit glaubt Ch. auf diese Weise zahlenmäßig bestimmen zu können: $K = \frac{1}{n}$.

Ch. hatte in der rohen Quantitätstheorie die Formel gebraucht $P = a \,.\, D$, wobei $a$ eine Konstante war; indes sei weder $n$ die Trägheit noch $K$ (Kredit) eine Konstante, sondern beide seien veränderlich. Hier zeige sich der Zusammenhang von Umlaufsgeschwindigkeit und Kredit. Ch. analysiert nun verschiedene Bedeutungen von Geschwindigkeit und schließt sich der sogenannten „Reaktionsgeschwindigkeit" der physikalischen Theorie an (man dividiert die Menge des neugebildeten Stoffes durch die Zeit, die dazu nötig ist!) [4]). In diesem Sinne analysiert er die Gleichung $K = \frac{1}{n}$; hier zeige sich, daß der Zähler in der Einheit die Erreichung eines vollen Umsatzes von Geld bedeute, während $n$ die Zeit, die dazu nötig sei, anzeige. „Der Bruch $\frac{1}{n}$ ist also nichts anderes als die Umlaufsgeschwindigkeit des Gel-

[1]) l. c. S. 88, Anm.
[2]) l. c. S. 88.
[3]) Ebendort.
[4]) l. c. S. 90: „Unter Geschwindigkeit versteht man allgemein den Quotienten, den man erhält, wenn man bei irgendeinem Vorgang die Menge des Erreichten dividiert durch die Zeit, die hierzu nötig war." Christen unterscheidet weitere zwei Formen außer der „Reaktionsgeschwindigkeit": 1. die „lineare" Geschwindigkeit (Weg : Zeit), 2. die „Drehgeschwindigkeit" z. B. eines Rades (Anzahl der Umdrehungen dividiert durch die Zeit innerhalb der sie erfolgen). Demnach wäre z. B. Voigts Geschwindigkeitsbegriff ein „linearer", wie Voigt ja schließlich auch selbst von einer „Wegmethode" spricht, l. c. S. 580.

des“ [1]); das scheine ein Widerspruch, da $\frac{1}{n}$ ja Kredit sei, „und doch ist es tatsächlich kein Widerspruch, denn unter den seit Jahrtausenden herrschenden Geldverhältnissen ist eben stets Kredit und Umlaufsgeschwindigkeit des Geldes ein und dasselbe gewesen“ [2]). Auch das Hinzutreten der Geldsurrogate ändere daran nichts. Im selben Maße wie der Kredit steigt und sinkt auch die Umlaufsgeschwindigkeit des Geldes. „Darum ist für die volkswirtschaftliche Rechnung Kredit und Umlaufsgeschwindigkeit des Geldes identisch“ [3]).

Es ist also Ch. das gelungen, was er für seine Quantitätstheorie braucht, eine gegebene Größe gefunden zu haben. Allein nur für unser heutiges Geldsystem gelte diese Identifizierung von Umlaufsgeschwindigkeit und Kredit; denkbar seien andere Geldsysteme, in denen das nicht der Fall sei und daraus zieht er eben die bekannten Folgerungen der „Freigeldbewegung“, zu deren Hauptvertretern er neben Gesell zu rechnen ist [4]).

Bezüglich dieser Identifizierung von Kredit und Umlaufsgeschwindigkeit haben wir schon oben das Nötige bemerkt. Von Interesse indes scheint es, daß sowohl bei Wicksell als auch bei Lansburgh und nun hier bei Christen dem Kredit für die Umlaufsgeschwindigkeit eine ganz spezifische Rolle zugewiesen wird. Während aber Wicksell und Lansburgh nur betonen, daß eine „virtuelle“ Umlaufsgeschwindigkeit des eigentlichen Geldes durch den Kredit bewirkt werde, geht Ch. weiter und behauptet, beide seien ein und dasselbe, aller Kredit sei Umlaufsgeschwindigkeit und umgekehrt.

Es scheint uns ein Mangel, daß die spezielle Kredittheorie diese etwaigen Zusammenhänge bisher kaum oder doch nur sehr oberflächlich untersucht hat [5]). Für uns ist diese Stellungnahme Christens wie auch der beiden anderen Theoretiker von einem besonderen Interesse. Wenn wir auch nicht mit Christen Umlaufsgeschwindigkeit und Kredit als eins behandeln, so zeigt sich dennoch, daß die verschiedenen Theorien „zu Ende“ gedacht alle mehr oder minder deutlich auf die Über-

---

[1]) l. c. S. 91.

[2]) Ebenda.

[3]) Ebenda.

[4]) Es würde naheliegen, auf die umlaufstheoretischen Ansichten Gesells selbst einzugehen. Wir versprechen uns aber bei dem — allgemein als „dilettantisch“ angesprochenen Charakter der Gesellschen theoretischen Arbeit davon keinen Gewinn, jedenfalls ist Christen der stärkste theoretische Kopf der Richtung! Vgl. auch die oben genannte kritische Literatur: Cohn z. B. S. 94.

[5]) z. B. v. Komorczynski: „Die nationalökonomische Lehre vom Kredit“ kennt die Umlaufsgeschwindigkeit nur im Zusammenhang mit den Geldbedarfsproblemen (S. 338 ff.) ganz im traditionellen Sinne. Es ist auch keinerlei Versuch zu finden, der irgend einmal auf ein hier liegendes Problem hindeutete. l. c. S. 46, 47.

windung der Zerreißung des Wirtschaftskreislaufes hindeuten: gerade dadurch, daß sie auf den Kredit Bezug nehmen. Darin liegt eine implizite gegebene Bestätigung unserer Ergebnisse. In der Tat sind verschiedene Formen des bisher „Zirkulationskredit“ genannten, ihrer Funktion nach identisch mit der Umlaufsgeschwindigkeit. Das rührt aber nur daher, daß man den Geldbegriff zu enge faßte und wir bleiben dabei, daß trotzdem prinzipiell Kredit und Umlaufsgeschwindigkeit nicht miteinander verwechselt werden dürfen.

## 2. Die Ruhezeittheorie.

Wir kommen nunmehr zu einer spezifischen Umkehrung der Frequenztheorie, der Ruhezeittheorie, wie wir sie nennen wollen.

Bereits K. Wicksell hat darauf aufmerksam gemacht, daß die Umkehrung der „Händewechsel“-Definition ein ebenso wichtiger Begriff ist: „... die durchschnittliche Ruhezeit des Geldes, das mittlere Intervall, welches zwischen je zwei durch dieselbe Geldsumme vermittelten Kaufgeschäften verstreicht, während welcher das Geld in Kisten und Kasten unverwendet liegen bleibt“.

Man spricht auch von einer Theorie der „Umsatzrate“ oder, wie wir sagen wollen, „Quotaltheorie“, insofern es sich um die Quote des einem Wirtschaftssubjekt zur Verfügung stehenden, zu dem ausgegebenen Geldbetrage handelt. Die Unterschiede der Frequenztheorie und dieser Quotaltheorie — wie gesagt, letzteres die Umkehrung der ersteren — sind von Fisher [1]), dem Hauptvertreter dieser Quotaltheorie, ganz gut dahin charakterisiert worden, daß er die Frequenztheorie oder, wie er sagt, die „Personenumsatzmethode“ (er sieht lediglich auf die „Messung“ !), sich von der Theorie der von ihm sogenannten „Umsatzrate“ [2])

[1]) Vgl. „Die Kaufkraft des Geldes“ l. c., außerdem „A practical method of estimating the velocitiy of circulation of money“, Journal of the royal statist. society vol. LXXII, Sept. 1909, S. 604 ff. Weiterhin zu dieser Richtung gehörende Literatur: die Werke von Kemmerer (l. c.), Kinley (l. c.) usw Außerdem verweisen wir hier auf die kritische Stellungnahme zu Fishers Darlegungen vor allem von Furlan, Jahrb. d. Nat.-Ökon. u. Stat., III. F., 44. Bd., S. 91 ff., ferner Eggenschwyler l. c., Altmann l. c., Oppenheimer, Weltwirtsch Arch. 1917, II, S. 250 ff., Spann, Schmollers Jahrb. 1917, S. 1565 ff. Diese Literatur ist wesentlich — deswegen kommt sie für uns hier kaum in Betracht — auf die quantitative Seite des Problems gerichtet.

[2]) Fisher gebraucht die verschiedenen Bezeichnungen sehr sorglos durcheinander: bald spricht er von „Umschlagsfrequenz“ (l. c. S. 14 z. B.), bald von einem „Umschlagssatz“ (rate of turnower) und „Umlaufsgeschwindigkeit“ oder S. 64: „Die Umlaufsgeschwindigkeit ist dasselbe wie Umsatzrate“ und gleichbedeutend der Umlaufsgeschwindigkeit oder Umlaufsschnelligkeit. Der von Fisher durchschnittlich gemeinte Sinn ist wohl der, daß der Umschlagssatz oder die Rate der Quotient ist, „die durch Division des jährlich verbrauchten Geldbetrags durch den von ihr (d h. einer Person) geführten Durchschnitts-

dadurch unterscheide: wie sich die „Messung" der Geschwindigkeit eines Eisenbahnzuges einmal durch Folgen des Zuges neben der Strecke, die er auf dem Gleise zurücklegt, vollziehen lasse, indem man beobachtet, wieviel der Zug braucht, um eine gewisse Strecke zurückzulegen und andererseits so, daß man sich neben dem Gleise aufbaut und beobachtet, wie lange der Zug zum Passieren dieses Punktes benötigt [1]). Fisher, wie gesagt, nennt die entsprechenden Methoden „Münzenübertragungsmethode" und „Personenumsatzmethode". Beide Methoden indes richtig angewendet müßten dasselbe Resultat ergeben [2]). Außerdem kennt Fisher auch noch die Durchschnittsumsatzzeit, d. h. den Durchschnittsbetrag der Zeit, die gebraucht wird, um alles gegebene Geld einmal umzusetzen. Dieses sei der „reziproke Wert" der Geschwindigkeit [3]). Indes handelt es sich hierbei, wie uns scheint, nicht um eine eigene Bestimmung der Umlaufsgeschwindigkeit, sondern es ist lediglich das, was die Umsatzrate als Maßkategorie darstellt.

Weit besser als Fisher das tut und vor allen Dingen einfacher, scheint uns das Wesen dieser Theorie gekennzeichnet durch die Definition Adolf Landrys [4]), die dahin geht, daß in Frage komme „die Raschheit der Aufeinanderfolge von Einnahmen und Ausgaben"; es scheint uns sehr wesentlich, darauf abzuheben, um verschiedene Angriffe, die man gegen Fisher gerichtet hat, kritisch würdigen zu können.

Das Wesentliche dieser Ruhezeittheorie liegt u. E. darin, daß man nicht so sehr die einzelnen Geldstücke, ihre Geschwindigkeit und ihre Bewegung von Punkt zu Punkt, d. h. von Hand zu Hand ins Auge faßt, als vielmehr die abstrakt gedachten Beträge in den Mittelpunkt rückt. Sie stellt insofern, vom geldtheoretischen Standpunkt, einen Fortschritt dar, als nunmehr

---

betrag . . . " erhalten wird. Dieser rein „maßkategoriale" Charakter der Fisherschen Ausführungen muß gegenüber unseren Feststellungen scharf auseinandergehalten werden.

[1]) l. c. S. 289. wo Fisher eine Darstellung des Begriffs der Umlaufsgeschwindigkeit gibt.

[2]) l. c. S. 299.

[3]) l. c. S. 291.

[4]) Vgl. l. c. S. 155: „ce qui fait cette circulation plus ou moins rapide . . . . c'est le temps plus ou moins long qui sépare les dépences des recettes qui leurs ont précédée." Diese Definition kommt dem wahren Sachverhalt nahe; allein dadurch, daß sie lediglich „Ausgaben" und „Einnahmen" in Betracht zieht, entgeht ihr das Spezifische, der ökonomische Sinn des Umlaufs. Nicht auf die Einnahmen überhaupt z. B. kommt es an, sondern auf die aus wirtschaftlicher Vorleistung stammenden Einnahmen: das „Einkommen" im spezifischen Sinne. Landry gerät im übrigen auch z. T. in die Kapitalkreislauflehre z. B. S. 162, wo er von der Tendenz einer zunehmenden Umlaufsgeschwindigkeit spricht mit zunehmender kapitalistischer Produktion. Wir kommen gelegentlich darauf zurück.

nicht lediglich ein „eigentliches" Geld in Frage kommt, sondern alle Geldgestaltungen die „Geldesdienste tun".

Indes liegt gerade in dem letzten — obwohl zweifellos hier der Fortschritt liegt — auch der Nachteil dieser Theorie. Sie ist eine empirische Theorie und insofern gar nicht in der Lage, die Geldform, d. h. die ökonomisch reale Kaufkraft von den fiktiven, eingeschobenen Geldformen zu trennen [1]) und insofern beurteilt sie notwendig die Umläufe ihrem ökonomischen Sinne nach falsch. Damit ist nicht gesagt, daß die Theorie keinen Wert hat, empirischen Wert hat sie zweifellos, nur — und das allerdings ist der Kernpunkt — für die Geldwerttheorie, wie wir behaupten, können ihre Ergebnisse nicht exakt sein. Daran ändert auch nichts das unverkennbare Bestreben, nur ökonomisch relevante Umsätze zu erfassen [2]). Wir stellen im folgenden Fishers Theorie ganz kurz dar; jedoch nur soweit, als die qualitativen Momente in Betracht kommen. Alles, was die Bestimmung der Umlaufsgeschwindigkeit: ihre Abhängigkeit von den verschiedenen Umständen, wie sie behauptet, außerhalb der Gleichung, lassen wir ganz außer Acht [3]).

Mit der zunehmenden Entwicklung des Geldwesens, wie gesagt, und der immer stärkeren Verwendung abstrakter Gelddarstellungen: Bankgelder im weitesten Sinne, war es für die mit dem Anspruch auf Geltung auftretende Quantitätstheorie eine dringende Aufgabe, auch die Umlaufsgeschwindigkeit anders als es bisher geschah zu bestimmen und auch anders als die verschiedenen Varianten der Frequenztheorie; denn gerade darin liegt ja eben deren spezifische Eigenart, daß sie immer nur bestimmte dingliche Geldgestaltungen als eigentliches Geld anspricht, nicht aber z. B. den Kredit. Und da man seit J. St. Mill für die Quantitätstheorie annahm, daß der Kredit ganz ebenso auf das Preisniveau wirkt wie das Geld, blieb nichts anderes übrig, als die Umlaufsgeschwindigkeitstheorie darauf einzustellen. Das bemerkten wir schon.

Stanley Jevons hat in seiner bekannten Darstellung des Geldwesens sich sehr skeptisch über die Feststellung der Umlaufsgeschwindigkeit ausgesprochen. Es gäbe nur eine einzige Möglichkeit: „Wenn wir die Anzahl der bewirkten Gütertäusche sowie

---

[1]) Vgl. das eben Gesagte.

[2]) das sich z. B. darin äußert, daß Fisher einen sehr feinen Unterschied macht zwischen Umsätzen „gegen Güter" und Umsätzen „mit Gütern". Wenn z. B. beim Einkauf einer Ware eine 10 Dollarnote in Zahlung gegeben wird, 2 Dollar aber wieder herausgegeben werden, dann beträgt der wirtschaftlich relevante Umlauf nur 8 Dollar, nicht 12 oder 10, „was wir haben wollen, ist die Rate, zu der Geld für den Einkauf von Gütern verwendet wird und nicht die Umwechslung in kleinere Münzsorten". l. c. S. 290.

[3]) Ein spezifisches Problem der quantitativen Seite der Frage.

die Menge des gebrauchten Geldes wüßten, so ließe sich durch Division die Durchschnittsanzahl der Umsätze erhalten" [1]).

Von dieser Bemerkung Jevons geht Irving Fisher aus bei der Aufstellung seines Umlaufsgeschwindigkeitsbegriffes.

Es empfiehlt sich jedoch, vorher ganz kurz auf Fishers Geldbegriff einzugehen. Er unterscheidet sich in einem gewissen Sinne von anderen quantitätstheoretischen dadurch, daß er immer noch Metallgeld als primäres Geld ansieht; das zeigt sich z. B. darin, daß er die Depositen, die er auch als Umlaufsmittel ansieht, in ein ganz bestimmtes Verhältnis zu dem primären Geld setzt, sie gewissermaßen als „Überbau" stilisiert [2]). Darin liegt eigentlich eine Durchbrechung des rein quantitätstheoretischen homogenen Geldbegriffes, daß Geld sei „alles was Geldesdienste tut". Insofern auch macht Fisher der „als ob"-Theorie — wie Voigt ganz richtig bemerkt hatte — gewisse Zugeständnisse.

Trotz dieser nicht ganz klaren Haltung in puncto Geldbegriff nimmt Fisher dennoch die „Vereinheitlichung" vor und zwar so, daß er ganz einfach die Bank als das „Heim" des Geldes ansieht [3]). Fisher definiert einen Umlauf dahin, daß er stets einen Austausch von Geld gegen Güter darstellen müsse. „Der Geldumlauf bedeutet daher den Gesamtbetrag seiner Umsätze gegen Güter" [4]). Er scheidet nun weiter die bei der Bank eingelegten Depositen in mehrere Klassen: in kaufmännische Depositen, andere Depositen und Nichtdeponenten, und entsprechend das Geld: als Kassengeld (kaufmännische Depositen) und Taschengeld (die beiden anderen Arten) [5]). Das scheine nötig, um feststellen zu können, ob und wie weit tatsächlich die Umläufe über die Bank erfolgen; er glaubt annehmen zu können, daß in einem entwickelten Geldverkehrswesen die Mehrzahl der Geschäftsleute mit einer Bank in Verbindung stehen, abgesehen etwa von Straßenhändlern usw. Auch die Gewerbetreibenden und Gehaltsempfänger ständen wohl in der Mehrzahl, wenn auch nicht so regelmäßig, in Bankverbindung. Als typische Nichtdeponenten, deren Umläufe also nicht über die Bank erfolgen, glaubt er die Lohnempfänger annehmen zu können. Daraus nun ergeben sich bestimmte „Geldströme", die Fisher schematisch ganz gut darstellt. Es ergeben sich drei Typen von Kreisläufen, von denen einer außerhalb der Bank, einmal zirkulierendes Geld, die beiden anderen

[1]) Vgl. W. Stanley-Jevons: „Geld und Verkehr", Deutsch, Leipzig 1876, S. 346.

[2]) Vgl. unsere Bemerkung oben Anm. 4, S. 85.

[3]) l. c. Journal of statistical etc. S. 605: „But we form a truer picture if we think of banks as the home of money, and the circulation of money as a temporary excursion from that home."

[4]) l. c. S. 20 u. ö.

[5]) l. c. S. 375 ff.

außerhalb der Bank zweimal zirkulierendes Geld umfasse [1]). Nur um den Betrag übersteige offenbar der Gesamtumlauf den über die Banken gehenden, der durch die Hände der Nichtdeponenten geht. „Der Quotient aus der Division dieser Summe dividiert durch den Betrag des in Umlauf befindlichen Geldes ergibt die ungefähre Umlaufsgeschwindigkeit des Geldes" [2]). Damit ist über die eigentlichen „Güterumsätze", d. h. darauf, worauf es ankommt, noch nichts ausgesagt. Fisher leitet nun aus den drei Geldströmen neun mögliche Kombinationen ab, von denen drei innerhalb jeder einzelnen Gruppe und sechs zwischen den Paaren nach jeder Richtung erfolgen können. Diese neun Ströme stellen nach Fishers Ansicht die Gesamtheit der Geldzirkulation gegen Güter dar. Ausgeschieden sind dabei alle reinen Banktransaktionen, spezifische Geldgeschäfte usw. [3]).

Man hat nun Fisher vorgeworfen, daß diese Theorie niemals in der Lage sei, den Geldwert genau feststellen zu können und zwar darum, weil sie zwar die faktisch erfolgenden Umläufe, nicht aber die „virtuellen" Umläufe erfassen könne, wie sie auch andererseits beide nicht voneinander trennen könne [4]); es handelt sich dabei darum, daß in der modernen Wirtschaftsverflechtung z. B. ein Trust über eine Kombination einer Reihe von Betrieben verfügt, die ein Produkt von der „Wiege bis zum Grabe" herstellen. Das Wesentliche dabei allerdings ist, daß das Produkt erst von der letzten Stelle aus in den Verkehr kommt, auf den Markt gelangt, und daß hier also der Einfluß auf die Geldwertbildung erfolge, während alle anderen dahinterstehenden Teilbetriebe lediglich unter sich durch Verrechnungen virtuelle Zahlungen leisten und empfangen. Vor allem Eggenschwyler und zum Teil Schumpeter [5]) haben in diesem Sinne gegen Fisher argumentiert; allein es scheint uns, daß gerade von dieser Seite aus Fisher nur bedingt beizukommen ist, wenn, und darauf liegt allerdings der Ton, eine reine Umlaufsgeschwindigkeit des Geldes in Frage stehen soll. Das, was diese Kritiker im Auge haben, sind Momente, die zu einem Teil in das Gebiet der Kapitalkreislauflehre hineingehören. Die Umläufe, die dabei in Betracht kommen, umfassen — mit Schumpeters Definition — eine Einkommensverwendung und eine Einkommensbildung, d. h. typisch das, was wir den Warenabschnitt und seine Bewegung genannt haben. Abgesehen davon liegt allerdings in dem erwähnten Argument etwas, was zweifellos von Bedeutung ist, es handelt sich da

---

[1]) l. c. S. 378.
[2]) l. c. S. 380.
[3]) l. c. S. 382 ff.
[4]) Vgl. vor allem Eggenschwyler l. c. S. 222 ff.
[5]) Schumpeter: „Sozialprodukt" l. c. S. 671; ebenfalls unten: „Effizienztheorie".

um ein Problem der ökonomischen Relevanz der Umläufe und daß Fisher in dieser Beziehung allzu stark vereinfachend vorgegangen ist, wird man zweifellos zugestehen müssen. Besser als bei Eggenschwyler kommt bei Schumpeter dieses Moment zur Geltung. Er zeigt sehr klar, daß lediglich dann ein Händewechsel vorliegt, der für den Geldwert von Bedeutung ist, wenn dabei der Übergang von Einkommensteilen aus dem einen in das andere Einkommen erfolgt [1]). Ob aber das andere Argument für den Geldwert in Frage kommt, d. h. soweit die Beschleunigung innerhalb des Warenabschnittes zur Frage steht, kann ohne weiteres weder bejaht noch verneint werden. Es ist auch das eine der vielen Schwierigkeiten, die das Quantitätstheorem nur sehr mangelhaft bewältigen kann. In der Tat scheint aber auch Fisher dieses Moment in einigen Punkten gemeint zu haben und vor allem basiert seine Argumentation über die Bestimmungsgründe der Umlaufsgeschwindigkeit darauf, die von den technischen und ökonomischen Verhältnissen des Landes abhängig sei. Diese Momente sind zweifellos dem „Warenstrom" resp. dem „Kapitalkreislauf" entnommen und somit trifft Eggenschwyler und Schumpeters Vorwurf offenbar zu, eine reine Umlaufsgeschwindigkeit des Geldes lag also nicht in Fishers Absicht. Im übrigen ist es eine doppelte Frage: die Umlaufsgeschwindigkeit des Geldes zu Zwecken der Quantitätstheorie benutzen und sie überhaupt für den Geldabschnitt, ohne zunächst den Warenabschnitt zu berücksichtigen, untersuchen. (Darum betonten wir oben „wenn" !) In dem Falle des Trusts also, wo nur zwei Händewechsel vor sich gehen in der Wirtschaftsperiode: der eine beim Kauf der Rohstoffe, der andere beim Umsatz der Ware auf dem Markte, dem „salto mortale", liegt ein Phänomen vor, das für den Geldwert und seine Bildung auf alle Fälle beachtet werden muß. Daß Fisher, wie überhaupt die Ruhezeittheorie darauf keine Rücksicht nimmt, ist von diesem Standpunkte aus — des Geldwertes —, wie gesagt, ein Mangel; aber wenn er das ist, dann handelt es sich schon gar nicht mehr um die reine Umlaufsgeschwindigkeit des Geldes, sondern von Geldumlauf in einem übertragenen, erweiterten Sinne.

Wir kommen nun zu dem zweiten Kernpunkt der Ruhezeittheorie: sie nimmt an, daß Geld auch abstrakte Gestaltungen, das was man allgemein Kredite nennt, seien. Es liegt hier also eine sehr umfassende Auffassung von Geld vor und es könnte scheinen, daß diese Theorie folglich nicht zu der von uns als herrschend angenommenen Doppelstromtheorie (Geldumlauf und Güterstrom) zu rechnen sei.

Allein auch hier zeigt sich der Dualismus der modernen Geld-

---

[1]) Ebenda.

theorie schon allein darin, daß sie von einer Geld- und einer Güterseite, überhaupt von zwei „Seiten" einer „Gleichung" spricht und diese Seiten als einander „gegenüberstehend" und getrennt auffaßt. Das scheint allein schon Beweis, daß auch hier die Auffassung von Geldstrom und Güterstrom nicht verlassen ist; außerdem zeigen das die wörtlichen Ausdrücke Fishers selbst [1]). Es kommt indes ein weiteres hinzu: Fisher sowohl als auch z. B. Kemmerer sprechen von einem „primären" Gelde, worunter sie wesentlich Metallgeld verstehen, dazu fügt man nun die Depositengelder ($G_1$), die jedoch, das ist das Fragliche, in einem mehr oder minder festen Verhältnis zu dem primären Gelde stehend aufgefaßt werden. Daß zunächst diese beiden Geldgestaltungen nicht genügen, um die Geldverfassung einer modernen Volkswirtschaft zu erfassen, scheint uns wiederum, wie oben schon bemerkt, Voigt recht gut hervorgehoben zu haben. Aber auch die abstrakten Geldgestaltungen haben nicht alle dieselbe Umlaufsgeschwindigkeit, vor allem aber besteht keinerlei festes Verhältnis aus „Gewohnheit" etwa, wie Fisher annimmt [2]), zwischen primärem und Depositengeld, das zeigen am besten die großen Geldmengenstörungen der vergangenen Jahre. Wäre das Verhältnis beider zueinander so einfach wie Fisher annimmt, dann allerdings hätte die Quantitätstheorie ziemlich leichte Arbeit. Außerdem aber impliziert die Annahme dieser festen Relation zwischen den beiden Geldmengenbestandteilen eine „als ob"-Umlaufsgeschwindigkeit, wie wir schon bemerkten, die dem Umlauf abstrakter Geldgestaltungen in keiner Weise gerecht wird, ja die ganz übersieht, daß hier ein eigenes Problem vorliegt, dem man allerdings mit den Mitteln der alten Doppelstromtheorie nicht beikommen kann.

Wir wollen indes hier lediglich die qualitative Seite dieser Theorie in ihren Hauptpunkten darlegen, keinesfalls aber eine erschöpfende Darstellung geben, was zudem überhaupt erst möglich ist im Zusammenhang mit der Gesamttheorie, die wesentlich auch die quantitative Seite umfaßt.

Wir konstatieren, daß es auch der Ruhezeittheorie nicht gelungen ist, das Problem des Umlaufs abstrakter Geldformen — denn dieses Problem ist das Kernproblem, das sie lösen soll — zu lösen, daß sie, abgesehen von der unzulässigen Vereinfachung der Geldmengendarstellung und damit zusammenhängend der Um-

---

[1]) l. c. an vielen Stellen ausführlich, z. B. S. 375 ff.

[2]) Vgl. l. c. S. 41/42. Auch von Kemmerer l. c. ist dieses Moment besonders betont worden. S. 79 z. B. kommt K. der „quasi" Theorie sehr nahe: "We may call this credit superstructure, according to the ideas of Walker Money S. 77/78) and Laughlin („Principles etc.", Chapter IV). „A case of highly refinet barter, or we may call it", a highly efficient use of money." Abgesehen aber davon legt Kemmerer vor allem auf das „business confidence" (l. c. S. 82 z. B.) großen Wert.

laufsgeschwindigkeit, dennoch ganz im Rahmen der Theorie bleibt, deren Umkehrung sie ja auch lediglich sein will: der Frequenztheorie. Wir stellen weiter fest, daß, wenn das Problem des Umlaufs des Warenabschnitts für das Geldwertproblem irgendwie maßgebend ist, sie auch hier einen empfindlichen Mangel zeigt wie überhaupt, daß sie das Problem der ökonomischen Relevanz der Umläufe keineswegs klar darlegt noch auch offenbar zu erfassen vermag.

Man spricht auch von einer Theorie der Umsatzraten oder, wie wir sagten, Quotaltheorie, insofern es sich um die Quote des einem Wirtschaftssubjekt zur Verfügung stehenden zu dem ausgegebenen Geldbetrage handelt. Die Unterschiede der Frequenztheorie und der Quotaltheorie, soweit Fisher sie feststellt, betreffen jedoch lediglich das Problem der „Messung", sie sind maßkategorialer Art.

Die von uns genannten und in den Mittelpunkt gestellten Aufgaben des immanenten Sinnes der Umlaufsgeschwindigkeit beachtet die Theorie kaum, d. h. das Problem, das wir die Überwindung der Unterbrechung des Stromkreislaufs nannten. Wenn sie auch das Bestreben zeigt, die ökonomisch relevanten Umläufe, d. h. die wirtschaftlich wichtigen Händewechsel allein zu umfassen, so gelingt ihr das nicht durchgehend. Sie kann das gar nicht, weil ihr Augenmerk zwar auf alle Geldgestaltungen — d. h. sie nimmt nur zwei an — gerichtet ist, allein da sie nur die Oberfläche der Dinge sieht, das Problem der ökonomischen „Werdung" des Geldes gar nicht kennt, muß sie notwendig sowohl die Umläufe einbegreifen, die einer echten Geldform — und nur durch sie erfolgt die Zerreißung des Warenstromes — entsprechen und deren Umlaufsbeschleunigung die Herstellung der Verbindung im strengen Sinne darstellt, als auch die Umläufe eingeschobener fiktiver Kaufkraft. Ein Problem in diesem Sinne existiert für sie gar nicht. Hatte die Frequenztheorie einer bestimmten empirischen Geldgestaltung die eigentliche Geldrolle zugesprochen, so diese Theorie der Tendenz nach allen empirischen Geldgestaltungen dieselbe Umlaufsgeschwindigkeit, während wir betonten, daß zwar die empirischen Geldarten sich empirisch gleichberechtigt gegenüberstehen, daß aber trotzdem dieselben nicht alle echte Bescheinungen für Vorleistung sind. Nur soweit das aber der Fall ist, liegt eine Unterbrechung des Wirtschaftsstromes vor und „wartet" irgendwo unverkauftes Angebot. Auch mit der Betonung der Raschheit der Aufeinanderfolge von Einnahmen und Ausgaben ist dieses Problem nicht gelöst; eine richtige Lösung würde dann vorliegen, wenn man betonte, daß es auf die Raschheit der Einkommensbildung und der Einkommensverwendung ankomme. Die Spanne, die zwischen diesen Momenten liegt, stellt eine reguläre Unterbrechung des Wirtschaftsstromes dar.

Das Bestreben, dieses Moment zu erfassen, liegt nun zweifellos in weit stärkerem Maße der sogenannten Effizienztheorie zugrunde, die wir nunmehr kurz darlegen wollen.

### b) Effizienztheorie.

Wir erwähnten schon die Stellungnahme Schumpeters zu einem der Hauptpunkte der Ruhezeittheorie und da zeigte sich gleich, daß hier eine ganz eigenartige neue Wendung in der Auffassung des Umlaufsgeschwindigkeitsproblems vorliegt.

Versuchen wir, ganz kurz diese Theorie der sogenannten „Effizienz" darzulegen. Sie knüpft — nicht nur dem Namen nach — an J. St. Mill [1]), der zuerst betonte, daß es bei der Schnelligkeit des Geldumlaufs nicht auf die Zahl der Einkäufe ankomme, die mit jedem Geldstück in einer gegebenen Zeit gemacht würden. Das Wesentliche sei nicht die Zeit, innerhalb der derselbe Geldbetrag die Hände wechsele, sondern darauf komme es an, wie oft er die Hände wechselt, um ein bestimmtes Maß von Umsätzen zu bewirken. Insofern hält Mill den Ausdruck „Schnelligkeit", der ja nur in Verbindung mit „Zeit" denkbar ist, für ungeeignet; er verdunkle vollständig das Moment, worauf es ankomme. „Wir müssen die Zahl der Käufe, die während einer bestimmten Zeit durch das Geld gemacht sind, nicht mit der Zeit selbst, sondern mit den in dieser Zeit verkauften Gütern vergleichen" [2]). Mill hält es darum für besser, von „Effizienz" des Geldes zu sprechen — ein Ausdruck, der, wie wir glauben, mit „Wirksamkeit" nicht recht wiedergegeben ist [3]). Wir gehen hier auf das Bestreben Mills — das nach unserer Meinung stets mißverstanden wurde —, die „Zeit" auszuschalten, seinem spezifischen Sinne nach noch nicht ein. Aber es kann kein Zweifel bestehen, daß es Mill offenbar nur auf die Erfassung der rein ökonomischen Relevanz der Umläufe zu tun war und gerade das ist es, was uns Effizienz zu bezeichnen scheint [4]).

Damit haben wir den Grundzug dieser Theorie gekennzeichnet. Nicht die „Schnelligkeit", mit der das Geld umläuft, Wege zurücklegt, interessiert hier, sondern lediglich was den Umsatz von

---

[1]) Vgl. „Grundsätze der politischen Ökonomie" l. c. Kap. 8, § 3, II. Bd., S. 17 ff.

[2]) l. c. S. 19.

[3]) So übersetzt l. c. W. Gerig; besser scheint uns die Übersetzung Soetbeers, Leipzig 1869, der den Ausdruck „Effizienz" beibehält.

[4]) D. h. das ist nicht die einzige Bedeutung des Ausdrucks, wie später gezeigt werden soll. Es ist wesentlich das, was damit sachlich gemeint ist, von der Struktur dieses Begriffes zu trennen und hierbei spielt die Zeit eine ganz bedeutende Rolle. An diesem Punkt, an dem wir jetzt stehen, spielt die Ausschaltung des Zeitmoments naturgemäß keinerlei wahrnehmbare Rolle und insofern sind wohl Wicksells (l. c. S. 45/46) Angriffe gegen „die seltsame Behauptung" Mills betreffs Ausschaltung der Zeit zu verstehen. Vgl. weiter unten IV.

Ware und Geld betrifft. Wenn Wicksell glaubt, das sei für jede Quantitätstheorie selbstverständlich und immer betont worden, so mag das sein; allein nicht auf das „Wollen“, sondern auf das „Gelingen“ kommt es in diesem Falle an und daß dieses Bestreben der Frequenztheorie, die ja nur auf die Schnelligkeit sieht, was auch der Ruhezeittheorie eigentlich zugrundeliegt, stellten wir fest; daß es aber keiner der beiden Formen gelungen sei, dieses Moment genügend zu erfassen, mußten wir ebenfalls konstatieren.

Viel ausführlicher als Mill hat Schumpeter die Effizienztheorie neuerdings dargelegt und weitergebildet [1]).

Schumpeter sieht den Mangel der Ruhezeittheorie, soweit das Unvermögen der Erfassung nur ökonomisch relevanter Umläufe in Frage kommt, sehr gut. Sehen wir zu, wie weit es ihm gelungen ist, die von uns in den Mittelpunkt gestellte Aufgabe zu lösen, d. h. zu zeigen, wie weit die Umlaufsgeschwindigkeit resp. seine Effizienz die Überwindung der Unterbrechung des Wirtschaftsstroms bewirkt.

Von Schumpeters Geldbegriff und dessen dualistischem Charakter sprachen wir schon öfter. Das muß sich naturgemäß vor allem hier bei der Umlaufsgeschwindigkeitstheorie bemerkbar machen. Einerseits nennt er alles und jedes Geld, was die Geldrolle erfüllt, ob eine Ware, wie Kaffee oder Tee, oder ob nur in Geld gerechnet werde, spielt für ihn keine Rolle; der typische Rechenpfennigbegriff des Geldes. Anders aber, sowie er von Umlaufsgeschwindigkeit und überhaupt von Geldumlauf spricht. Hier auf einmal die Ansicht, daß ein „Kreislauf“ bestehe: „Geld kann seine Laufbahn innerhalb der Grenzen technischer Möglichkeit beliebig oft zurücklegen, beliebig viele produktive Elemente von der Wiege bis zum Grabe begleiten“ [2]). Der Grund dafür sei klar — eben der Umstand, daß Geld mit dem „Ausgeben“ nicht notwendig untergehe.

Vergleicht man damit, was Schumpeter wenig früher gesagt hatte (S. 659), daß auch Geld seien alle Beträge, die durch Skontration allein erledigt werden; wenn Schuster und Schneider in Geld rechnen, dann sei auch das Geld, wenn er sich sogar dagegen ausspricht, daß es wesentlich sei, daß eine Geldkreation durch Tinte und Papier erfolge [3]), dann wird man sagen müssen, daß hier zwei diametral einander gegenüberstehende Geldbegriffe vorliegen. Sind diese letzteren Arten „Geld“, was zweifellos bei dem Rechnen in Geld und bei der Skontration nicht der Fall ist — denn, wie Bendixen sehr richtig sagt, kein Geld kann nicht auch Geld sein —, dann jedenfalls können diese Geldgestaltungen nicht zirkulieren, soweit es „die Grenzen

[1]) l. c. „Sozialprodukt“ S. 667 ff.
[2]) l. c. S. 670.
[3]) l. c. S. 661, Anm.

ihrer technischen Möglichkeit" erlauben, denn sie gehen mit dem Konsumakt notwendig unter, d. h. nach Schumpeters Auffassung gibt es für sie überhaupt keinen Umlauf.

Trotzdem scheint uns diese Stellungnahme für Schumpeter nicht unbedingt notwendig zu sein; denn die Definition des Umlaufs überhaupt, „ein Umlauf besteht in einer Einkommensverwendung und einer Einkommensbildung" [1]), scheint uns nicht an die Dauerbarkeit der umlaufenden Geldgestaltungen gebunden. Kurz, wir stellen fest, daß Schumpeters Theorie insofern unklar ist, als der Geldbegriff auf den sie aufbaut, einen Doppelcharakter trägt und daß die Umlaufsgeschwindigkeit oder Effizien offenbar bei Schumpeter nur zum Teil auf dem dinglichen Geldbegriff fußt.

Ganz an die dingliche Auffassung der Doppelstromtheorie aber ist seine Definition der Umlaufsgeschwindigkeit angeschlossen, soweit er sie auffaßt „als die Tatsache, daß ein und dieselbe Geldeinheit in einer Periode, in der sich der Wirtschaftsprozeß vollendet, mehrmals den Kreislauf von der Konsumtionssphäre bis wieder in die Konsumtionssphäre zurücklegt oder, was dasselbe ist, mehrmals zum Element von Geldeinkommen und als solches ausgegeben wird" [2]). Damit indes ist verschiedenes gesagt. Zweifellos konnte einmal die Händewechseltheorie, die hier angedeuteten Momente nicht klären, da es eine Menge Händewechsel im Wirtschaftsprozeß gibt, die, wie Schumpeter sagt, auf den Geldwert nicht alle von derselben Bedeutung sind (man beachte die typische Tendenz auf den „Geldwert" !). Und daraus eben schließt Schumpeter das Argument, das wir oben schon bei Fisher erwähnten: daß es bei der heutigen Verflechtung des Wirtschaftslebens so viel Händewechsel gebe, die gar nicht für den Markt, d. h. den Preis von Bedeutung werden, da der Konsument stets nur von dem letzten Produzenten kauft, während hinter ihm vielleicht 99 andere Produzenten und Zwischenhändler stehen. Dann habe offenbar nur der Teil der Summe, der bei der zuletzt stehenden Produktionsstufe bleibt, dieselben Händewechsel durchzumachen wie früher, um zum Element von Einkommen zu werden, während sich der übrige Teil auf alle 99 folgenden Teilnehmer an der Produktion aufteilt und so sukzessive zu Einkommenselementen wird [3]).

Grundlegend und ausschlaggebend sei aber, ob der Händewechsel einen Übergang von Teilen eines Einkommens in ein anderes Einkommen bedeute [4]). Nur dann liege ein Moment

[1]) l. c. S. 672 Anm.
[2]) l. c. S. 671.
[3]) l. c. S. 671/72.
[4]) l. c. S. 271. Es sei völlig gleichgültig, durch wieviel Hände eine Geldsumme gehen muß, um von einem Einkommen in ein anderes zu gelangen.

vor, das für den Geldwert von Belang werde, da hierbei eine Wirkung erzielt werde, wie eine Vermehrung der Geldmenge im gleichen Betrag. Sei das nicht der Fall, sondern stellten die Einnahmen nur einen durchlaufenden Posten dar, würden sie weitergegeben wie oben an die 99 „Hintermänner", so liege kein ökonomisch bedeutsamer Umlaut vor. In diesem Falle zeige aber die Händewechseltheorie in beiden Arten eine Beschleunigung an und auch die Ruhezeittheorie sei nicht in der Lage, diese Momente auseinanderzuhalten.

Ohne Zweifel, wie wir schon betonten, ist dieses Moment von eminenter Bedeutung — aber nur bei dauerbaren Geldgestalten. Für unsere Auffassung z. B. der Geldform ist dieses Moment nicht ausschlaggebend, sondern lediglich der Umstand, daß überhaupt ein Umlauf dann vorliegt, wenn die real erworbene Geldform gegen eine Warenform umgesetzt wird und das ist allerdings dann der Fall, wenn eine Einkommensbildung und eine Einkommensverwendung erfolgt, das gilt aber auch für abstrakte Geldgestaltungen. Das Moment der auf dem Markte bleibenden Geldstücke ist dabei ganz nebensächlich, im Gegenteil, es verwischt den Kern nur.

Wir erwähnten oben Schumpeters Umlaufsbegriff. Er steht — bei seiner Rechenpfennig-Geldtheorie naturgemäß — in direktem Gegensatz zu dem unsrigen. Auch seine Definition, und damit kommen wir zu der schon früher von uns behaupteten, bei Schumpeter vorliegenden Verwechslung von Geldumlauf und Kapitalkreislauf, liegt im wesentlichen der erwähnte Umlaufsbegriff zugrunde, daß nicht, wie wir annahmen, Einkommensbildung und Einkommensverwendung von Bedeutung seien, sondern Einkommensverwendung und Einkommensbildung. Das entspricht auch ganz seinem Einkommensbegriff, den er im Sinne Fishers faßt als „... Geldausdruck der konsumierten Güter", da ersparte Summen „normalerweise zu Einkommen für andere" würden [1]).

Schumpeter kennt also gar nicht den eigentlichen Umlaufsbegriff des Geldes und darum gerät er unversehens in die Bewegung des Warenstroms, während wir betonen, daß der Geldumlauf seinem Wesen nach bedeute die Zerreißung und Unterbrechung des Warenstroms verläuft für Schumpeter der Warenstrom kontinuierlich. Die Konsequenz ist zunächst die Annahme der Doppelstromtheorie. Sie ist andererseits die Ursache der Verwechslung von spezifischem Geldumlauf und Umlauf des Warenabschnitts. Diese Verwechslung unterläuft, wie gesagt, Schumpeter ganz unversehens. Er betont, daß zwar die Investitionsperioden verschieden — länger oder kürzer sein könnten, sie spielten auch

---

[1]) l. c. S. 635.

in der Geldtheorie eine Rolle —, „aber hier an dem Punkt, an dem wir stehen, ist sie irrelevant“ [1]) — der Geldumlauf sei davon unabhängig. Erst nachher betont er, daß sein Verfahren auch die Untersuchung des technischen und kommerziellen Produktionsprozesses ermögliche [2]), um festzustellen, „wie oft ein und dieselbe Geldeinheit in der gewählten Periode in die Einkommen eintritt“. Diese Bemerkung entspricht zweifellos ganz seinem Umlaufsbegriff, ist aber ebenso zweifellos — ein Moment der Kapitalkreislauflehre, was ja auch Schumpeter selber mit der letzteren Feststellung bemerkt. Daß diese Momente nicht genügend getrennt sind, ist die Folge des unklaren Geldbegriffes, der bald dinglich gefaßt ist, bald nur die „Wertbeträge“ betrifft, wie sie für die Kapitalkreislauflehre in Frage kommen.

Deswegen aber bleibt der Wert der Effizienztheorie doch bestehen, wenn sie betont, daß nur dann ein wirklich ökonomisch relevanter Umlauf vorliege, wenn eine Einkommensbildung damit verknüpft ist. Dem stimmen wir ganz zu; eine andere Frage aber ist, was in den Mittelpunkt zu rücken sei: Einkommensbildung und Einkommensverwendung oder aber Einkommensverwendung und Einkommensbildung. Wir halten daran fest, daß zweifellos nur das erste Aufgabe einer Umlaufsgeschwindigkeitstheorie des Geldes sein kann, daß auch die andere Aufgabe von Bedeutung ist, keinesfalls aber mit dem ersteren Problem vermischt werden darf.

Das Problem der Einkommensverwendung und Einkommensbildung ist Gegenstand einer anderen Theorie: der Kapitalkreislauflehre, die wir nunmehr kurz untersuchen wollen.

### c) Die Kapitalkreislauflehre.

Wir machten in unserem theoretischen Abriß darauf aufmerksam, daß außer der Darstellung des Kreislaufs in der schematischen Form W-G-W die weitere Möglichkeit bestehe, umgekehrt vorzugehen und G-W-G in das Zentrum zu rücken. Dann würde der Warenabschnitt lediglich eine Unterbrechung und Zerreißung des ungehindert fließenden Geldstroms darstellen. Zutreffend wäre diese Theorie dann, wenn nicht mehr die Versorgung mit Gütern, sondern ein Maximum an Geldertrag Zweck und Ziel der Ökonomie ist. Während wir bisher für die allgemeine Form die Unterbrechung durch die Geldfrom und ihre Überwindung durch die Umlaufsgeschwindigkeit untersuchten, tritt an deren Stelle jetzt die Analyse der Unterbrechungsstelle und ihre Überwindung in der kapitalistischen Sphäre.

---

[1]) l. c. S. 670.
[2]) l. c. S. 673.

Allein so wäre das Problem zunächst mißverständlich; denn in der Tat handelt es sich gar nicht mehr in dem Sinne um den „Warenabschnitt", wie wir das in der allgemeinen Form fanden, sondern — das ist das Charakteristische — an der Oberfläche läuft jetzt lediglich Geld um, d. h. Wertbeträge, in Geld kalkulierte Summen. Wir akzeptieren damit hier den sogenannten abstrakten Kapitalbegriff im Sinne von Marx, d. h. Kapital wie Geld und Ware wird als eine spezifische „Form" angesehen [1]). Wir sehen jedoch ab dabei von aller Rücksichtnahme auf „Profit" oder „Mehrwert".

Nicht etwa im Widerspruch zu unserer allgemeinen Theorie des Geldumlaufs steht diese Auffassung, sondern sie stellt lediglich eine spezielle Form des Geldumlaufs dar, d. h. beide Formen haben ihre Berechtigung, aber auch ihr eigenes Feld. Es gelten zweifellos die Gesetze der formalen Geldtheorie, aber auch für die Lehre der Kapitalbewegung. Insofern also steht die Kapitalbewegungslehre in einem gewissen Zusammenhang mit den anderen dargelegten materialen Theorieformen, sie ist eine spezielle Geldbewegungslehre.

In dieser Form hat nun die Kapitalbewegungslehre eine ganz besondere Ausgestaltung gefunden durch Karl Marx.

Wir sprachen schon oben über den allgemeinen Charakter der Marxschen Gesamttheorie und versuchten dort den rein ökonomischen Gehalt durch „Einklammerung" aller soziologisch- und sozial-philosophischen Momente herauszuschälen. Gerade hier für die geldtheoretischen Probleme ist das von nicht zu umgehender Notwendigkeit; denn es handelt sich um Teile, wie die allgemeine Geldtheorie, die im 1. Band des „Kapital" ihre Darstellung gefunden haben, wie auch um solche, und zwar speziell die Kapitalkreislauflehre, die ausschließlich in Band 2 enthalten sind. Während gerade die im 1. Band enthaltene Geldtheorie im engsten Zusammenhange mit der rein soziologischen Werttheorie steht, handelt es sich in Band 2 um ganz nüchterne rein ökonomische Darlegungen.

Es ist bekannt, daß aus einem so stark systematischen Werk, wie es das Marxsche ist, einzelne Partien nicht ohne weiteres isoliert dargelegt werden können, ohne Gefahr zu laufen, ihren Sinn vollständig zu verkennen. Wir sind insofern gezwungen, hier ganz

---

[1]) Karl Marx: „Kapital" Bd. I S. 109 ff.: „Eine Wertsumme ist daher Kapital, weil sie angelegt wird um einen Profit zu erzeugen." Außerdem viele Äußerungen Marxens in diesem Sinne. Vgl. auch Liefmann: „Grundsätze" l. c. I, S. 563: „Die Veranschlagung der Kostengüter als Mittel zur Feststellung eines Geldertrags." Weiter wollen wir auf dieses kontroverse Gebiet nicht eingehen. Es wären aber hierhin zurechnen z. B. Karl Menger: „Zur Theorie des Kapitals", Jahrb. f. Nat.-Ökon. etc., N. F., 17, 1888, S. 40, oder Schmoller: „Grundriß" II. Bd., S. 180; mit einigen Unterschieden auch Schumpeter: „Theorie der wirtschaftl. Entwicklung" l. c. S. 226 ff.

kurz auf Marxens allgemeine Geldtheorie einzugehen, um feststellen zu können, wie sich Geldumlauf und Kapitalkreislauf zueinander verhalten.

Die Organisation der Gesellschaft als warenproduzierende, das atomistische Verhalten der Einzelnen zueinander macht die Existenz eines allgemeinen Äquivalentes notwendig: der Geldform. Diese Geldform nun kann sich nach Marx in verschiedenen Formbestimmtheiten darstellen, zunächst als Rechengeld, dann als Zirkulationsmittel und beide zusammen ergeben eine neue Einheit: das Geld, dessen weitere Entwicklungsform das Zahlungsmittel ist [1]). Damit ist eine Umreißung der Marxschen Eigenart der Behandlung des Gegenstandes angedeutet. Die Darstellung ist bei Marx, wie uns scheint, keine sehr glückliche, denn es sind Momente, die ganz durch Marxens allzu stark genetisch, auf „Entwicklung" eingestelltes Bestreben diktiert sind. Die Schwierigkeit, die daraus erwächst, zeigt sich sofort, wenn die allgemeine Form des Geldumlaufs bei Marx festgestellt werden soll; denn es bleibt unklar, von welcher Formbestimmtheit nun die Theorie des Geldumlaufs ausgehen soll. Es kommen wesentlich zwei Momente in Betracht: einmal die abstrakte, allgemeine Form, nach dem auch von uns übernommenen Schema W-G-W, und dann die Doppelstromtheorie, die Marx dadurch übernimmt, daß er Gold ganz allgemein als die Geldware annimmt [2]). Man könnte insofern zweifeln, ob das Schema W-G-W für die Geldzirkulation, besser den „Geldumlauf" gelte, denn er wendet dieses Schema im wesentlichen auf das Zirkulationsmittel, Geld in seiner „flüssigen", „verschwindenden" Form an. Trotzdem glauben wir mit unserer Annahme, daß W-G-W die allgemeine Form des Geldumlaufs sei, im Recht zu sein. Einmal bedeutet die Annahme von Gold als der Geldware nicht, daß die Geldware dingliches Objekt sein müsse; denn das Wesentliche der Ware ist ja eben ihre spezifische Formbestimmtheit. Außerdem aber ist das Bestreben Marxens, die allgemeine Form der Metamorphosenreihe nur für das Zirkulationsmittel durchzuführen, u. E. mißlungen; er gerät unversehens in die Gesetze der eigentlichen Geldzirkulation, d. h. einer Form, die erst auf späterer Entwicklungsstufe Darstellung finden soll.

Um das hier kurz anzudeuten: Das Zirkulationsmittel entspricht bei Marx ganz dem Rechenpfennig der klassischen Theorie, d. h. der Warenstrom stellt wesentlich die Einheit dar, wie sie die klassische Theorie angenommen hat; allein Marx arbeitet

---

[1]) Vgl. die ausführliche Darstellung der Geldtheorie in der „Kritik" l. c. oder auch die etwas stärker komprimierte und mit mehr illustrativem Material versehene „Kapital" I, 3. Kap.

[2]) „Kritik" l. c. S. 47. „Der Vereinfachung wegen ist Gold überall als die Geldware unterstellt."

auch da schon mit dem Moment des „gleichgültigen Auseinanderfallens“ von Kauf und Verkauf; er weist nach, daß niemand, der verkauft hat, auch sofort wieder zu kaufen brauche [1]), das heißt aber, er meint implizite damit „Geld“, die verselbständigte, absolute Form der Ware, denn nur wenn Geld existiert, tritt die Zerreißung des Warenstroms auf.

Wir glauben damit, daß die allgemeine Form des Geldumlaufs bei Marx durch sein Schema W-G-W dargestellt wird, das heißt aber, daß die durch die dauerbare Existenz von Geld verursachte Annahme eines „ewigen“ Geldumlaufs nur ganz speziell für Dinggeld gilt und daß dementsprechend das aufzufassen ist, was Marx speziell über Umlaufsgeschwindigkeit sagt [2]). Wir lassen daher alle Momente, die er für die Bestimmung des Geldbedarfs durch Umlaufsgeschwindigkeit anführt, kurzerhand beiseite, da sie zu dem Bereich der Frequenztheorie gehören [3]). Daneben aber findet sich eine weit interessantere Partie da, wo er von dem „Wesen“ der Umlaufsgeschwindigkeit spricht. Wir kommen darauf in einem späteren Abschnitt.

Marx kennt nun den Kapitalkreislauf einmal als Kreislauf des individuellen Kapitals und dann als Kreislauf des gesellschaftlichen Gesamtkapitals [4]). Auf beide Formen müssen also die allgemeinen Gesetze der Zirkulation zutreffen, wie sie in Band 1 dargelegt sind, wenn auch, speziell für die erste Form, mit gewissen Modifikationen. Der Unterschied gegenüber der einfachen Warenzirkulation ist wesentlich der — von uns schon dargelegte —, daß jetzt nicht mehr W-G-W, sondern G-W-G Ausgangspunkt ist. Geld ist das Ziel der Produktion, in Marxscher Terminologie: eine höhere Entwicklungsstufe der gesellschaftlichen Produktionsverhältnisse, d. h. der ökonomisch-soziologischen Beziehungen der Menschen zueinander, die z. B. die „primitive Akkumulation“ voraussetzt mit entsprechender Expropriation des Proletariats usw. Marxens Darstellung ist, nebenbei bemerkt, wesentlich genetisch, was besonders zu beachten ist, z. B. für das schon angedeutete logische Problem des Geldanfangs, hier des Problems: wie kann das gesellschaftliche Mehrprodukt auf erweiterter Reproduktionsstufe realisiert werden.

---

[1]) l. c. S. 80: „Während im Tauschhandel der Austausch eines besonderen Gebrauchswertes unmittelbar an den Austausch eines anderen besonderen Gebrauchswertes gebunden ist, erscheint der allgemeine Charakter der Tauschwert setzenden Arbeit in der Trennung und dem gleichgültigen Auseinanderfallen der Akte von Kauf und Verkauf.“ Hier spricht aber Marx noch vom „Zirkulationsmittel“, d. h. der „flüssigen Form“ des Geldes; das bedeutet eine unbewußte Vorwegnahme der erst später dargestellten „verselbständigten“ Form.

[2]) l. c. S. 93 ff.—99 und S. 145—150.

[3]) und n. b. wesentlich in den Bereich der quantitativen Problemseite.

[4]) Vgl. „Kapital“ II.

Unser engeres Problem also ist: wie stellt sich die Umlaufsgeschwindigkeit der Geldform vom Boden der Kapitalkreislauflehre dar.

Marx akzeptiert hier im Gegensatz zu den Klassikern die Umlaufstheorie der Physiokraten, die, wie er bemerkt, wenn auch mit starker Vermischung von Geldumlauf und Geldkreislauf die Probleme der Zirkulation weit richtiger erkannt hatten als die Klassiker [1]). Das Wesentliche dieser Theorie liegt bekanntlich darin, daß nicht nur das sogenannte „umlaufende" Kapital, sondern auch das, was man „fixes" oder „stehendes" Kapital nennt, an dem Umlauf teilnimmt, d. h. daß sich das Gesamtkapital in Bewegung befindet, wie Marx sagt, „umschlägt". Marx trennt also selbst hier Geldumlauf und Geldkreislauf sehr scharf, während er unter dem Kreislauf des Geldes wesentlich „Wertumlauf" versteht, d. h. den Rückfluß des Geldes zu seinem Ausgangspunkt begreift er den Geldumlauf — im Sinne der Doppelstromtheorie — entgegengesetzt als die stete Entfernung des Geldes von seinem Ausgangspunkt durch eine Reihe von Händen [2]). Bei Marx liegt also nicht die Verwechslung beider Phänomene vor, wie es zweifellos auch bei der Effizienztheorie der Fall ist. Allerdings bemerkt er ausdrücklich, „dennoch schließt beschleunigter Umschlag (d. h. also Kreislauf) eo ipso beschleunigten Umlauf ein" [3]). Damit haben wir die Form, auf die es ankommt:

---

[1]) l. c. S. 316, Anm. 33.

[2]) l. c. S. 315/16, ferner I, S. 94.

[3]) l. c. S. 316. Es sei hier darauf hingewiesen, daß G. Tarde: „Psychologie économique", Paris 1902, T. I, S. 369 ff., gerade diese Unterscheidung von Marx in „Geldumlauf" und „Geldkreislauf" angegriffen hat. Zunächst spricht T. sich dagegen aus, daß nur der Kapitalist den Kreislauf des Geldes kenne: „Il en est ainsi pour tout le monde puisque chaqu'un de nous, riche ou pauvre, à moinsqu'il ne soit hospitalisé auxfrais d'un établissement qui lui-même et ses recettes et ses dépences alternantes — tourne dans un cercle des recettes et des dépenses périodiquement renouvelées" (S. 371). T. scheidet einen Kreislauf der Bedürfnisse, einen Kreislauf der Arbeit und einen Kreislauf des Geldes. Die beiden ersten Kreisläufe nun seien — T.s Spezialität — durch die „imitation d'individu à individu" aufrecht erhalten. Wie aber sei es mit dem Kreislauf des Geldes! T. wendet sich scharf gegen die Annahme eines „argent tournant" und „argent fuyant" (S. 273) und kritisiert die Annahme eines Umlaufs individueller Geldstücke, da ein Geldstück nur gelte durch seinen gleichen Wert, wie es außerdem auch unmöglich sei, jedem Geldstück auf seinen verschlungenen Wegen zu folgen. Nur die Wertbeträge seien es, die in Frage ständen und da sei es klar, daß jede Familie, jedes Wirtschaftssubjekt hier einen Kreislauf habe insofern als es Einnahmen beziehe und Ausgaben mache. Dies sei der grundlegende Kreislauf des Geldes, nicht aber sei zu unterscheiden zwischen Geldumlauf und Geldkreislauf.

Wir stimmen T.s Ausführungen durchaus zu! Nur sei bemerkt, daß Marx, wie wir zeigten, alles andere wollte, als hier zweierlei verschiedene Geldumläufe anzunehmen, richtig ist jedenfalls Marxens Begriff des Geldumlaufs, soweit Metallgeld in Frage kommt; dann gilt die Theorie des Doppelstroms. T. aber übersieht diese spezifischen Verschiedenheiten.

es handelt sich bei der Kapitalkreislauflehre um die Schnelligkeit des Umschlags eines Kapitals resp. des Gesamtkapitals.

Wenn W-G-W resp. G-W-G die allgemeine Form ist, muß diese Form auch hier auftreten und es muß sich zeigen, wo die Unterbrechung des Stromes liegt. In der allgemeinen Form war es wesentlich die notwendige Umsetzung der Warenform in die Geldform, die die Zerreißung bedingte. Das Schema für die Kapitalzirkulation stellt sich nun bei Marx so dar: G-W-....P...W-G, oder in explizierter Form G-W $< {A \atop Pm}$ ... P .... $W_1$ (W + w)- $G_1$ (G + g). Von der Bezugnahme auf den Mehrwert sehen wir füglich ab. Wesentlich an dem ganzen Schema ist der Ausgangspunkt: G = Geldkapital leitet den Prozeß ein, es erfolgt die notwendige Umsetzung in Arbeit und Produktionsmittel, daran schließt sich der Produktionsprozeß und hieran die Zeit, die zum Umsatz der Ware in die neue Geldform verlangt wird. Verlangsamend an dem ganzen Ablauf ist also alles, was zwischen G und $G_1$ liegt. Ganz analog der einfachen Warenzirkulation, wo das Geld die Unterbrechung von W-W war. Wenn hierbei die einzelnen Abschnitte des Schemas als Geldkapital, Warenkapital usw. auftreten, so sind das keine eigentlichen besonderen Kapitalformen, sondern lediglich Funktionen, Teile der Gesamtheit des „industriellen Kapitals" [1]).

Marx zerlegt nun, da der ganze Prozeß in einem zeitlichen Ablauf erfolgt, das Schema in Umlaufszeit und Produktionszeit [2]), sie stellen die beiden Hauptmetamorphosen der Unterbrechung von G-$G_1$ dar. Den gesamten Verlauf der Umsetzung der einzelnen Formabschnitte ineinander, von G bis wieder G, nennt Marx die Umschlagszeit [3]). Innerhalb dieser Umschlags-

[1]) l. c. II, S. 26: „Geldkapital, Warenkapital, produktives Kapital bezeichnen hier also nicht selbständige Kapitalsorten, deren Funktionen den Inhalt gleichfalls selbständiger und voneinander getrennter Geschäftszweige bilden, Sie bezeichnen hier nur besondere Funktionsformen des industriellen Kapitals, das sie alle drei nacheinander annimmt."

[2]) l. c. II, S. 92/93. Marx gibt hier recht spezialisierte Ausführungen über „Produktionszeit" und „Umlaufszeit". Die Umlaufszeit gehört zwar auch zur Produktionszeit, während aber in der Arbeitszeit Produktbildung vor sich geht, ist das in der Umlaufszeit nicht der Fall", innerhalb der Zirkulationssphäre haust das Kapital als Warenkapital und Geldkapital. „Umlaufszeit und Produktionszeit schließen sich wechselseitig aus. „Während seiner Umlaufszeit figuriert das Kapital nicht als produktives Kapital und produziert daher weder Ware noch Mehrwert." Dieses Moment der Umlaufszeit, wie gesagt, wird von Marx recht ausführlich dargelegt, da gerade diese Seite nach der Logik des Kapitals für die Entwicklung besonders von Bedeutung werden muß.

[3]) l. c. II, S. 123: „Die gesamte Zirkulationszeit (Umschlagszeit eines gegebenen Kapitals ist gleich der Summe seiner Umlaufszeit und seiner Produktionszeit. Es ist der Zeitabschnitt von dem Augenblick des Vorschusses des Kapitalwertes in einer bestimmten Form bis zur Rückkehr des produzierten Kapitalwerts in derselben Form."

zeit schließen sich nun — ein Spezifikum der Mehrwertlehre — Produktionszeit und Umlaufszeit aus, vor allem diese Umlaufszeit ist es, die nötig ist, um das Produkt abzusetzen, wie auch die Geldform in Arbeit und Produktionsmittel wieder zurückzuverwandeln. Für die Produktionszeit kommt nur noch besonders in Betracht, das, was man bei Marx als „organische Zusammensetzung des Kapitals“ kennt[1]), d. h. das Verhältnis des konstanten (toten) Kapitals zu dem variablen, „Mehrwert produzierenden“, Kapitalteil. Wie gesagt, wir gehen auf diese spezielle Wendung der Theorie hier nicht ein. Je rascher jedenfalls die gesamte Metamorphosenkette abläuft, desto rascher der Umschlag des Kapitals, desto rascher der Kreislauf der Geldform, die hier als Kapital auftritt. Die vielen ins einzelne gehenden Momente, die Marx hierbei heranzieht, sollen hier nicht dargelegt werden. Vor allem die eingehende Darstellung der Momente, die dahin tendieren, die unproduktive Umlaufszeit abzukürzen. Erwähnt sei nur noch der interessante Teil seiner Untersuchungen, der sich mit der Größe des vorzuschießenden Kapitals im Verhältnis zu der Umschlagszeit befaßt[2]). Gerade dieses Moment wurde, wie Marx sehr richtig bemerkt, stets „von den Ökonomen vergessen“. Während der Dauer der Produktion muß offenbar lediglich ein Zuschuß an Geldform erfolgen und zwar um so mehr, je länger die ganze Umschlagszeit dauert. Dieses Moment ist zunächst unabhängig davon, daß stets ein ganz bestimmter Teil des industriellen Kapitals in „Geldform“ vorhanden sein muß, daß also tatsächlich im Produktionsprozeß nur ein Teil des Gesamtkapitals engagiert sein kann. Es ist das ein spezifisches Moment, das aus der Struktur der Wirtschaft folgt, deren Ablauf, wie wir sagten, „diskontinuierlich“ ist, es ist außer der Notwendigkeit der Darstellung der Warenform in der Geldform der tote Gang des Systems. Ein weiteres noch ergibt sich: daraus, daß stets nur sukzessive der Rückfluß an Geldform erfolgen kann, wird außerdem stets ein bestimmter Teil an Geldform brachliegen müssen, es ist die „periodische Freisetzung von Geldkapital oder, wie Marx sagt, das „latente“ Geldkapital. Gerade diese beiden Momente, die Notwendigkeit eines ständigen Zuschusses an Geldform während der Dauer der Produktion wie überhaupt der Umschlagszeit, und die Notwendigkeit der Darstellung der Warenform in der Geldform einerseits, wie der Umstand andererseits, daß ständig der Umschlagsprozeß ebenso wie die Warenproduktion beständig „Geld ausschwitzt“, fortwährend Kapital in Geldform freisetzt, wird von besonderer

---

[1]) Vgl. Bd. I, l. c. 6. Kap., S. 161 ff. Diese Momente für die Einführung vermehrten konstanten Kapitals sind als Beschleunigung des Umlaufs recht gut dargestellt worden im Anschluß an Marx von G. Tarde l. c. S. 366 ff.

[2]) l. c. II, S. 324 ff.

Bedeutung für die Rolle der Banken in der kapitalistischen Produktion [1]).

Wir können hier naturgemäß Marxens Theorie des Kapitalkreislaufs nicht in ihren Einzelheiten darlegen. Nur darauf kam es uns an, die Grundlagen kurz zu skizzieren, um zu sehen, wie sich unter diesem Aspekte die Umlaufsgeschwindigkeit der Geldform als die Überwindung der Zerreißung des Wirtschaftsstroms — hier durch Produktions- und Umlaufszeit — darstellt. Es zeigt sich aber ferner, daß Marxens Theorie aufgebaut ist auf der allgemeinen Zirkulationstheorie, der Theorie der Metamorphosenreihe; er sucht nun zu zeigen, wie sich auf dieser Basis die immanenten Gesetze des Kapitals darstellen, indem er die Unterbrechung von W-G-W als notwendigen Reflex der Wirtschaftsstruktur zu begreifen sucht. Die Umlaufsgeschwindigkeit des Geldes stellt sich also in diesem Falle dar als Umlaufsgeschwindigkeit des Geldkapitals, wobei der Ton durchaus auf der spezifischen Geldrolle dieser Form liegt. Je rascher die Umschlagszeit, desto rascher die Umlaufsgeschwindigkeit dieser spezifischen Geldform, desto kürzer die Unterbrechung des Gesamtkreislaufs. Ohne Zweifel ist diese Marxsche Kapitalbewegungslehre nicht unter das zu begreifen, was Voigt meint, wenn er davon spricht, daß sich bisher in diesem Punkte alles in ganz vagen Analogien mit der Flüssigkeitslehre bewegt habe [2]).

In einer anderen, etwas veränderten Form — nicht eigentlich „kapitalistisch" — tritt uns die Kapitalumlaufslehre mit spezifischem Bezug auf die Umlaufsgeschwindigkeit des Geldes bei Lansburgh entgegen [3]). Die Vermischung beider Momente wurde öfters von uns kritisiert. Es handelt sich im übrigen bei Lansburgh um eine Abart der als ob-Umlaufsgeschwindigkeitstheorie, angewendet auf die Aktivität des Gesamtkapitals.

---

[1]) Man vergleiche die gerade an diese Momente anknüpfende Darstellung R. Hilferdings: „Finanzkapital", Wien 1910. H. zeigt, wie aus der Notwendigkeit dauernder Zuschüsse während der Produktionszeit einerseits, wie der periodischen Freisetzung von Teilen des Geldkapitals, andererseits die enge Verbindung des industriellen mit dem Bankkapital erfolgte, sodaß man von einer besonderen Form, dem „Finanzkapital" sprechen kann. Im übrigen setzt sich Marx selbst in längeren, aber offenbar nicht ganz vollendeten Darlegungen, über die Wirkungen und Bedeutungen des Kredits auseinander mit besonderer Berücksichtigung der Umschlagszeit. Eine interessante Stelle sei hier erwähnt. In einer Polemik mit dem Amerikaner Scrope, sagt Marx: „Der Kredit, auf den Scrope hier Bezug nimmt, wie das Handelskapital modifiziert den Umschlag für den einzelnen Kapitalisten. Auf gesellschaftlicher Stufenleiter modifiziert es ihn nur sowit es nicht nur die Produktion, sondern auch die Konsumtion beschleunigt." l. c. II, S. 159 (Hahn!).

[2]) Voigt, l. c. S. 494/95, Anm. Er ist der Meinung, die volkstümliche Vorstellung von einem „Arbeiten" und „Fließen" des Kapitals habe gar nichts mit dem Geldumlauf zu tun. Das stimmt, aber nur bis zu einem gewissen Grade, da ja auch das Kapital spezifische Geldfunktionen zu erfüllen hat.

[3]) Vgl. l. c. „Bank", vor allem S. 240 ff.

Man entsinnt sich L.s Meinung, daß alle Bezugsrechte, die das Geld eigentlich darstellen, sich auf die vorhandenen Geldzeichen aufteilen müssen, in diesem Falle könnte nun, glaubt L., durch eine Erhöhung der Produktivität Preisdruck erfolgen, indem auf das einzelne Geldzeichen mehr Bezugsrechte entfallen oder aber es brauche das nicht einzutreten, wenn eine Beschleunigung der Umlaufsgeschwindigkeit des vorhandenen Geldes, durch häufigere Verwendung eines und desselben Geldzeichens, erfolge.

Er illustriert das an einem Beispiel [1]): man nehme an, ein Glasfabrikant habe bisher monatlich 100 000 Glasflaschen mit einem Aufwand von 10 000 Mark für Arbeitslöhne erzeugt. Infolge technischer oder organisatorischer Verbesserungen möge nun der Fabrikant dieses Quantum für 8000 Mark herstellen, d. h. mit einem Überschuß an Kapital von 2000 Mark. Bisher gingen diese 2000 Mark folgenden Weg: Arbeiter — Handel (Konsumgüter !) — Landwirtschaftliche und gewerbliche Produktion, um dann auf diesem Umweg über Rente und Profit zum zweitenmal an die Arbeiter zu gelangen. Nun werden also diese 2000 Mark abgelenkt; statt von der Industrie an die Arbeiter zu gehen und den alten Kreislauf wieder zu beginnen, ermöglichen sie dem Fabrikanten einen ihm bisher nicht möglichen produktiven oder konsumtiven Güterbezug, um erst später, nach Durchlaufen von einer Reihe von Zwischenstadien, den alten Kreislauf wieder zu beginnen. So lenke die Produktionsverbesserung die Kaufkraft auf einen neuen Weg, d. h. sie erweitere den Kreislauf der Wirtschaft, es würden neue Zwischenglieder eingeschoben, dieselben Geldzeichen müßten also öfters als bisher Dienst verrichten, rascher umlaufen. Wenn auch nicht effektiv in einem rascheren Tempo, so doch infolge ihrer größeren Wirkung. Auch um eine Umschaltung handle es sich, wie zunächst scheine, nicht. Denn die freigesetzten Arbeiter seien gezwungen, sich neue Arbeit zu suchen; das Programm der Wirtschaft bleibe aber nicht dasselbe — wie die Theorie der industriellen Reservearmee annehme —, sondern es erweitere sich. Es erfolge daher durch die Freisetzung eine Aktivierung bisher in unproduktiven Verfahren gebundener Kaufkraft, die als zusätzliche Nachfrage auf den Markt treten könne und das erfolge so, daß die Anpassung der vermehrten Kaufkraft an die unverändert gebliebene Menge der Geldzeichen, in der sie sich verkörpert, dadurch, daß die einzelnen Geldzeichen jetzt eine größere Zahl wirtschaftswichtiger Umsätze vermitteln als bisher, d. h. schneller zirkulieren. „Das einzelne Geldzeichen läßt das in ihm dargestellte „Kaufkraftpartikel" häufiger wirksam werden, d. h. daß es in einem bestimmten Zeitraum mehr Güter-

---

[1]) l. c. S. 240/41.

umsätze vermittelt als früher, mithin seine Umlaufsgeschwindigkeit erhöht" [1]).

Der offenbare „als ob"-Charakter dieser Theorie erledigt sich mit dem, was wir früher zu dieser Auffassung schon gesagt haben; sie steht und fällt im übrigen mit der These, daß sich notwendig alle Bezugsrechte auf die vorhandenen Geldzeichen aufteilen, ein Prinzip, dem nota bene die Theorie selbst nicht treu bleibt, denn sie arbeitet mit der Annahme eines „Wertkreislaufes" des Geldes; dieses Moment kennt aber die Umlaufstheorie der Geldzeichen, d. h. die Doppelstromtheorie nicht. Daß die Aufteilung der Bezugsrechte aber ausschließlich in dieser Form erfolge, was Lansburgh behauptet, wird im Gegenteil von jedem wirtschaftlichen Umsatz widerlegt, bei dem die Zahlung durch Gutschrift bei einer Bank erfolgt, d. h. in einer abstrakten Darstellung der Geldform.

Wir haben damit einen allgemeinen Überblick über die Grundlagen der verschiedenen empirischen Typen der Umlaufsgeschwindigkeitstheorie, ihrer qualitativen Seite nach, gewonnen.

Wenn wir rückblickend die einzelnen Meinungen noch einmal kurz analysierend zusammenfassen, zeigt sich, daß man den von uns in den Mittelpunkt gestellten Moment der „Bedeutung" der Umlaufsgeschwindigkeit nur in den wenigsten Fällen gerecht geworden ist. Es bestätigt sich, was wir eingangs unserer Ausführungen feststellten, daß das Augenmerk der gesamten bisherigen Theorie im wesentlichen auf ganz andere Momente und zwar speziell auf die Feststellung von M a ß k a t e g o r i e n gerichtet ist oder doch mehr oder minder die „Schnelligkeit" des Geldumlaufs als solchen darstellte, ohne auf den „Sinn" dieses Geldumlaufs näher einzugehen. Am stärksten zeigt sich der von uns konstatierte Dualismus in der Doppelstromtheorie, der denn auch die meisten Theorien folgen; ganz offenkundig ist das der Fall bei der populären Form der Auffassung über Umlaufsgeschwindigkeit, bei der von uns sogenannten F r e q u e n z t h e o r i e, die überhaupt nur auf die „Schnelligkeit" der dinglichen Geldobjekte sieht, meist nach Analogie der Bewegung materieller Körper im Raume, „Schnelligkeit" und „Umlaufsgeschwindigkeit" in einem allerengsten Begriffe faßt. Entsprechend ist ihr Augenmerk denn auch durchaus auf die rein monetären Momente gerichtet: Ökonomie der Zahlungsmittel vor allem. Auch in ihrer theoretisch feinsten Fortbildung durch A. V o i g t stellten wir die der Frequenztheorie eigene spezifische Verengung des Geldbegriffs und eine adäquate Außerachtlassung des Sinnes der Umlaufsgeschwindigkeit fest. Einen Fortschritt stellt diese Voigtsche Theorie insofern dar, als sie mit Nachdruck auf die verschiedene Umlaufsgeschwindigkeit verschieden gearteter empirischer Geldgestaltungen hin-

[1]) l. c. S. 242.

weist. Ein Ausfluß des verengten Geldbegriffes war bei Voigt sodann die Unterscheidung einer „Umlaufs"geschwindigkeit von der „Umsatz"geschwindigkeit, welch letztere wiederum von spezieller Bedeutung für die Ökonomie der Zahlungsmittel war. Diese Trennung zweier Geschwindigkeiten führt uns dazu, sie lediglich als eine andere Bezeichnung für die zweite große Untergruppe der Frequenztheorie, der als ob- oder quasi-Umlaufsgeschwindigkeitstheorie aufzufassen. Diese als ob-Umlaufsgeschwindigkeitstheorie legten wir in ihrer typischen Ausbildung bei Rodbertus, Wicksell und Lansburgh dar und wir zeigten, wie die Auffassung von einem „eigentlichen", stofflichen Geld schließlich zur Folge haben muß, daß die sogenannten „Geldsurrogate" und der Kredit lediglich als beschleunigende Mittel für das „eigentliche" „primäre" Geld aufgefaßt werden, während dieses „Geld im eigentlichen Sinne" jener Theorie währenddessen ruhig in den Kellern der Bank liegen kann. Die ganze Theorie läuft also auf eine Fiktion hinaus, die lediglich jenem engen Geldbegriff entspringt und die andererseits schließlich dazu führt, Umlaufsgeschwindigkeit und Kredit zu identifizieren, wie wir es typisch bei Christen feststellten. Diese Auffassung aber übersieht ganz, wie wir schon früher bei unseren Darlegungen über die Geldform und ihr Verhältnis zum Kredit zeigten, das Spezifische des Kredits als freiwillige Unterbrechung und entsprechende Verdoppelung der ursprünglich durch das Geld im Stromkreislauf der Wirtschaft entstehenden Unterbrechung und die adäquate Form der „Überwindung", während wir gerade die „Notwendigkeit" und die daraus folgende spezifische Art der Kreislaufunterbrechung betonten. Im übrigen aber achtet auch die „als ob"-Theorie kaum auf den tieferen ökonomischen Sinn der Umlaufsgeschwindigkeit. Auch bei der Umkehrung der Frequenztheorie, der von uns sogenannten Ruhezeittheorie oder Quotaltheorie, wie wir sie typisch von Fisher als Repräsentanten der amerikanischen — nota bene heute herrschenden — Richtung vertreten fanden, vermißten wir die spezielle Bezugnahme auf die „Bedeutung" der Umlaufsgeschwindigkeit vollkommen. Sie geht aus mit dem bestimmten Ziel, das Problem Umlaufsgeschwindigkeit zur Feststellung des Geldwertes oder der Kaufkraft des Geldes heranzuziehen. Hier wird nun die Annahme einer bestimmten Geldgestaltung als „eigentliches" Geld unmöglich, im Gegenteil, es liegt im Wesen der Quantitätstheorie, daß sie alles das Geld nennt, was „kaufend" den Gütern „gegenübersteht". Wir deuteten kurz an, wie Fisher dieses Ziel, obwohl auch er noch an einem eigenen „primären" Gelde festhält, dadurch zu erreichen sucht, daß er alles Geld durch die Hände der Bank gehen läßt und so glaubt, eine homogene Masse zu bekommen. Daß trotzdem diese Homogenität nicht erreicht ist, zeigt der Umstand, daß man von eigentlichem Geld und von Depositengeld und entsprechend von zwei Umlaufsgeschwindigkeiten spricht. Das heißt zunächst, daß auch hier mit „als ob"-Begriffen gearbeitet wird, das bedeutet aber weiterhin — und darauf kommt es an —, daß auch diese Theorie ganz im Rahmen der Frequenztheorie, d. h. der Doppelstromtheorie bleibt und das wieder besagt, daß es auch ihr nicht möglich ist, den Geldumlauf abstrakter Gestaltungen adäquat zu begreifen. Abgesehen von diesem Moment bedeutet die künstliche Vereinfachung der Geldmenge eine Verkennung der Mannigfaltigkeit der tatsächlichen, empirischen Gestaltungen und ihrer Umlaufsgeschwindigkeit. Das Problem der ökonomischen Relevanz der Umläufe, das ja schließlich mit unserem „Sinn"-problem am stärksten zusammenhängt, ist ebenfalls von dieser Theorie nur mangelhaft gelöst; das zeigten uns die verschiedenen Angriffe von seiten der Effizienztheorie, wie sie Schumpeter vertritt. Diese Theorie, im Anschluß an J. St. Mill, sucht gerade nur die wirtschaftlich wichtigen Umläufe zu erfassen. Sieht man ab von dem „Januskopf" des Schumpeterschen Geldbegriffes, so glaubt Schumpeter das Problem so lösen zu können, daß er den Umlauf auffaßt als eine Einkommensverwendung und Einkommensbildung, spezifische Momente einer anderen theoretischen Einstellung, die jedoch von dem Geldumlauf — unserer Meinung nach — zu trennen ist, der Kapitalkreislauflehre, wie sie typisch Marx vertritt und in einer Variante mit „als ob"-Einstellung Lansburgh.

Unsere Auffassung der Umlaufsgeschwindigkeit als die Raschheit der Aufeinanderfolge von Einkommensbildung und Einkommensverwendung, die ihrem immanenten Sinn nach bedeuten: Überwindung der im Wirtschaftsstrom durch das Geld entstehenden Unterbrechung, sei es uno actu mit der Entstehung des Geldes, sei es durch die zeitliche Ausweitung der Spaltung (absolute Unterbrechung und relative Unterbrechung resp. absolute Umlaufsgeschwindigkeit und relative Umlaufsgeschwindigkeit), ist also in den vorliegenden empirischen Theorien über Umlaufsgeschwindigkeit nur sehr schwach enthalten. Trotz alledem behalten auch diese Theorien ihren Wert und ihre Bedeutung, denn sie sind wesentlich materiale Theorien verschiedener empirischer Geldgestaltungen, die den Rahmen unserer formalen Theorie ergänzend ausbilden können. Insofern bedeutet unsere Auffassung eine Synthese. Sie tun das aber offenbar nur, insofern jene dem Sinngehalt unserer Feststellung nicht widersprechen; allen Formen, die wir darlegten, ist gemeinsam die tendenzielle Verwechslung und Vermischung „reiner" und formaler Elemente mit „material"-speziellen, es ist der fundamentale Irrtum der Doppelstromtheorie von Geldumlauf und Güterstrom, der die meisten Theorien folgen. Der Irrtum dieser Theorie des Doppelstroms liegt wesentlich darin, daß sie glaubt, die Theorie des Geldumlaufs zu geben, während sie in der Tat nur für eine bestimmte Geldgestaltung gilt.

Damit ist über die quantitative Seite des Problems noch gar nichts gesagt. Ehe hieran gegangen werden kann, dürfte sich noch eine — phänomenologische — Analyse des Umlaufsgeschwindigkeitsbegriffes überhaupt empfehlen. Das wird uns außerdem Gelegenheit geben, die früher schon erwähnte Richtung näher darzulegen, die das Bestreben zeigt, in ihrer Formulierung der Quantitätstheorie die Umlaufsgeschwindigkeit außer acht zu lassen, die Ausschaltung des Zeitmoments durch J. St. Mill und außerdem das Problem der Messung resp. Meßbarkeit der Umlaufsgeschwindigkeit genauer zu untersuchen, um damit ihre Verwertbarkeit und ihre Stellung in der Quantitätsgleichung kurz andeuten zu können.

## IV.

## Versuch einer Wesensanalyse des Umlaufsgeschwindigkeitsbegriffes.

### Statik und Dynamik und das Problem der Ausschaltung des Zeitmoments.

Wir betonten bisher mit besonderem Nachdruck unser Bestreben, das „Wesen" der Umlaufsgeschwindigkeit festzustellen, d. h. das, was sie innerhalb des Systems der Wirtschaft einer bestimmten strukturellen Beschaffenheit zu „bedeuten" hat, und in diesem Sinne stellten wir als ihren „objektiven Sinn" fest den Grad der Überwindung der durch das Geld in dem Wirtschaftsstrom entstehenden Unterbrechung.

Diese Sinnfeststellung betrifft offenbar den Gegenstand selbst, d. h. sein ökonomisches „Sein an sich" (Husserl) im Rahmen des Systems oder, wie man heute üblicherweise sagt — sehr mißverständlich —, seine „Funktion". Damit ist nicht zu verwechseln eine andere Art von Wesensanalyse, die wesentlich retrospektiver Art ist und das Wesen des gewonnenen Begriffes als solchen zum Gegenstand hat. Man könnte sagen, dies letztere sei eine philosophische oder phänomenologische Frage spezifischer Art, die indes, wie sich zeigen wird, von einer höchst bemerkenswerten praktischen Bedeutung ist. Wir machen hier nur kurz auf den zugrundeliegenden Unterschied der analytischen Arbeit aufmerksam, deren eine, wie gesagt, auf die „Sache", die andere auf den „Begriff" geht. Das wird gleich noch klarer werden.

Wir erwähnten in unserer kurzen dogmenhistorischen Skizze die eigenartige Haltung David Humes zu dem Problem der Umlaufsgeschwindigkeit bei Aufstellung seiner Quantitätstheorie und glaubten Hoffmann [1]) nicht bedingungslos zustimmen zu können bei der Behauptung, hier liege in der Vernachlässigung eines so wichtigen Moments ein arger Rückschritt gegenüber z. B. John Locke vor. Das mußte in der Tat verwunderlich scheinen, um so mehr als gerade Hume derjenige war, der wohl als erster eine Darlegung der Geldmengendynamik gegeben hat [2]). Man wird darum zweifellos eine tiefere Begründung für die eigenartige Vernachlässigung des Umlaufsgeschwindigkeitsmomentes bei Hume suchen müssen.

Wer die Humesche Form der Quantitätstheorie kennt, weiß, daß Hume nichts anderes wollte, als zunächst eine Gegenüberstellung einerseits der gesamten umlaufenden Geldmenge und andererseits der Warenmenge. Beide Male handelt es sich um Begriffe, die kein Zeitmoment enthalten [3]). Mengen lassen sich prinzipiell in einem Zeitpunkt erfassen und so hatte Hume von diesem Standpunkt aus zweifellos recht: ein drittes gibt es nicht, das hier in Betracht käme und das man Umlaufsgeschwindigkeit nennen könnte.

Allein darüber kann kein Zweifel herrschen, obwohl diese Rechnung mathematisch exakt ist, material wahr ist sie nicht. Soll zudem erklärt werden, wie nun Menge mal Menge aufeinander wirkt, dann tritt offenbar das Moment in Erscheinung, das Hume vermeiden wollte: das der Zeit, und damit muß man auch annehmen, daß jedes Geldstück mehrmals in einer gegebenen Zeitperiode in Aktion treten wird als Vermittler von Umsätzen. Das heißt aber, das landläufig Umlaufsgeschwindigkeit des Geldes genannte Phänomen ist wiederum eingeführt, die Statik verlassen und an ihre Stelle ein wesentlich „dynamischer“ Faktor getreten.

Es scheint hier geboten, ganz kurz auf diese heute in so mannigfachem Verstande im Bereich unserer Wissenschaft angewendeten Worte einer Erläuterung zu unterziehen. Das ist nötig darum, weil man mit „Statik und Dynamik“ zweierlei Sinngebung verbindet: einmal gebraucht man diese Ausdrücke für den Bereich der ökonomischen Gesamttheorie, wie sie vor allem durch Schumpeter heute vertreten wird, und dann zweitens im Sinne der speziellen Theorie des Geldes. Man mag diese Zweiteilung und die

---

[1]) Herzfelder l. c. S. 46. Vgl. auch oben genetischer Teil. Das für Hume Gesagte gilt voll und ganz auch für L. Walras, der ebenfalls in seiner mathematischen Fassung der Quantitätstheorie Umlaufsgeschwindigkeit nicht einmal erwähnt! vgl. „Theorie des Geldes“, deutsch, Jena 1922.

[2]) Vgl. die Arbeit Spiethoffs: „Festgabe für Adolf Wagner“ l. c. S. 255.

[3]) Vgl. auch Cassel l. c. S. 385.

verschiedene Bedeutung des Wortpaares im Interesse der sprachlichen Exaktheit bedauern; sie ist da und damit ist eine nähere Erläuterung notwendig [1]).

In der ersten Bedeutung des Wortpaares, im Sinne der ökonomischen Gesamttheorie nennt man „Statik" den stationären Zustand der Wirtschaft, d. h. einen Zustand gleichbleibender Bevölkerung und Bedürfnisse wie auch gleichbleibender Mittel zur Bedürfnisbefriedigung [2]). Dynamik nennt man die an Fortschritt im Sinne von Datenänderung (Bevölkerungszunahme, Fortschritt des technischen Könnens usw.) geknüpfte Ausladung des Produktionsapparates über seine als primär angenommene Grundlage, so daß eine weitergehende Versorgung der Wirtschaftsgesellschaft erfolgt durch ein Mehr an Produkten und umgekehrt. Es ist die Auffassung, wie man sie seit Comte und J. St. Mill kennt, welch letzterer wohl als erster ihre klassische Formulierung gegeben hat [3]). Daneben die speziell durch Schumpeter eingeführte Form der Unterscheidung von Statik und Dynamik, wobei Statik der auf Grundlage gegebener Daten sich „passiv" abspielende Wirtschaftskreislauf, Dynamik die nicht die Datenänderung als treibende Faktoren ansehende theoretische Grundform ist, sondern die aus der Wirtschaftsstruktur selbst heraus den Fortschritt wachsen läßt, während alle Datenänderung lediglich „Anpassung" zur Folge hat [4]).

In einer weiteren Bedeutung faßt man Statik und Dynamik mit Bezug auf die Probleme der Geldtheorie. Man versteht hier Statik als die Analyse des „Seins", man könnte sagen, was man bei einem bestimmten durch den Gegenstand gelegten „Durchschnitt" als das Wesen des Geldes findet, während die Dynamik dieses Sein in Bewegung erfaßt, also z. B. untersucht, wie das Geld wirkt [5]). Man hat — wie uns scheint mit Recht — darauf hingewiesen [6]), daß hier von einer „Scheidung" gar keine Rede sein könne, sondern daß vielmehr beide Momente wesentlich zusammengehören, um die Totalität des Gegenstandes zu erfassen.

Wenn wir hier von Statik und Dynamik sprechen, resp. von statischen und dynamischen Momenten — wohl gemerkt

---

[1]) Vgl. den Hinweis bei Palyi.

[2]) Vgl. etwa Cassel l. c. S. 23.

[3]) „Grundsätze" Buch IV, Kap. 1. Mill selbst hatte seinerzeit die Unterscheidung wahrscheinlich, von Comte übernommen, vgl. auch Gide und Rist: „Geschichte der volkswirtschaftlichen Lehrmeinungen", Jena 1913, S. 395 ff.

[4]) Vgl. die zusammenfassende Darstellung der „Wirtsch. Entwicklung" 1. Kap.

[5]) scheint, wie Palyi bemerkt, durch Lexis aufgekommen zu sein, dann aber wohl auch durch die Vermittlung von z. B. Viti de Marco: „Moneta e Prezzi ossia il Principio Quantitativo", Citta di Castello 1885; auch Altmann verwendet die Ausdrücke, z. B. in „Die Entwicklung der Geldlehre im 19. Jahrhundert", Schmoller-Festgabe.

[6]) Palyi l.c. S. 8/9.

hier —, dann in dem Sinne, der allen diesen Formulierungen letztlich zugrunde liegt, d. h. „Statik" als die Idee des Gleichgewichts oder der Ruhe, des zuständlich Erfaßten [1]). In diesem Verstande kommt der Ausdruck bekanntlich im Rahmen der physikalisch-mechanischen Naturwissenschaft vor und in dieser Bedeutung dürfte er auch den von uns hier untersuchten Feststellungen zugrundeliegen. Es handelt sich also um die Erfassung punktal gedachter „Größen", die in einem gegebenen Zeitpunkt als im Gleichgewicht stehend aufgefaßt werden, so, daß Veränderungen nicht mehr eintreten oder nicht mehr eintreten können [2]). In diesem Sinne liegt zweifellos der Begriff der Quantitätsgleichung zugrunde; es ist das Theorem, aus dem Hume seine bekannten „notwendigen Konsequenzen" ableitet. Wesentlich dabei ist, daß es sich um gegebene, exakt erfaßbare Größen im mathematischen Verstande handelt, daß die Erfassung in einem gegebenen Zeitpunkt erfolgt, d. h. daß reine Zustände untersucht werden [3]). Dagegen ist dynamisch alles, was dieser Zuständlichkeit nicht entspricht, Momente zugrundeliegen hat, die labil, quantitativ nicht erfaßbar sind, und hierbei wiederum ist der Kernpunkt das Hereinspielen des Zeitmoments.

Wenn also Hume von Geldmenge und Warenmenge spricht, so im Sinne einer Gleichung, die zwei statische Mengenfaktoren einander gleichsetzt. Diese Idee der Gegenüberstellung von Geld- und Warenmenge durchzieht die ganze Literatur, sie findet alsdann bei J. St. Mill eine grundlegende Darstellung, auf der, wie man behaupten darf, alles Seitherige fußt.

Der Mangel der Humeschen Formulierung der Quantitätsgleichung entging offenbar J. St. Mill nicht; daß Menge mal Menge das gesamte Ergebnis, vor allem auf der Geldseite nicht darstellen könne, empfindet Mill zweifellos sehr gut, ebenso wie auch die Unmöglichkeit der Heranziehung „unstatischer", dynamischer Momente, wie es Umlaufsgeschwindigkeit in der traditionellen Auffassung war. Er sucht darum nach einer neuen Formulierung in dem Bestreben, das Zeitmoment auszuschalten.

Der Millsche Versuch, so interessant er ist, hat, soweit wir sehen, nur Mißverstehen gefunden. Vor allem Wicksell [4]) hat darauf hingewiesen, daß dieses Beginnen Mills unmöglich sei. Allein die ganzen Darlegungen Wicksells zeigen, daß er Mill offenbar mißverstanden hat, indem er die Eigenart der Millschen Formulierung auf einem anderen Feld suchte, in einem Moment, das zwar auch für die Millsche Formulierung von Bedeutung ist,

---

[1]) Vgl. Pareto: „Die mathematische Theorie der Volkswirtschaft" in der „Encyklopädie der mathemat. Wiss." Bd. I, S. 1097 ff., Leipzig 1901/04.
[2]) Vgl. auch Schumpeter: „Wesen etc." l. c. S. 255.
[3]) Am schärfsten und klarsten betont das Herzfelder l. c.
[4]) l. c. S. 45/46.

wie wir schon feststellten [1]). Es ist das Bestreben Mills, eine engere Inbeziehungsetzung von Geld und Gütern, d. h. eine schärfere Erfassung der ökonomisch relevanten Umläufe zu erreichen. Und so ist Wicksell der Ansicht — jedenfalls sind seine Darlegungen nur von hier aus verstehbar —, wenn er die „ziemlich unklaren Auseinandersetzungen" Mills dahin deutet, es komme nicht nur auf die Summe des vorhandenen Geldes und dessen Umlaufsgeschwindigkeit — im gewöhnlichen Sinne des Wortes, wie es von Mill selbst sonst überall gebraucht werde — an, sondern auch auf die Menge der während der betreffenden Zeit durch Vermittlung eben dieser Geldmenge umzusetzenden Waren. Das sei jedoch, glaubt Wicksell, selbstverständlich und gelte für die Quantitätstheorie überhaupt; Überfluß oder Mangel an Geld sei stets hier im relativen Sinne aufzufassen, d. h. im Verhältnis zu der umzusetzenden Warenmenge.

Man sieht daraus, daß Wicksell das statische Bestreben Mills: Umlaufsgeschwindigkeit resp. Effizienz — wie Mill vorschlägt — in einen Mengenfaktor umzuwandeln und ihn so ohne Zeitinhalt aufzufassen, vollständig verkennt. Mill sucht auch hier in seinem Bestreben nach Aufstellung einer exakten Gleichung beiderseits homogene Glieder zu bekommen, wie er es genau so auch mit der qualitativen Gleichsetzung des Geldes mit den Kreditmitteln tut [2]).

Mill ist also bestrebt, das Zeitmoment, d. h. ein Element von rein dynamischer Struktur auszuschalten und in der Effizienz einen Mengenfaktor rein statischer Beschaffenheit zu bekommen, um so gleichgeartete Glieder in seiner Gleichung zu haben. Es entsteht das Problem: Ist eine solche Eliminierung der Zeit aus dem Umlaufsbegriff möglich, d. h. kann Effizienz eine wesentlich statische Größe sein?

Schon die Verwendung des Ausdrucks „Effizienz" läßt vermuten, daß Mill hier an ein der Mechanik analoges Problem gedacht habe [3]). Es käme also schließlich darauf hinaus, festzustellen: Ist eine Möglichkeit gegeben, etwa im Sinne der physikalischen Theorie beim Gelde eine latente oder virtuelle Energie zu finden.

Ein äußerst interessanter Versuch in dieser Richtung wurde neuerdings von E. Herzfelder [4]) unternommen. H. geht aus von dem Bestreben, eine reine Theorie der Papierwährung aufzubauen und findet die unbedingte Notwendigkeit, das „Geld als Tauschgut", d. h. wertbestimmt zu begreifen. Er scheidet nun

---

[1]) Vgl. oben „Effizienztheorie".

[2]) „Grundsätze" 11. u. 12. Kap.

[3]) Offenbar tendieren dahin Voigts „Bemerkungen" l. c. S. 486: „Physikalisch oder technisch gebildete Wirtschaftsforscher haben voreilig auch die kinematischen Begriffe der Energie auf das Geldwesen angewandt und deren Gesetze auch hier für gültig erklärt." Vgl. z. B. McLeod, Economical Philosophie I 211, und in seinem Gefolge F. A. Walker, Money S, 63.

[4]) Vgl. l. c. „Die volkswirtschaftliche Bilanz etc.".

einen statischen und einen dynamischen Wert und glaubt den ersteren dadurch jeweils gegeben, daß (unter Hypothese einer reinen Papierwährung) mit der Ausgabe von Papiergeld durch den Staat ipso facto dieses Papiergeld inhaltlich bestimmt sei: diesen Inhalt oder statischen Wert findet H. durch Aufstellung einer volkswirtschaftlichen Bilanz, in der er auf der einen Seite die Summe der ausgegebenen Papierzettel, auf der anderen die Aktiva, d. h. das Volksvermögen figuriert [1]). Das Gleichgewicht beider resp. der Saldo stellt den Wert des Geldes dar, der stets zwischen 0 und 1 liegen müsse.

Aber auch den dynamischen Wert will H., der überhaupt ganz und bewußt nach naturwissenschaftlich-mechanischer Methode vorgeht, rein zuständlich, statisch erfassen [2]).

H. geht nun bei dieser Forderung — anerkennenswerterweise — äußerst prägnant vor. Er wendet sich in diesem Sinne scharf gegen die bisherige Formulierung der Quantitätstheorie, vor allem gegen Fisher [3]) und weist mit treffenden Argumenten nach, daß Fisher den mathematisch-logischen Fehler begeht, in dem im übrigen statischen Gleichungssystem ein Moment wie Umlaufsgeschwindigkeit zu verwenden, d. h. einen wesentlich dynamischen Faktor. Er nennt die Fishersche Theorie „zweidimensionale Quantitätstheorie" [4]) und hat das Bestreben, dieser zweidimensionalen „quantitativ materialistischen" Form, die mechanisch sei, eine „qualitativ materialistische" Quantitätstheorie gegenüberzustellen [5]) durch eine eigenartige Verbindung mit der subjektiven Werttheorie.

Einen Zustand durch eine Gleichung darzustellen, sei möglich, und auch sein Bestreben gehe dahin. „Der Zustand ist ein Moment der Beobachtung und eine solche Gleichung darf keinen Faktor enthalten, der nur im zeitlich meßbaren auftreten kann. Ein solcher Faktor ist jedoch die in die Gleichung Fishers eingeschobene Umlaufsgeschwindigkeit" [6]).

Die Gleichung also kann, das weist H. treffend nach, immer nur Zustände erfassen, niemals aber zwischen den Zuständen liegende Momente, wie es die Umlaufsgeschwindigkeit ist. Fisher sei daher auch genötigt, von einer Gleichung auszugehen, die auf der Beobachtung eines Jahres aufgebaut sei, d. h. der Fehler tritt bei Fisher in einer recht groben Form auf.

---

[1]) l. c. S. 12 ff.

[2]) l. c. S. 110 ff. Wir können die außerordentlich vielseitigen Ausführungen Herzfelders hier nur andeutungsweise darlegen.

[3]) l. c. S. 115 ff.

[4]) l. c. S. 114 im Anschluß an Lindsey: „Die Preisbildung der Edelmetalle seit 1850", Jena 1893.

[5]) l. c. S. 113. Unter prinzipieller Zustimmung zu Liefmanns Angriffen in diesem Falle gegen die Quantitätstheorie.

[6]) l. c. S. 116.

Statt dessen will H. „richtige und einwandfreie Zustände" in seiner Gleichung darstellen und nur deren virtuelle Verschiebung beobachten. Jedenfalls aber ist H.s Kritik an der bisherigen Quantitätstheorie, soweit sie Umlaufsgeschwindigkeit verwendet, von einer ganz prinzipiellen Bedeutung. Die Umlaufsgeschwindigkeit glaubt H. so ausschalten zu können, ein Begriff, der, wie er glaubt, „das größte Unheil" in der Geldtheorie angerichtet habe [1]). Und das eben dadurch, daß er glaubt lauter reine Zustände zu schildern, d. h. nur Gleichungen zu bekommen, die jede für einen bestimmten Augenblick gelte, also von Zeit gar nichts enthalten könne.

H. hatte den Bilanzwert des Geldes die „Wertziffer" genannt [2]). Außer dieser Wertziffer findet er eine weitere Größe, die sowohl auf seiten der Waren wie des Geldes wirksam werden könne, die „Kaufkraftziffer" oder „Tauschwertziffer" [3]).

Es ist sehr interessant festzustellen, wie uns scheint, daß hier genau das vorliegt, was Mill mit seiner Effizienz glaubte gefunden zu haben.

Dieser Kaufkraftwert ist nach H. eine „latente Eigenschaft" des Geldes wie der Waren. Nicht der Preis sei damit gemeint, sondern nur eine „charakteristische Eigenschaft": „dieses stets und zwar bei zwei Tauschgütern gegenseitig wirkende Licht, welches die Preise hervorruft, auch dann, wenn das eine Sachgut das Geld ist, aus beiden Gütern hervorstrahlt, ist der Kaufkraftwert oder der Tauschwert der Güter" [4]). Um diese Idee zu illustrieren, bringt H. ein Beispiel: Wenn Deutschlands Volksvermögen von 300 Milliarden als Sachgut gedacht und von einem Kaufkraftwert von 0,1 begleitet ist, während sich die zu gleicher Zeit emittierte Geldmenge von z. B. 10 Milliarden mit einem erhöhten Kaufkraftwert von 3 im Umlauf befindet, so wirken (!) auf beiden Seiten der Gleichung 30 Milliarden, ein Gleichgewicht ist mathematisch einwandfrei geschaffen [5]).

Aber diese Ziffer 3 sei keineswegs die Umlaufsgeschwindigkeit des Geldes, da der Zustand auf einen bestimmten Moment des Wirtschaftslebens Bezug habe, könne von einer Wirkung der Umlaufsgeschwindigkeit nicht die Rede sein.

Daß es sich hier um die Millsche Effizienz handelt, scheint uns außer Zweifel. H. will aber seine Position noch weiterhin verteidigen und bemerkt ausdrücklich, daß auch von Kauf nicht die Rede sei, „da es sich um eine Gegenüberstellung handelt, die besagt, daß geringere Warenkaufkraftwerte als die Einheit und

---

[1]) l. c. S. 255.
[2]) l. c. S. 21.
[3]) l. c. S. 121.
[4]) l c. S. 121.
[5]) l. c. S. 132.

höhere Kaufkraftwerte als die Einheit eine Gleichung herbeiführen könnten, wenn die unbekannten Kaufkräfte in Wirksamkeit wären" [1]). Obwohl der Preis mit der Tauschwertziffer nicht gemeint sei, sei sie doch auch für die Preisbildung von Bedeutung, denn Marktpreis und Tauschwert geben als Produkt die gesamte Wertschätzung des Verkäufers an und bestehen beide nebeneinander in einem Zustande.

Es handelt sich also hier, nach H.s Absicht, um eine Art latente potentielle Energie, so daß auch Cassels Einwand nicht gelten würde, daß, sobald Kaufhandlungen vorgehen, Zeit mitspielen würde, sondern H. will ausdrücklich nicht von Kaufen sprechen und glaubt, wie gesagt, den rein statischen Zustand seiner Gleichung zu bewahren.

Daß ihm tatsächlich dieses Energiemoment vorschwebt, ergibt sich aus seinem Vergleich mit potentieller und kinetischer Energie, den er auf den Kaufwert und das Geld anwendet [2]). Er führt das bekannte Pendelbeispiel aus der mechanischen Bewegungslehre an: solange das Pendel im Punkte seiner größten Ausschwingung steht, enthält es nur potentielle Energie, nach Überschreiten der Gleichgewichtslage nur kinetische Energie. Man könne nun jeden ökonomischen Wert als Quelle einer Energie auffassen. Abgesehen von Fällen der Ausnahme rechne man jedem Wert in der Wirtschaft die Quelle einer Energie zu. Wenn man das tue, so besitze Geld im allgemeinen eine potentielle Energie, die sich im Moment des Tausches in kinetische verwandle. Nur in diesem Momente wirke das Geld durch seine Kaufkraft dynamisch.

Ein Pendel, wie gesagt, hat in der äußersten Lage seiner Schwingung nur potentielle Energie, beim Überschreiten der Gleichgewichtslage nur kinetische Energie, in jeder anderen Lage beide Energien. Angenommen, das Gewicht des Pendels sei die Geldmenge, die festgehalten wird (größtes Ausmaß der Schwingung), um sie gelegentlich eines Tausches loszulassen, während der Verkäufer das Geld, das „Pendel", ergreift und festhält. Nur in dem Moment der Überschreitung der Gleichgewichtslage entfaltet also das Geld kinetische Energie, um dann wieder zu potentieller Energie zu werden. Nur das Geld habe diese doppelte Eigenschaft unter allen ökonomischen Gütern — potentielle und kinetische Energie —, während alle anderen Werte nur kinetische Energie haben; sie werden an der latenten Energie des Geldes gemessen.

Damit ist also H.s Position klar. Er glaubt, solange das Geld latente Energie besitze, befinde es sich in der Statik und der Tauschwert resp. die Tauschwertziffer beruhe lediglich auf dieser Eigen-

---

[1]) l. c. S. 132/33.
[2]) l. c. S. 23/24.

schaft der latenten Energie, die sich darin äußere, daß sie gewissermaßen die Preise „hervorruft". Allein das geschieht — darauf legt H. den Hauptton — nur potentiell, nicht aktuell, d. h. um Kaufen handelt es sich nicht, nur um mögliches Kaufen und Verkaufen, d. h. um mögliche Änderung der potentiellen in kinetische Energie.

H. hat also der von Mill zweifellos „gemeinten" Position versucht eine, im Sinne der Naturwissenschaften, exakte Basis zu geben.

Kann nun, das ist zunächst Problem, beim Geld eine latente Energie angenommen werden! Ist H.s Versuch gelungen?

Der einzige, der dazu Stellung nimmt, ist, soweit wir sehen, A. Voigt, und zwar im ablehnenden Sinne.

Voigt bemerkt, es sei ausgeschlossen, beim Geld etwas der Energie der Lage entsprechendes anzunehmen. „Die Bewegung ist dem Gelde nicht immanent wie der Materie" [1]). Eine in Bewegung befindliche Geldsumme besitzt auch nichts, was der Energie einer bewegten Masse entspräche, die sich etwa erhielte oder in Energie der Lage verwandelte. Das Geld werde nicht, sagt Voigt, durch eine irgendwie anzunehmende ihm immanente Kraft, sondern durch den Willen der Menschen in Bewegung gesetzt. Daher könne die Bewegung jederzeit beginnen und wieder aufhören; es fehle ihr jede Tendenz zur Fortsetzung und sei in jeder Weise diskontinuierlich. Daher kenne auch die Geldbewegungslehre keine Differenziale, sondern nur endliche Differenzen.

Damit ist offenbar der schärfste Gegensatz zu Herzfelders Stellung ausgesprochen.

Trotzdem könnte man noch erinnern etwa an die von Karl Menger [2]) behauptete spezifische Funktion der Kassenbestände. Wie wir schon andeuteten, vertritt Menger die Ansicht, daß auch das scheinbar brachliegende Geld insofern eine bestimmte Funktion erfülle, als es zur Reservehaltung diene, d. h. nicht tot liege, sondern wirklich eine Art latenter Energie enthalte. Oder aber man könnte auf einen weit gefaßten Kaufkraftbegriff hinweisen, wie ihn etwa Prion [3]) und Dalberg vertreten, die auch das Vermögen zur Kaufkraft rechnen, d. h. als eine Art latenter Kaufkraftenergie ansehen. Schließlich wäre es denkbar und ist tatsächlich so gedacht worden (Simmel, Soda!) [4]), daß Geld über haupt seiner Idee nach nur funktional aufzufassen sei, d. h. daß

[1]) l. c. S. 494.

[2]) Vgl. l. c. H. d. St. S. 605, auch oben unsere Darstellung.

[3]) W. Prion: „Geldentwertung und Inflation", Berlin 1919; R. Dalberg: „Die Entwertung des Geldes", Berlin 1919, S. 19 ff.

[4]) Vgl. G. Simmel: „Philosophie des Geldes", Leipzig, 2. Aufl., 1907; K. Soda: „Geld und Wert", Tübingen 1909.

was H. mechanisch faßt, ist in etwa auch von anderer Seite schon behauptet worden.

Es fragt sich, ob damit die Mill-Herzfeldersche Position gerettet ist, ob also Umlaufsgeschwindigkeit resp. Effizienz als statische Mengenkoeffizienten auffaßbar sind. Daß das Problem für die Quantitätstheorie in jeder Form von vitaler Bedeutung ist, muß hier schon offenbar werden.

So sehr alle die angeführten Stimmen und Momente dafür sprechen, beim Gelde eine latente Energie anzunehmen, so sind wir doch mit Voigt der Ansicht, daß eine solche Annahme dem Wesen des Sachverhaltes nicht gerecht werden kann.

Karl Marx hat in einer brillanten Darlegung in der Kritik der politischen Ökonomie dieses Moment, wie uns scheint, meisterhaft klargelegt.

Er spricht da von dem „idealen Dasein" des Geldes, es ist offenbar dasjenige Moment, das der Effizienz und der Tauschwertziffer Herzfelders entspricht. Allein Marx bemerkt ausdrücklich, daß dabei das gesamte Dasein des Geldes nicht bestimmt sei „durch seine isolierte Beziehung auf die einzelnen ruhenden Waren, sondern durch sein bewegtes Dasein in der prozessierenden Warenwelt..." [1]). „Sein wirkliches Vorhandensein im Zirkulationsprozeß, d. h. die wirkliche Masse Gold, die zirkuliert, ist also nur bestimmt durch sein funktionierendes Dasein im Gesamtprozeß selbst." Außer ihrem wirklichen, realen Dasein als einzelnes Geldstück von bestimmtem Gewicht erhält die Münze also ein aus ihrer Funktion entspringendes „ideelles" Dasein. „Indes der einzelne Sovereign mag einmal oder zehnmal umlaufen, in jedem einzelnen Kauf und Verkauf wirkt er nur als einzelner Sovereign" [2]). Marx gebraucht da noch, um das, was er meint, zu illustrieren, das Beispiel eines Generals, der an 10 Punkten durch rechtzeitiges Erscheinen 10 verschiedene Generäle ersetzt, aber doch auf jedem Punkte derselbe identische General bleibe. Die Idealisierung des Zirkulationsmittels, die im Geldumlauf aus dem Ersatz von Quantität durch Geschwindigkeit entspringt, betrifft nur das funktionelle Dasein der Münze innerhalb des Zirkulationsprozesses, ergreift aber nicht das Dasein des einzelnen Geldstücks" [3]).

Damit ist scharf und unzweideutig klargelegt, was unter Umlaufsgeschwindigkeit zu verstehen ist oder unter dem „idealen Dasein", das man in einem Moment glaubt erfassen und darum als statisch glaubt ansprechen zu können.

Es ist ein prinzipieller Irrtum! Darin liegt der fundamentale Unterschied: die Menge ist essentiell statisch erfaßbares Element, sie ist in einem bestimmten Moment als „Größe" gegeben.

---

1) l. c. „Kredit" S. 94.
2) l. c. S. 100.
3) l. c. S. 101.

Allein die Umlaufsgeschwindigkeit resp. Effizienz ist auch dann, wenn man sie in einem Moment erfaßt hat oder erfassen zu können glaubt, ihrer innersten Struktur nach ein Element, das überhaupt nur existiert, weil die „Bewegung“ da ist, es ist ein Ausfluß der Bewegung. Entweder man geht wie Hume vor, der überhaupt nur rein statische Mengenfaktoren in die Gleichung aufnimmt, und verzichtet damit auf Erfassung des wirklichen Sachverhaltes, wie es auch Hildebrand [1]) tut, oder aber man nimmt auf das ideale Dasein, mag man es nun Umlaufsgeschwindigkeit oder Effizienz oder Tauschwertziffer oder wie sonst immer nennen, Bezug; dann hat man ein a priori dynamisches Moment erfaßt, man begeht unweigerlich eine Metabasis, indem man in der Gleichung qualitativ heterogene Faktoren einander gleichsetzt, aus diesem Dilemma gibt es kein Entrinnen.

Darüber hilft weder die Erfassung eines „Zeitpunktes“ noch, wie gesagt, die Annahme einer latenten Energie. Auch diese latente Energie ist alsdann von dem reinen Faktor Menge in seinem innersten Wesen verschieden, ganz abgesehen von der mechanischen Annahme einer „Energie“, die das personale Moment aller Ökonomie total verkennt, ein Moment, durch das in der Tat der geldwirtschaftlichen Struktur jede Kontinuität der Bewegung genommen wird, so daß eine Umsetzung der einen Energieform in die andere aufhört; die Geldwirtschaft ist, wie wir früher ausführlich nachwiesen, a priori diskontinuierlich. Mögen die Unterschiede noch so fein sein, z. B. zwischen Menge und Tauschwertziffer bei Herzfelder, sie sind da und bestehen mit a priorischer Evidenz. Handelt es sich um die Effizienz des idealen Daseins, so handelt es sich um Bewegung, d. h. Dynamik, oder aber man kennt nur die reine Statik und dann ist dieser Faktor nicht vorhanden. Auch das Differential einer „Bewegung“ bleibt Bewegung und wird nie „Ruhe“. An diesem a priorischen Moment scheitert jede Quantitätsgleichung notwendig.

Aber gehen wir noch weiter — in Anbetracht der eminenten Wichtigkeit dieses Problems offenbar nicht überflüssig — und suchen wir die letzten Rechtsgründe für unser Theorem von der essentiell dynamischen Struktur des Umlaufsgeschwindigkeitsbegriffes, sei er in der Zeit oder in einem Zeitpunkt erfaßt.

Bei der Menge des Geldes handelt es sich um eine mathematische „Größe“, ebenso wie die Quantitätsgleichung ihrem Wesen nach nur als mathematische Operation Sinn hat; und da erscheint es wichtig, hier überhaupt auf das Wesen des Mathematischen, d. h. die Phänomenologie des Mathematischen überhaupt näher einzugehen. Nicht darin liegt dieses Wesen,

---

[1]) Vgl. S. 45, 46. Hildebrand will anknüpfen an den „Zahlungsprozeß“ und glaubt dadurch eine Erfassung des Geldbedarfs in einem Zeitpunkt zu bekommen, d. h. „U.“ zu vermeiden.

daß es sich um Quantitäten handelt, wie man gewöhnlich — auch im wissenschaftlichen Sprachgebrauch — annimmt, sondern in einem viel tieferliegenden Wesensverhältnis. Bekanntlich gibt es auch mathematische Disziplinen, die nicht „Quantitatives" zum Gegenstand haben, wie z. B. die sogenannte Mannigfaltigkeitslehre. Das Wesen des Mathematischen ist vielmehr allgemein zu bestimmen als die Lehre von den definiten Mannigfaltigkeiten [1]). Eine solche definite Mannigfaltigkeit ist in der Geldmenge gegeben, darum ist sie mathematisch faßbar; allein die Bewegung ist a priorisch indefinit, sie erlaubt keinerlei feste Begrenzung ihrer Ausmaße noch auch definite Folgerungen zu ziehen.

Die Bedeutung dieser Wesensverhältnisse für die exakte Theorie der Ökonomie scheint uns von fundamentaler Wichtigkeit.

Die Erkenntnis, daß es der mathematisch-statischen Methode unmöglich ist, über die Grenzen der in der Statik streng gegebenen, im Gleichgewicht gehaltenen Kräfte hinaus ihre Deduktionen durchzuführen, hatte einen direkten Skeptizismus betreffs der Anwendung von strenger Theorie überhaupt auf dynamische Probleme zur Folge. Typisch in dieser Beziehung sind z. B. die Äußerungen Cassels und zwar gerade hier in puncto Geldtheorie [2]).

Offenbar liege es außerhalb des Vermögens der Theorie, die Wirkungen einer Steigerung der Geldmenge z. B. in quantitativen Ausmaßen anzugeben. Ebenso unmöglich sei es für die Theorie, die Frage zu beantworten, wie weit sich die genannten Wirkungen in die Zukunft erstrecken.

Vielleicht noch auffallender, wenn auch — wie uns scheinen will — nicht in ihrer ganzen Bedeutung genügend erkannt, scheint uns aber der „Umfall" Schumpeters zu sein. Hatte er in der ersten Fassung seiner theoretischen Ansichten, in dem Werke „Wesen und Hauptinhalt der theoretischen Nationalökonomie" [3]) nach einer ganz strengen, mathematisch funktionalen Theorie gestrebt, so brachte die „Theorie der wirtschaftlichen Entwicklung" — nicht etwa die Anwendung dieses Prinzips auf die Dynamik, sondern überhaupt einen völligen methodischen Umschwung! Selbst der erste Teil der „Theorie der wirtschaftlichen Entwicklung", der noch einmal kurz die Statik zusammenfassend darstellt, ist — man vergleiche dazu die abfälligen Bemerkungen über diese Methode im „Wesen" [4]) — durchaus „motivativ", „psycholo-

---

[1]) Wir folgen hier in diesen Feststellungen ganz der phänomenologischen (Schule. Vgl. speziell die Phänomenologie des mathematischen bei Husserl: „Logische Untersuchungen" l. c. Bd. I. Einleit. und Ideen l. c. S. 133 ff.

[2]) l. c. S. 394.

[3]) Vgl. l. c.

[4]) l. c. S. 76 ff.

gisch" gehalten; also ein vollkommener Bruch mit der streng exakten Fassung der „reinen Ökonomie" und die „Theorie der wirtschaftlichen Entwicklung" ist dann weiterhin überhaupt zu dem Standpunkt der alten psychologischen Schule zurückgekehrt.

Es will uns scheinen, als ob hier bei Schumpeter gerade wie bei Cassel der — man könnte sagen — „Bankerott" der mathematischen Theorie erklärt sei; denn die Statik ist nach Schumpeters eigenem Zugeständnis auch nur eine „Fiktion", etwas, das nirgends wirklich existent ist.

Es zeigt sich hier aus den Äußerungen und Versuchen hervorragender Theoretiker, daß die strenge Methode der Statik unfähig ist, wesensmäßig dynamische Probleme zu erfassen, womit dann die Unfähigkeit, strenge Theorie anzuwenden, gerade für die vitalsten Probleme: die Erklärung der kapitalistischen Wirtschaft als einer essentiell dynamischen Form, dargelegt wäre.

Darüber hinaus kann auch ein ganz neuer Versuch, von der mathematischen Theorie her eine Dynamik und zwar eine streng theoretische Dynamik durchzuführen, nicht kommen. Dieser Versuch interessiert uns um so stärker, als er gerade von stark phänomenologisch orientierter Seite herrührt [1]). Einmal muß es als eine Verkennung des Wesens von „Theorie überhaupt" bezeichnet werden, wenn Schuster „Teorie" nur das nennen will, was mathematisch, quantitativ sei. Dann wäre eine strenge „Theorie der Theorien", eine „Theorie überhaupt" gar nicht möglich und es ist gerade eins der bedeutendsten Verdienste der Phänomenologie, aufgezeigt zu haben — wie wir eben darlegten —, daß es sich bei der mathematischen Sphäre nur um einen speziellen Fall einer weit allgemeineren Wesensschicht handelt, eben die erwähnte Eigenart des Mathematischen als die Lehre von den definitiven Mannigfaltigkeiten. Nicht also das Quantitative ist das, was Mathematik charakterisiert, sondern die Eigenart des mathematischen Gegenstandes ist viel weiter zu bestimmen, er zeigt aber auch die Grenze aller mathematischen Erkenntnis an. Wäre diese von Schuster geforderte reine Theorie richtig und möglich, dann wären Walras, Cournot, Edgeworth, Pareto [2]) und letzthin Schumpeter und Cassel längst zu einer strengen Theorie der Dynamik gekommen. Allein gerade diese Denker haben die Grenzen des Mathematischen klar erkannt und darum ihr Verzicht auf eine strenge Theorie der Dynamik. Auch die Schustersche Theorie einer strengen Dynamik wird über diese Schranke nicht hinauskommen. Die Andeutungen, die

---

[1]) Vgl. E. Schuster: Arch. f. Soz. Wiss. Bd. 49, Heft 1, S. 113.

[2]) Vgl. Schumpeter: „Die mathematische Methode der pol. Ökonomie", Österr. Zeitschr. Bd. 15, 1906, S. 30 ff.

Schuster gibt [1]), zeigen, daß er Ernst machen will mit der „Quantifizierung" auch der dynamischen Sachverhalte, ein Versuch, dessen weitere Durchführung man mit Spannung erwarten darf, der aber — das steht für uns fest — aus dem Wesen dieser Sphäre heraus niemals zu den erhofften Ergebnissen führen kann.

Wenden wir diese Einsicht auf unser Problem an, so zeigt sich klar und mit Notwendigkeit, daß eine mathematische Fassung dieses in seinem innersten Wesen indefiniten Faktors Umlaufsgeschwindigkeit apriori unmöglich ist, daß aber weiter jeder Versuch einer solchen Statisierung, wie sie Mill und Herzfelder — ganz abgesehen vom Fisherkreis — unternommen haben, logisch widersinnig ist.

Damit ist nicht gesagt, daß überhaupt exakte Theorie hier wie in der Dynamik unmöglich ist, wie es Cassel annimmt und wie es auch aus Schumpeters „Umstellung" zu folgen scheint. Wenn auch die mathematische Methode infolge der Eigenart der strukturellen Beschaffenheit ihrer begrifflichen Elemente auf indefinite Mannigfaltigkeiten nicht anwendbar ist, so heißt das nicht, daß auch exakte Wissenschaft, und zwar Wissenschaft im allerstrengsten Sinne, hier überhaupt unmöglich sei. Man wird zurückgehen müssen auf die gemeinsame Grundlage der Lehre von den definiten wie auch der indefiniten Mannigfaltigkeiten und damit kommt man in den Bereich der Phänomenologie. Denn wenn das Mathematische nur ein Spezialfall einer weit allgemeineren Sphäre ist, wenn das Exakte an der Mathematik nicht im Quantitativen liegt, dann wird man auf diese allgemeine Sphäre zurückgreifen müssen. Wir müssen uns mit diesen Andeutungen hier begnügen. Ihre weitere Ausgestaltung wäre ein Problem sui generis, das hier nicht gelöst werden soll.

Wir stellen nach diesen etwas allgemeiner gehaltenen Erörterungen fest, daß der Versuch einer Statisierung der Umlaufsgeschwindigkeit unmöglich ist. Gelungen ist die Aufstellung einer Quantitätsgleichung ohne das Hereinziehen dieses Momentes schon Hume, allein sein Versuch ist material unbrauchbar. Alle anderen Versuche müssen, sofern sie über die bloße Gegenüberstellung von Mengen hinausgehen wollen, mit Notwendigkeit einen logischen Fehler begehen. Sie glauben ein statisches Moment statisch erfaßt zu haben, das aber seiner ganzen Existenz nach dynamisch ist und das eben gar nicht besteht, wenn die Statik verwirklicht ist, wenn Ruhe herrscht im System; denn dann gibt es nur Mengen,

[1]) S. 164: „Die Dynamik hat die Aufgabe, das Gefüge der Preise in der Zeit zu erklären". Der Erklärungswert dieser Feststellungen liege in der Erklärung der Einkommen. Schuster will überhaupt, offenbar stark durch Cassel beeinflußt, nur von „Preisen" sprechen, d. h. alles quantifizieren, sogar auf diesem Wege das Produktivitätsproblem lösen. Leider fehlt es uns an Raum, auf die Schustersche Arbeit genauer einzugehen.

die isoliert einander gegenüberstehen. Hört aber diese Isolierung auf, tritt irgendeine Beziehung der Mengenbestandteile zueinander ein, dann schiebt sich ein „drittes" Moment ein und dieses „dritte" Moment — mag man es nennen wie immer man will — ist und bleibt seiner Idee nach dynamisch, indefinit. Verwendet man es als gleichartig mit anderen statischen Größen in einer Gleichung, dann verliert diese Gleichung jeglichen Sinn.

Wenn also die Quantitätsgleichung als gleichgeartete Glieder „Größen", wie sie glaubt: M (Geldmenge) und U (Umlaufsgeschwindigkeit) verwendet, dann ist das ein Irrtum, denn Umlaufsgeschwindigkeit ist niemals als „Größe", d. h. als ein definites Element faßbar. Das gilt für die Quantitätsgleichung in der Ruhe und erst recht in der Bewegung, d. h. die eigentliche Quantitäts„theorie" [1]), denn es ist a priori und notwendig ausgeschlossen, daß eine „Multiplikation" von Größenfaktoren mit indefiniten Bestandteilen eindeutig definite Folgerungen ergeben soll. Man kann nicht Nüsse mit Datteln multiplizieren, um hinterher nur Nüsse herauszubekommen, ganz ebenso kann man auch nicht definite Größen wie die Geldmege mit dem indefiniten dynamischen Faktor Umlaufsgeschwindigkeit multiplizieren, um hinterher Größen herauszubekommen, d. h. definite Ergebnisse.

Es ergibt sich aber hier noch weiter, daß von einer „Messung" der Umlaufsgeschwindigkeit überhaupt gar nicht gesprochen werden kann, das heißt aber, daß die Aufstellung von Maßkategorien ganz unmöglich und logisch widersinnig ist: genau so wenig wie man ein Urteil wiegen oder messen kann, genau so wenig kann man ein indefinites Element wie Umlaufsgeschwindigkeit mit Zahlen erfassen.

Diese Erkenntnis ist an sich nicht neu [2]), nur begründete man sie bisher ganz anders, meist so, daß man auf die „Psychologie" — wie in solchen Fällen stets — hinwies. Wenn es auch richtig sein mag, daß der personale Faktor hier sehr stark mitspielt, dann ist aber damit, daß man sich lediglich darauf beruft, theoretisch noch nichts erklärt.

---

[1]) Wir scheiden hier diese beiden Formen der Quantitätstheorie; man könnte sie die „Quantitätstheorie im weiteren" und „engeren Sinne" nennen. Schumpeter will allerdings die Quantitätsgleichung nicht mit der Quantitätstheorie auf eine Stufe stellen, deren charakteristische Seite wie er glaubt, darin liegt, daß sie Veränderungen der Geldmenge als treibenden Faktor der Preisveränderungen (Archiv l. c. S. 685) ansieht. Wir sehen hier nur einen graduellen Unterschied zwischen den beiden Formen. In der allgemeinen erweiterten Fassung jedenfalls dürfte die Quantitätsgleichung heute geradezu herrschend sein.

[2]) Alle dagegen angeführten Stimmen vgl. etwa Elster, Bendixen, stellen das fest, aber eben indem sie auf die „Psyche" des einzelnen hinweisen.

Die Fruchtbarkeit unserer Analysen scheint uns, um zum Schlusse zu kommen, nicht mehr zweifelhaft zu sein. Es ergibt sich aus dieser dem Wesen des Begriffes entnommenen Feststellung, wie wir glauben, eine ganz neue Stellung nicht nur zur Quantitätstheorie, sondern überhaupt zu den sogenannten quantitativen Problemen, speziell auch für unser engeres Gebiet.

---

## V.

## Kurzer Ausblick auf die Bedeutung der gewonnenen theoretischen Ergebnisse für die quantitativen Probleme der Umlaufsgeschwindigkeit des Geldes.

Unsere gesamte Darstellung war, wie wir öfters ausdrücklich betonten, ganz unter der Einstellung auf Festlegung des „Sinnes“ und der „Bedeutung“ der Umlaufsgeschwindigkeit des Geldes unternommen. Wir zeigten in einer logischen Analyse die Notwendigkeit einer besonderen Kategorie Umlaufsgeschwindigkeit auf und zwar resultierend aus dem Wesen des Geldes, das seiner Idee nach bedeutet Objektivation von Marktanwartschaft, Aufstellung von Ansprüchen an das Sozialprodukt.

Aus dieser Wesensbeschaffenheit des Geldes ergab sich sodann als zwingende Folge eine Unterbrechung des naturalen Stromkreises der Wirtschaft, einmal uno actu mit dem Existentwerden des Geldes, des weiteren aus der Möglichkeit, die Unterbrechung durch Zurückhaltung der Geldform zu erweitern. Die Überwindung dieser Unterbrechung nannten wir absolute resp. relative Umlaufsgeschwindigkeit des Geldes.

Wenden wir diese Feststellungen hier — wenigstens andeutungsweise — auf die quantitative Seite des Problems an.

Man hat gezeigt, daß der Geldbedarf der bloße „Wechselbegriff“, das Korrelat der Umlaufsgeschwindigkeit sei [1]); zweifellos mit starker Berechtigung. Andererseits aber hat man betont — und mit ebenso guten Gründen —, daß die Volkswirtschaft als solche keinen bestimmten Geldbedarf habe [2]).

Wir können hier naturgemäß nicht in expliziter Darstellung auf das pro und contra jeder der beiden Auffassungen eingehen.

Einen Unterschied aber wird man zweifellos machen müssen: einmal zwischen den Geldformproblemen oder dem a priorischen Problemgebiet und dem empirischen Problem-

[1]) Vgl. O. Spann: Schmollers Jahrb. 1917, l. c. S. 1570.
[2]) So Schumpeter l. c. „Sozialprod.“ S. 650.

gebiet, das die Gesamtheit der empirisch tatsächlich „Geld“ genannten Sachverhalte umfaßt; nur für diesen letzteren Bereich aber kann die Feststellung der „Relativität“ des Geldbedarfs gelten und gilt sie auch.

Wenn wir oben die Notwendigkeit der Darstellung der Warenform in der Geldform nachwiesen, ist damit ipso facto dokumentiert, daß die Volkswirtschaft einen ganz bestimmten Geldbedarf — in jenem apriorischen Sinne — hat, d. h. einen Bedarf an Geldform im Sinne einer „Bindung“, einer „Verschlingung“ an Geldform durch das System der Wirtschaftsmannigfaltigkeit.

Bleiben wir auch hier bei unseren beiden Momenten der absoluten und der relativen Stromunterbrechung. Dann ergibt sich analog einmal ein absoluter Geldbedarf und des anderen ein relativer Geldbedarf. Wenn wir weiter festgestellt haben, daß die Umlaufsgeschwindigkeit die Überwindung jener Unterbrechungen bedeute, dann heißt das hier, daß diese Überwindung durch eine Mobilisierung des Geldbedarfs erfolgt, d. h. eine Nutzbarmachung von bisher durch das System mehr oder minder gebundener Kaufkraft; und damit weiter eine mögliche adäquate Beseitigung der aus der Unterbrechung resultierenden Folgen.

Wie diese Mobilisierung nun erfolgt, kann auch hier nur angedeutet werden, wir wiesen schon an früherer Stelle gelegentlich darauf hin. Wird man feststellen können, daß die Darstellung der Geldform resp. die Verschiedenheit dieser Darstellung — weil sie verschieden z. B. auf Fälschung reagiert — nach Gesetzen der ökonomischen Logik einen verschieden starken „Zwang“ ausüben, die Einkommensbildung und Einkommensverwendung zu beschleunigen, dann heißt das, daß die Zerreißung des Wirtschaftsstromes durch die Geldform und die Überwindung der Zerreißung in ihrer spezifischen Bedingtheit durch eben jene materialen Faktoren beeinflußt wird. (Greshamsches Gesetz hier in erweiterter Form des sich auf- und abwertenden Geldes!) Das wird bei abstrakten Geldgestaltungen die spezifische Funktion des Zinses sein, wenn auch gerade hier zunächst Problem ist, ob der Zins nicht umgekehrt verlangsamend wirkt[1]), insofern er als „Ertrag“ das Bestreben, möglichst bald die Geldform in die Warenform umzusetzen, etwa vermindert. Es würde hinzukommen die durch die Existenz einer solchen Ertragsquelle, wie sie der Zins darstellt, begünstigte Form des sogenannten „störenden Sparens“[2]) oder des volkswirtschaftlichen „Leerlaufs“ durch reine Geldge-

[1]) Vgl. z. B. Pierre des Essars l. c. S. 147, der behauptet, der Zins wirke verlangsamend und versucht nachzuweisen, daß die Umlaufsgeschwindigkeit bei Bankinstituten, die Zins zahlen, geringer sei, als bei den großen Emissionsbanken, die das nicht tun. Anderer Meinung z. B. Wicksell l. c. („Geld und Kredit“ S. 26 u. ö.).

[2]) Vgl. unsere obige Anmerkung.

schäfte usw. Welche Möglichkeiten hier im einzelnen bestehen, kann an dieser Stelle nicht ausgeführt werden.

Alle diese Momente, die wir hier andeuteten, kommen wesentlich in Betracht für den relativen Geldbedarf resp. die relative Umlaufsgeschwindigkeit. Problem ist weiterhin, ob auch der absolute Geldbedarf, der eigentliche „tote Gang der Maschine", irgendwie mobilisiert, nutzbar gemacht werden kann. Auch auf die hier in Frage kommende Möglichkeit machten wir schon gelegentlich aufmerksam.

Der absolute Geldbedarf stellt in der Tat den toten Gang der Geldwirtschaft dar. Es wird jederzeit ein bestimmtes Mehr an Angebot da sein infolge der Existenz des Geldes, als effektiv Nachfrage eintreten kann, denn Geld ist ja nichts anderes als zurückgehaltene Nachfragemöglichkeit. Und gerade darin besteht dieser „Mangel" an Nachfrage, daß durch die Notwendigkeit der Darstellung der Warenform in der Geldform diese Nachfragemöglichkeit nicht wirksam wird, keineswegs freiwillig zurückgehalten wird, sondern gezwungen. Es sind also — um ein bekanntes Bild anzuführen — in dem „Stehparterre der Volkswirtschaft" jederzeit mehr Plätze vorhanden als in Anspruch genommen werden können. Damit aber eröffnet sich die Möglichkeit für etwaige „Fälscher", sich diese Plätze zu sichern und sie auszunutzen, ohne daß ein Kampf um das „Stehparterre" erfolgt, und zwar solange als die Zahl der falschen „Anweisungen" die Zahl der nicht ausgenützten Plätze nicht überschreitet. Solche Fälschungen an „Anweisungen" aber gibt es in der Volkswirtschaft, es ist die staatlich oder privatim willkürlich geschaffene, zusätzliche Kaufkraft. Deren spezifische „Funktion" also besteht darin, das Defizit an Nachfrage auszugleichen und zwar nicht etwa, wie z. B. Schumpeter das annimmt, durch „erzwungenes Sparen" [1]), sondern durch eine erzwungene Umlaufsbeschleunigung des nichtmobilisierten, relativen sowie des absoluten Geldbedarfs. Für die Frage der Preisgestaltung aber heißt das, daß die durch Umlaufsbeschleunigung mobilisierte Kaufkraft nicht preissteigernd wirkt [2]), denn der Kampf um das Stehparterre wird ja erst dann beginnen, wenn mehr „Anweisungen" ausgegeben sind als „Bescheinigungen" auf Plätze. Erst dann entsteht eine Disproportionalität zwischen Anweisungen und Bescheinigungen mit ihren typischen Konsequenzen.

Die Volkswirtschaft wird also jederzeit ein Mehr an Geldformdarstellungen aufnehmen können, Fälschungen, die aber nicht als Fälschungen wirken, solange der tote Gang des Systems nicht ausgenutzt ist. Erst wenn das erfolgt

---

[1]) Schumpeter: „Soz. Prod." S. 691.

[2]) Wie z. B. Bendixen annimmt, vgl. „Bemerkungen" l. c. S. 131, offenbar sehr im Widerspruch zu seiner „organischen" Geldtheorie.

ist, beginnt der Preiskampf und das „erzwungene Sparen". Für die Probleme der Inflation also heißt das, daß eine Verstärkung der Umlaufsgeschwindigkeit niemals so wirken kann, wie es bei Geldmengenänderungen der Fall ist, wie auch umgekehrt Geldmengenänderungen ganz spezifische Wirkungen auf die Umlaufsgeschwindigkeit haben. Diese Feststellungen ergeben weiterhin, daß in der Geldwirtschaft, wie schon angedeutet, die Statik niemals verwirklicht sein kann, sondern daß sie nur in der Tendenz angestrebt wird, d. h. ihrem Wesen nach ist die Geldwirtschaft dynamisch.

Der weitere Ausbau, wie gesagt, und die allseitige Nutzbarmachung dieser Sätze kann hier nicht erfolgen.

Wir stellten dann weiter in einer Wesensanalyse des Umlaufsgeschwindigkeitsbegriffes fest, daß es sich hier um ein a priori indefinites Element handelt. Daraus aber folgt für die Quantitätsgleichung als einer mathematischen Darstellung, d. h. auf definiten Faktoren beruhend, daß jede Anwendung des indefiniten Elementes Umlaufsgeschwindigkeit notwendig die ganze Gleichung wertlos macht und zwar in der Ruhe als auch, und vor allem, in der Dynamik. Daß eine „Zurechnung" unter diesen Umständen überhaupt ausgeschlossen ist, d. h. daß eine Schlußfolgerung, wie sie die Quantitätstheorie gibt: jede Geldmengenänderung müsse, da Umlaufsgeschwindigkeit ein konstanter Faktor sei, eine notwendige proportionale Änderung des Preisniveaus zur Folge haben, als exakte Theorie schlechthin unmöglich wird [1]).

Auch hier folgt aus der indefiniten Beschaffenheit der Umlaufsgeschwindigkeit, daß eine etwa eintretende Mengenänderung notwendig diesen eindeutigen Schluß der Quantitätstheorie unmöglich macht, denn es ist a priori mathematisch nicht feststellbar, wie der indefinite Faktor Umlaufsgeschwindigkeit variiert. Das würde auch schon daraus erfolgen, daß man bei der nachweisbaren Mannigfaltigkeit der Geldmengenzusammensetzung und entsprechend verschiedener Umlaufsgeschwindigkeiten niemals sagen kann, welche Mengenbestandteile resp. Umlaufsgeschwindigkeiten durch z. B. die gewaltsame Änderung einer Teilmenge verdrängt resp. wie das ganze Geldmengensystem variieren würde. Die Aufweisung der immanenten Logik dieser spezifischen Strukturzusammenhänge führt schließlich zu einer Theorie der Geldmengenverschiebung, deren Ergebnisse uns für die kritische Stellungnahme zur Quantitätstheorie grundlegend zu sein scheinen.

Alle diese Momente, soweit sie die Geldbedarfsprobleme wie auch die empirischen Probleme der Quantitätstheorie betreffen,

[1]) Vgl. auch die Darstellung Spanns, die dem Ziel nach mit der unsrigen übereinstimmt, l.c. S. 1570.

müssen auch von ganz bestimmten Folgerungen für die „Warenseite“ begleitet sein; ja auch das ergibt sich aus unserer gewonnenen Feststellung, man kann schlechterdings von einer „Geld“- und einer „Warenseite“ in dem Sinne wie es die Quantitätstheorie tut, gar nicht sprechen; denn Geld und Ware stehen sich ja nicht diskret, getrennt „gegenüber“, sondern sie sind Korrelatbegriffe, d. h. eine Veränderung der einen muß eine notwendige Veränderung der anderen Seite zur Folge haben (selbstverständlich gilt das nur für die Geldform!) Wie diese Veränderungen sich durchsetzen, ist ebenfalls ein eigenes Problem.

Aus alledem folgt weiter schließlich die Grenze der Umlaufsgeschwindigkeit. Daß sie nicht, wie es z. B. Wicksell annahm, bis ins unendliche gesteigert werden könne, fanden wir schon oben und das bedarf keiner weiteren Begründung mehr. Dieser Irrtum kann nur aus der Doppelstromtheorie mit der Annahme eines ewigen Umlaufs entstehen. Wenn wir nachwiesen, daß im Wirtschaftsstrom eine bestimmte Spaltung entsteht, dann ist klar, daß die Überwindung dieser Spaltung dann eine Grenze findet, wenn die Spaltung überbrückt ist.

Wenn mit diesen wenigen Hinweisen das quantitative Problem der Umlaufsgeschwindigkeit auch nur in seinen Umrissen angedeutet ist, so zeigt sich doch, daß unsere qualitativen Feststellungen für das Problem der Umlaufsgeschwindigkeit auch einen positiven Erfolg hatten.

Abgesehen von der Bezugnahme auf unser engeres Problem scheint uns aus den gemachten Darlegungen ein weiteres zu folgen. Zwei große Sätze sind es, um die sich alles andere, was wir fanden, gruppieren läßt: einmal James Mills Satz vom „metaphysischen Gleichgewicht“ von Käufer und Verkäufer und des anderen David Humes „notwendige Konsequenzen“. Der eine enthält das Kernproblem der seit den Klassikern im wesentlichen dominierenden ökonomischen Theorie; der andere dasjenige Theorem, auf dem alle Geldtheoretik heute mehr oder minder fußt.

Die Widerlegung resp. der Versuch einer solchen — und zwar für die vorliegende Arbeit wesentlich des ersten Satzes — stellt den Hauptteil unserer Feststellungen dar. Eine Kritik des zweiten Satzes, d. h. ganz allgemein gefaßt der Quantitätstheorie, ergibt sich in ihren Grundzügen aus den über die Wesensstruktur des Umlaufsgeschwindigkeitsbegriffes gemachten Andeutungen. Mag dieser Versuch als gelungen zu bezeichnen sein oder nicht, wir hoffen zum wenigsten, daß das Augenmerk von neuem auf die kritische Besinnung über jene beiden Zentralsätze gelenkt worden ist und das scheint uns auch eine gewisse Rechtfertigung des, wie man annehmen könnte, „formalistischen“ Charakters unserer Darstellung. Gerade diese beiden Sätze, beide deduktiv gewonnen und von den abstraktesten Köpfen aufgestellt, die unsere Wissenschaft kennt, haben, man darf sagen bis heute die Geister gebannt und bannen sie von neuem immer mehr. Es ist klar, daß ihre Widerlegung oder überhaupt eine kritische Stellungnahme zu deduktiv rein logisch gewonnenen Sätzen durch „Tatsachen", d. h. faktisch empirische Feststellungen unmöglich ist. Wenn irgendwo, dann gilt hier für diese Problematik das Wort eines der Hauptvertreter der Quantitätstheorie: „Der beste Beweis für sie muß stets a priori sein" (Irving Fisher). Wenn dieser Satz richtig ist — und wir zweifeln nicht daran —, dann aber muß und kann auch die Kritik nur a priori erfolgen und in diesem Sinne glauben wir einen Weg angedeutet zu haben, auf dem eine wirkliche Kritik dieser alten Theoreme möglich sein wird.

Kolibri 360 GmbH
Ferdinand-Jühlke-Straße 7
99095 Erfurt, Deutschland
produktsicherheit@kolibri360.de